Maria Färber-Singer
ICH BIN ICH – Wer sonst!

Verlag Via Nova

Maria Färber-Singer

ICH BIN ICH

Wer sonst!

Sei du selbst
und lebe glücklich

via nova
Verlag Via Nova

1. Auflage 2012

Verlag Via Nova, Alte Landstr. 12, 36100 Petersberg

Telefon: (06 61) 6 29 73

Fax: (06 61) 96 79 560

E-Mail: info@verlag-vianova.de

Internet: www.verlag-vianova.de / www.transpersonale.de

Umschlaggestaltung: Guter Punkt, München

Satz: Sebastian Carl

Druck und Verarbeitung: Appel und Klinger, 96277 Schneckenlohe

ISBN 978-3-86616-237-2

INHALT

DANKSAGUNG

Während des Schreibens haben sich in mir von Zeit zu Zeit wie von selbst Dankesworte geformt, immer wieder neu, immer wieder anders, immer wirksam. Mit jedem Danke ist dieses Buchprojekt wirklicher geworden und heute freue ich mich sehr darüber, meine Dankbarkeit ausdrücken zu können.

Mein Dank gilt allen, die mutig vorausgegangen sind auf dem Weg der Liebe, der Freude und der Freiheit und die so zu „Wegweisern" geworden sind für alle, die bereit sind für das Abenteuer, ganz ICH zu sein. Mir selbst danke ich, dass ich den Wert dieser Wegweiser für das Leben auf diesem Planeten sehen kann und dass mir bewusst ist, wozu ich hier bin: meine Freude an diesem Abenteuer zu teilen und an dem Ausbau der Wege mitzuwirken, die das Reisen erleichtern.

Mein Dank gilt allen, die ein Teil meines Lebens waren und sind und mich in meiner Entfaltung liebevoll begleitet haben und es immer noch tun; ganz besonders meiner kleinen, feinen Familie, in der mein „ICH bin es" so wunderbar aufgehoben ist. Zutiefst dankbar bin ich auch allen, die an meinen Angeboten aktiv und mit großem Interesse teilnehmen und mich so in meinem Weg bestärken.

Mein Dank gilt allen, die bereit sind, ihrem Herzen zu folgen, sich als die zu zeigen, die SIE sind, und eine neue Welt im Sinne des „WIR sind es" entstehen zu lassen. Aus vollem Herzen danke ich ganz besonders denjenigen, die mich ermutigt haben zu schreiben und die durch ihre praktische Unterstützung dazu beigetragen haben, dass Sie dieses Buch heute in Händen halten.

Dankeschön.

VORWORT

Dieses Buch macht bewusst, wie wir Menschen „funktionieren", wenn wir uns vorrangig unserem konditionierten Verstand anvertrauen. Es führt die Leserin und den Leser heraus aus dem einengenden Raum alter Gedanken hin zu einem neuen, freien und freudvollen Leben. Dazu werden humorvoll und respektlos „Hindernis-Klassiker" wie zum Beispiel Sorgen, Zweifel, Angst, Liebe zum Drama und dergleichen so beschrieben, dass es gut nachvollziehbar wird, wie wir diese selbst erzeugen und wie wir sie wieder auflösen können, hier und jetzt in unserem konkreten Alltag. Ist der Zugang frei zum ureigensten Potential, erfahren Leserin und Leser, wie sie sich ein Leben ganz nach ihren Herzenswünschen kreieren können.

Entschiedenheit und Willenskraft, verbunden mit der Ausrichtung auf unsere Wünsche, bescheren uns zunehmend Erfolge in der Qualität von „Wundern" und bestärken uns auf diesem herausfordernden Weg. Die Instanz, die uns dafür „neben" oder „über" dem alten Verstand zur Verfügung steht, ist das „ICH bin es". Mit dem „ICH bin es" in Kontakt zu sein ist wesentlich, denn diese Instanz ist das kraftvolle Original. Sie ist an Kreativität und Wirksamkeit nicht zu übertreffen. Die Wirkung von Methoden und Techniken ist dieser Kraft untergeordnet, denn sie sind Produkte dieser kreativen Instanz und werden vom Verstand in Form gegossen. Als solche sind sie nur dann wirksam, wenn das „ICH bin es" damit einverstanden ist.

Dies ist ein Buch, das lustvolle Impulse vermittelt, die die Leserin und den Leser inspirieren, ihre alte Identität aufzulösen, um aus ihrem kreativen Potential zu schöpfen und eine neue Welt entstehen zu lassen. Ein ganz besonderes Anliegen dieses Buches ist, dass möglichst viele Menschen begreifen, dass das Bewusstsein des „ICH bin es" viel zu wichtig für uns alle ist, um in

Schubladen des konditionierten Verstandes mit der Aufschrift „Spiritualität", „Esoterik", „Unwissenschaftliches" und dergleichen abgeschoben zu werden. Mit der „alten" Sprache Neues zu vermitteln ist dabei eine große Herausforderung.

Erfahrungen mit leidvollen Geschichten aller Art haben mir die Kraft von Gedanken immer wieder eindrucksvoll bewiesen. Beobachtungen, wie strikt sich die Lebensgestaltung von Menschen an die solcherart inszenierten Dramen hält, faszinierten mich. Sie bescherten mir eine wohltuende Respektlosigkeit allen menschlichen Inszenierungen gegenüber und öffneten mir den Zugang zu nachhaltiger Heilung und kreativer Lebensgestaltung. Kompromisslos, authentisch, radikal und mit einem Augenzwinkern mache ich der Leserin und dem Leser bewusst, wie es gelingt, erfolgreich zu verhindern, was sie sich am stärksten wünschen, und wie sie diese Hindernisse auflösen können. Denn der Unterschied besteht darin, in jedem Augenblick zu leben, was uns bewusst ist, mitten im Alltag, ohne Methoden, „nur" aus uns selbst.

Dieses Werk richtet sich in erster Linie an „Verstandesmenschen", die ihr Leben (radikal) verändern wollen: Menschen, die die Gestaltung ihres Lebens nicht länger an irgendetwas oder irgendjemand und somit an „altbewährte" Gedanken delegieren, sondern aus ihrem inneren Reichtum schöpfen wollen. Menschen, die bereit sind, sich der Kraft dieser Impulse hinzugeben und zu spüren, dass diese wohlwollender ist als die Macht der Gedanken. Menschen, deren „Erleuchtung" nicht in einer Klosterzelle oder einem Aschram auf sie wartet, sondern inmitten von Alltag, Familie, Beruf und Freunden schlicht dazugehört. Menschen, die aus vollem Herzen lachen und auch sonst keine „halben Sachen" machen wollen.

EINLEITUNG

Ich habe dieses Buch für Menschen geschrieben, die meine Faszination und meine Liebe für das Leben teilen. Für Menschen, die ihr Leben bewusst gestalten wollen, indem sie den tiefen Wünschen und den Sehnsüchten, die in ihnen schlummern, nachgehen. Für Menschen, die Lust darauf haben, ihr kreatives Potential zu entdecken und sich neu zu (er)finden. Für Menschen, die sich an der Freiheit und der Freude orientieren, die in uns allen ist. Für Menschen, denen es ein Herzenswunsch ist, all das und noch viel mehr mit anderen zu teilen und so an der Entstehung einer neuen Welt mitzuwirken. Und warum das? Ganz einfach, weil es kein schöneres Abenteuer gibt, als zu leben, was wir sind.

Mein Interesse an dem, was das Leben kann, war schon als kleines Mädchen sehr groß. Als Älteste von vier Kindern, aufgewachsen in einem Gastbetrieb in einem kleinen Ort nahe der jugoslawischen Grenze, hatte ich einerseits sehr viel Freiraum und musste andererseits schon sehr bald im Betrieb meiner Eltern mitarbeiten. Die Vorgabe „der Gast ist König" prägte zunehmend mein Verhalten. Meine Wünsche und Sehnsüchte versteckte ich immer wieder hinter dieser Vorgabe. So entstand nach und nach ein Bild von mir selbst, das von dem Glaubenssatz „Ich bin das, was die anderen von mir erwarten." geformt wurde.

Meine Ausrichtung darauf, es allen recht zu machen, konnte jedoch nie meine unbändige Neugierde auf das Leben verdrängen. Besonders fasziniert war ich von einer Art Vorgefühl von etwas Kraftvollem, das sich hinter dem Beobachtbaren befinden musste. Dieses wirkungsvolle „Dahinter" wollte ich finden: „Was zeigt sich, wenn das Erlernte und das Erfahrene zur Seite treten? Wozu sind wir in der Lage, wenn wir uns selbst nicht mehr im Wege stehen?

Wer sind wir?" Die Welt, so wie ich sie damals wahrnahm, war weit davon entfernt, mir diese Fragen zu beantworten. Ihre Kompliziertheit irritierte mich und ich hatte eine große Sehnsucht nach einer einfachen Ordnung. Doch je mehr ich diese mit Hilfe meiner Gedanken herzustellen versuchte, desto komplizierter wurde alles, und das Denken verdrängte immer mehr das Tun. Mein Vertrauen in meine Gefühle wurde mit jedem neuen Gedanken schwächer. Neue Erklärungen hatten für Stunden und Tage eine berauschende Wirkung. Sie versprachen mir: „Das ist es." Doch schon bald kam wieder die Ernüchterung und mit ihr eine neue Verunsicherung, welche wiederum mit einer neuen Erklärung besänftigt werden wollte. Die ersehnte Einfachheit stellte sich nicht ein und schien doch immer zum Greifen nahe.

Aus heutiger Sicht bin ich erstaunt darüber, wie unbeirrt und sicher ich trotz alledem meinen Weg gegangen bin. Etwas in mir war immer für mich da. Meine Sehnsucht nach Freiheit hatte eine enorme Kraft. Das Jahr 1968 verfolgte ich als Fünfzehnjährige aufgewühlt vor meinem neuen Transistorradio. Der Song „San Francisco" wurde für mich zum Inbegriff von Freiheit, und ich bedauerte sehr, nicht unter all den Hippies in Kalifornien sein zu können. Die Ausrichtung auf mich selbst und auf meine Wünsche half mir auch, Durststrecken zu überwinden. In demselben Jahr saß ich eines Nachts alleine an einem Lagerfeuer und flehte den Himmel an, mir eine Vorausschau auf mein weiteres Leben zu ermöglichen. Da trotz höchster Konzentration darauf nichts dergleichen geschah, beschloss ich, meine Zukunft selbst in die Hand zu nehmen: Ich stellte mir intensiv vor, welche Beziehungen ich haben, was ich arbeiten, wo und wie ich leben werde. Als Essenz vom Ganzen schrieb ich mit Asche auf einen Stein „LOVE". Auch wenn mir die Bedeutung des Wortes „Love" noch viele Jahre sehr suspekt war, so führte dieser symbolische Akt ungeachtet dessen dazu, dass mich die Energie, die ich damit verbunden hatte, unbeirrt auf meinem Weg begleitete. Alles, was ich mir damals gewünscht habe, hat sich erfüllt und vieles darüber hinaus. Das war mein erster bewusster Kontakt mit meinem kreativen Potential. Viele ähnliche Erfahrungen folgten dem nach und haben mich immer mehr in dem „ICH bin es" bestärkt.

Mein Leben ist reich an erfolgreichen Kreationen. Wann immer ich mich sehr klar für etwas entschieden habe, hat es sich auch materialisiert. Schon mit achtzehn war ich mir so sicher, dass meine kraftvolle Ausrichtung auf meine Wünsche wirksam ist, dass ich mir ein neues Auto bestellte, ohne das Geld dafür zu haben. Vier Monate später war die Lieferung aus Frankreich da und mit ihr auch das Geld. Ich hatte einen gut bezahlten Job gefunden und konnte damit den Großteil der Kosten abdecken. Das Restgeld schenkte mir – völlig überraschend – mein Großvater, den mein mutiges Vorgehen sehr beeindruckt hatte. So konnte meine Schwester das Jungmännerkomitee wieder auflösen, das sie gebildet hatte, um mich mit mehreren Kleinkrediten bei meinem Projekt zu unterstützen.

Wien. Universität. Voller Tatendrang startete ich in ein Leben, auf das ich mich schon jahrelang gefreut hatte, doch die äußere Freiheit führte mich zunächst in ein inneres Gefängnis. Die „alte Maria" war in Kärnten geblieben und mit ihr meine Identität. Diese Leere in mir verunsicherte mich zutiefst und ich zog Menschen an, die meine Unsicherheit verstärkten und mein Gefühl, nichts wert zu sein, bestätigten. Der Druck, der sich so in mir aufbaute, wurde immer unerträglicher, bis ich dann eines Tages begann, von mir zu erzählen. Und das Wunder geschah: Wie ein Staudamm, bei dem von einem Moment auf den anderen die Schleusen geöffnet wurden, ließ ich alles los. Befreiung pur. Eine neue Sicherheit breitete sich aus in mir, und meine Umwelt nahm wieder Konturen an. Die Freiheit, die mir das Studium bot, nutzte ich in den ersten Jahren vorrangig dazu, die herrschende Norm überall dort in Frage zu stellen, wo sie aus meiner Sicht nicht einsichtige Grenzen setzte. Jede Form der Befreiung faszinierte und berührte mich; auch der Umstand, dass es möglich war, aus dem Engagement einiger weniger eine große Bewegung entstehen zu lassen. Woher, wenn nicht aus uns, sollte sich denn etwas bewegen auf dieser Welt?

Die meisten dieser Aktivitäten, die ich zum Teil selbst initiierte, waren sehr erfolgreich. Sie waren „richtig", sie waren „gut", und sie hatten das Wohl aller Menschen zum Ziel. Eigentlich doch alles in Ordnung, sollte man meinen?! Ja und nein. Das Festhalten an Überzeugungen brachte mir zwar viel positives Feedback, machte mich jedoch immer mehr zur Sklavin meiner eigenen Gedanken. Meine Herzenswünsche „mussten" sich diesen unterordnen. Auch wenn sehr viele Menschen davon profitierten, wollte ich auch das Beste für mich, und ich begann, mich intensiv mit mir selbst auseinanderzusetzen, in unterschiedlichsten Gruppen mit dem Ziel, mich selbst besser kennen zu lernen.

Einiges kam so in Bewegung und mir wurde vor allem bewusst, wie sehr einzelne Menschen bestimmen, was in einer Gruppe beziehungsweise in einer Organisation möglich ist und was nicht. Darüber wollte ich mehr erfahren. Nach Beendigung des Studiums „verordnete" ich mir daher zusätzlich zu meiner Arbeit mit sogenannten „gesellschaftlichen Randgruppen" die psychotherapeutische Arbeit mit einzelnen Personen. Diese Entscheidung verlangte mir einiges ab, weil mich der Gedanke „Wie willst du so die Welt verändern?" lange Zeit nicht losließ. Zugleich löste sich auch meine gut überschaubare Weltordnung „Männer sind böse und Frauen sind gut, Reiche sind glücklich und Arme sind unglücklich" in Verwirrung auf. Etwas in mir verlangte jedoch so stark nach einer neuen Art von Genauigkeit, dass ich an dieser Entscheidung festhielt. Ich war überzeugt, dass das große Ganze nicht funktionieren kann, wenn das kleine Menschliche nicht in der Lage ist, mitzumachen.

Viele Jahre war ich sehr zufrieden mit meiner selbständigen Tätigkeit. Die Menschen, die Gruppen und die Organisationen, mit denen ich zu tun hatte, waren bunt und brachten viel Neues in mein Leben. Ich nahm alle Geschichten mit großem Interesse auf und staunte immer wieder darüber, wie besonders jede einzelne Geschichte war, auch wenn sich die Themen ähnelten. Die Systemtheorie und der radikale Konstruktivismus wurden meine Lieblingstheorien, und ich hatte große Freude daran, dieses Wissen auch weiterzugeben. So lange, bis ich selbst zu 100% davon überzeugt war, dass wirklich wir es sind, die unser Leben gestalten. Theoretisch war mir damit alles klar. Praktisch steckte ich allerdings noch in den Kinderschuhen.

Während ich mich beruflich sehr erfolgreich durch die Welt bewegte, wurde mir eines Tages schmerzlich bewusst, dass ich ein „Secondhand-Leben" führte. Die Lebensgeschichten meiner Klientinnen und Klienten bestimmten mein Leben. Ich hatte mich – wieder einmal – von mir selbst entfernt. Der Wunsch nach Selbsterfahrung nur für mich führte mich zu einer Frau, die mir mein Ausbilder für Familientherapie mit den Worten „Geh zu ihr, sie ist auch so ein intuitives Wesen wie du" empfohlen hatte.

Dieser Tipp sollte sich als wegweisend für mich herausstellen. Schon bei unserem ersten Gespräch hatte ich das Gefühl, angekommen zu sein. Die Zeiten mit Greta Adolf-Wiesner fühlten sich an wie Urlaub auf einer kleinen, feinen Insel: inspirierend und sehr erholsam.

Eines Tages teilte sie mir mit, dass sich ihre Arbeit weiterentwickelt habe und ob ich Interesse hätte, in der neuen Form mit ihr zu arbeiten. Dieses Angebot machte mich neugierig und ich stimmte freudig zu. Sie stellte sich auf mein Energiefeld ein und begann daraus zu „lesen". Die Informationen kamen fließend aus ihr und jedes Wort berührte mich punktgenau. Noch bevor mein Verstand erfassen konnte, was sie sagte, spürte ich die Wirkung ihrer Worte in jeder Zelle meines Körpers. Sie brachten mich mit einer Maria in Kontakt, die mir viel näher stand als alle Marias zuvor. Eine Maria, die sich so frei, lebendig und lustvoll anfühlte, dass ich auf keinen Fall mehr auf sie verzichten wollte. Mein starkes Kontrollbedürfnis, verwaltet von einem überaus wachen und gut trainierten Verstand, konnte mich nicht (mehr) davon abhalten.

So wurde mir bewusst, dass es eine Art von Freiheit gibt, die ich bis dahin noch nicht annähernd erreicht hatte: die bedingungslose Hingabe an mein kreatives Potential und somit an mich selbst. Ein Tor in eine vollkommen neue Welt öffnete sich und ich war bereit. Wie beim „Domino-Day" brachte ein Spielstein den nächsten zu Fall: Alte Beziehungsmuster, tiefe familiäre Verstrickungen, eine sogenannte „psychosomatische" Geschichte, kontrollierendes Denken und vieles mehr lösten sich auf und machten freudvollen, lustvollen und bunten Kreationen Platz. Und das Beste: Meine Sorge um die Welt hatte sich in Freude an der Welt gewandelt. Das, wonach ich immer gesucht hatte, war also ich selbst.

Das Loslassen meiner Leidensgeschichten führte letztlich auch dazu, dass ich den Respekt vor dem Leiden komplett verlor. Mein psychotherapeutisches Expertinnendasein zerplatzte wie ein Luftballon bei einem Kinderfest. Hatte die „Expertin" in mir die Menschen noch dabei begleitet, fit für die Welt zu sein, die sie vorfanden, so wollte ich sie jetzt dabei begleiten, sich eine Welt ganz nach ihren Wünschen zu kreieren. Freude pur!

Ich fühlte mich wie ein Kind vor dem Weihnachtsbaum beim Auspacken der Geschenke. Vertrauen in mein Potential. Vertrauen in das Potential aller Menschen. Das ist es. Mit einem Mal konnte ich es ganz klar wahrnehmen:

Alles ist da. Im Leben geht es um die Freude und um nichts anderes. Dass ich zuvor vieles gelernt und reichhaltige Erfahrungen mit dem menschlichen Verhalten machen konnte, beruhigte letztlich auch meinen alten Verstand und machte ihn kooperationsbereit für mein neues Sein. Heute gehe ich davon aus, dass, wer immer meine Nähe wählt, damit rechnen muss, heil zu werden.

Greta Adolf-Wiesner entwickelte ihre Arbeit, die sie derzeit „Lichtfluss" nennt, im Laufe der Jahre immer weiter, und der Kreis der Menschen, die sie auf dem Weg zu sich selbst begleiten, wird immer größer. Viele neue Projekte sind aus dieser lichtvollen Arbeit schon entstanden. Meine Dankbarkeit für sie und ihre Arbeit ist unermesslich. Durch diese liebevolle Begleitung war es mir möglich, mit jeder Herausforderung in dem Bewusstsein „ICH bin es" zu wachsen und als Pionierin kompromisslos weiterzugehen. Meine Neugierde und mein Mut haben mich in meinen Himmel auf Erden geführt. Hier sitze ich jetzt, schreibe und freue mich darüber, meine Freude zu teilen. „Wirklich wichtige Ideen fallen als göttliche Vision in unsere Köpfe, und wer den Mut und die Begabung dazu hat, ist aufgerufen, sie auszudrücken", schreibt Greta in der Einleitung zu ihrem Buch „Lichtfluss" (2010, S.5). Ich bin bereit.

Wenn ich die Erde und das Leben durch die Brille der Dankbarkeit betrachte, ist alles ein Wunder. Laufend entdecke ich Neues. Und mit jeder Entdeckung taucht immer wieder ein Gedanke auf: „Wem erzähle ich das?" In den letzten Jahren wurde der Wunsch in mir immer lauter, ganz aus MIR ein Buch zu schreiben. Kein wissenschaftlich korrektes Werk. Keines, in dem ich vor lauter Aufpassen, dass ich alles „richtig" mache, meine Lebendigkeit verliere. Ein Buch der Freude, für mich, für Sie, für uns. Et voilà, hier ist es. Das Buch. „Unser Buch", denn Sie und ich, wir haben es gemeinsam geschrieben. Erscheint Ihnen diese Vorstellung an dieser Stelle noch ein wenig fremd, so werden Sie beim Lesen immer sicherer, dass es so ist.

In diesem Buch werden Sie daran erinnert, wer Sie – wirklich – sind, und Sie werden in dem Bewusstsein „ICH bin es" so gestärkt, dass es Ihnen letztlich leichtfällt, ganz aus dieser Ebene heraus Ihr Leben zu gestalten. Und das ganz einfach, weil Sie keine Lust mehr haben, auf Wohlgefühle zu verzichten. Erlauben Sie es, dann führen Sie die Worte heraus aus dem einengenden Raum alter Gedanken hin zu einem neuen, freien und freudvollen Leben. Sie befreien Ihr

Potential und gestalten Ihr Leben nach Ihren Herzenswünschen. Die Instanz, die Sie dabei erfolgreich begleitet, sind SIE selbst im Sinne von „ICH bin es". „ICH bin es" bedeutet: „Ich bin mir meiner selbst und der Tatsache bewusst, dass sich alles durch mich kreiert" oder „Ich weiß, das Wunder bin ICH".

Den „alten" Verstand mit seinen konditionierten Gedankenmustern auflösen und einen neuen entstehen zu lassen ist eine große Herausforderung. Die Fähigkeiten unseres Gehirns sind so unendlich groß, dass ein Verstand, der seine Macht erhalten will, immer wieder neue Möglichkeiten dafür findet. Wie im Märchen „Der Wolf und die sieben Geißlein" frisst er Kreide und will uns weismachen, dass er neu ist, während er uns ein altes Muster im neuen Gewand anbietet.

Dieses Buch unterstützt Sie dabei, den Respekt und die Angst vor Ihrem Verstand, dem „Vater" aller Ängste, zu verlieren, um sich selbst neu zu (er)finden. Mehr noch, Sie verlieren sogar Ihren (alten) Verstand und Sie freuen sich auch noch darüber. Keine Angst, Ihre grundsätzliche Fähigkeit, zu denken, verlieren Sie dabei nicht. Können Sie über den Einfallsreichtum und die unterhaltsamen Kunststücke Ihres konditionierten Verstandes lachen und staunen, haben Sie bereits die Schallmauer der Gewohnheiten durchbrochen und befinden sich auf dem besten Weg zu einem Leben, das aus der Freude neu geboren wird.

Damit Ihnen das gelingt, brauchen Sie die Kooperationsbereitschaft Ihres „alten" Verstandes zumindest so lange, bis Sie erkennen, dass Sie Ihre Gedanken bestimmen und nicht „er". Um Ihren „alten" Verstand zum Mitmachen einzuladen, beschreibe ich das eine oder andere Phänomen ausführlicher. Würde ich mich nur an Ihre „Gefühle" wenden, kann es leicht sein, dass er in den Widerstand geht und die erwünschten Veränderungen verhindert. Das kann ihm auch ganz leicht gelingen, wenn Ihnen nicht bewusst wird, wie er das macht.

Die Absicht dieses Buches ist es daher nicht, (nur) Ihren Intellekt zufrieden zu stellen, sondern vielmehr, wirksame Worte und Inhalte für das Heil-Werden und für eine bewusste Lebensgestaltung zur Verfügung zu stellen. Ich lade Sie ein, sich von dem Text wie auf Wellen tragen zu lassen und die Worte als das wahrzunehmen, was sie sind: Energieträger für Wandel. Ich erlaube mir auch, Sie im weiteren Teil des Buches mit „Du" anzusprechen. Dafür hatte ich mir schon eine sehr schöne Erklärung zurechtgelegt, die mir aber völlig abhanden gekommen ist. Sagen wir, ich mache es einfach, und ich vertraue darauf, dass es Sinn macht.

Dieses Buch begleitet Sie also auf Ihrer Reise zu sich selbst und ermöglicht es Ihnen, neue Erfahrungen im Verstand und im Körper zu verankern. Damit sind Sie in der Lage, über die (unbewussten) Gewohnheiten im Alltag immer wieder hinauszugehen und Neues entstehen zu lassen. Die so verankerten neuen Erfahrungen machen Ihnen bewusst, dass die Erfüllung Ihrer tiefsten Wünsche möglich ist und wie das geht. Das Neue auch auf der Ebene der Gefühle gut und bewusst zu verankern ist wesentlich, denn nur durch die Unmittelbarkeit dieser gefühlten Wahrheiten sind wir in der Lage, der Kraft lebenslang erfahrener Emotionen wie Angst und Zweifel entgegenzuwirken und sie aufzulösen. Der lustvollste Weg, Wandel zuzulassen, geschieht über den Humor.

Als ich noch psychotherapeutisch tätig war, fragte mich eines Tages der Kollege, mit dem ich meine Praxisräume teilte, ob ich mir sicher sei, dass das, was ich mache, Psychotherapie ist, denn aus meinem Zimmer höre man immer wieder so ein lautes Lachen. Einige Wochen später hatte ich ein Gespräch mit einer Klientin, während eine andere im Warteraum saß. Nachdem das erste Gespräch beendet war, bat ich die nächste in mein Zimmer. Kaum hatte diese schwungvoll den Raum betreten, schleuderte sie mir streng und sehr ernst entgegen: „Warum lachen Sie mit mir nie? Ich will auch mit Ihnen lachen." Da wurde mir plötzlich bewusst, wie sehr ich mich bis dahin von ihrem „korrekten" Verhalten hatte beeindrucken lassen. So sehr, dass ich es nicht gewagt hatte, meinen Humor – und somit MICH – in die Gespräche mitzunehmen. Wenn wir über uns lachen (können), dann löst sich die alte Identität im Nu auf. Die Energie fließt und wir kommen leicht und lustvoll mit dem „ICH bin es" in Kontakt. Viel Freude beim Lesen!

1.

ICH BIN ES

Willkommen beim größten Abenteuer der Menschheit. Willst du neu sein? So neu, dass dir die Lebensfreude aus den Augen sprüht und du in Glückseligkeit badest? Willst du so sein, wie du wirklich bist, und dich und diese Erde rundum genießen? Willst du dein Leben ganz nach deinen Wünschen gestalten und wandeln, was dich daran hindert? Bist du bereit? Dann steige bitte ein und halte dich – nicht – fest. Entscheide dich und vertraue DIR, denn es geht um DICH. Ganz neu, ganz DU. Komm mit auf die Reise zu DIR.

Kennst du das: Beim Autofahren, beim Joggen, in der Badewanne oder beim In-die-Luft-Schauen kommt plötzlich eine Information aus dir, die die Lösung für ein „Problem" oder eine neue Idee bringt? Eine Information, die nicht durch das übliche Nachdenken entstanden, sondern aus einem kreativen Raum ganz einfach aufgetaucht ist, überraschend, stimmig und sehr brauchbar. Sie kommt aus einer Instanz in dir, die über die üblichen Aktivitäten des Verstandes hinausgeht. DU bist diese Instanz, du nimmst sie wahr und du führst dich zu ihr. Sie macht dir bewusst, dass du viel mehr bist als das, was dein Verstand und dein Körper über dich erzählen: DU bist die Liebe, DU bist die Freude, DU gestaltest dein Leben. DU bist das Wunder. DU bist es.

In dir ist ein unendlich kreatives Potential, das sich immer mehr ausdehnt, je mehr du daraus schöpfst. Im Bewusstsein des „ICH bin es" verbindest du dich damit. Wie immer du dieses Potential auch nennst, ob „inneres Wesen", „wahres Selbst", „Gott in mir", „mein Herz", „mein Bauch", wesentlich ist, dass du es mit dem „ICH bin es" verbindest. Nimmst du DICH als Schöpfer und Schöpferin deines Lebens an, bist du gewiss, dass sich alles materialisieren kann, was du dir wünschst. Indem du dir und anderen die Geschichte deines Lebens neu erzählst, bist du neu.

Viele Jahre meines Lebens habe ich mich selbst und andere Menschen bestens mit Geschichten über meinen Vater unterhalten. Sie alle beschrieben einen kreativen und humorvollen Vater, dessen kindliche Anteile zu Streichen herausforderten. Mit diesen Erzählungen erschuf ich einen Vater, den es in meinem gelebten Leben nicht gab, und schloss damit eine Lücke in mir. In den letzten Jahren vor seinem Tod war unsere Beziehung von Nähe und inspirierendem Austausch geprägt und meine Geschichten verstummten. Mittlerweile sind sie ganz verschwunden. Sie werden nicht mehr gebraucht.

Wir Menschen sind tagein und tagaus mit allem Möglichen beschäftigt. Wir suchen den idealen Job, wir bilden Partnerschaften, wir gründen Familien, wir treffen uns in Meetings, wir kennen die neuesten Filme und die intimsten Details aus dem Leben diverser Stars, wir bauen immer höhere Häuser, wir „liken" uns auf Facebook und wir „twittern", wir vermehren das Geld. Wir machen uns Gedanken über Gott und die Welt, und wenn wir deswegen nicht schlafen können, dann nehmen wir Pillen. Naht dann schließlich das Ende unseres Lebens und sind wir dabei, diese Welt wieder zu verlassen, reduzieren sich unsere Gedanken auf einige wenige Fragen: War ich glücklich? Habe ich getan, was ich wirklich wollte? Habe ich geliebt und wurde ich geliebt? Kann ich in Frieden gehen?

Glücklich und frei zu sein, Wunder und Liebe zu erleben und Frieden mit uns und der Welt zu machen, sind offensichtlich wesentliche Elemente eines erfüllten Lebens. Wie wir uns fühlen, ist uns wichtiger als das, was wir denken. Wenn du Glück, Wunder, Liebe, Frieden und vieles mehr erfahren willst, dann musst du mit diesen Wünschen nicht warten. Du kannst dich hier und jetzt dafür entscheiden und dich danach ausrichten, indem du auf deine Gefühle achtest und deinen Wünschen Raum gibst.

Deine Welt entsteht aus DIR und aus dem, was du willst. Bist du im Frieden mit DIR, bringst du Frieden in die Welt. Liebst du dich, wirst du geliebt. Das, was du willst, bist du bereits. Deine Wünsche führen dich zu DIR. Daher ist es so wichtig, dass du deine Wünsche „ernst" nimmst. Wünsche, deren

Vorstellung alleine dir schon große Freude bereiten, kommen aus deinem Herzen. Sie sind – anders als die „Muss-ich-unbedingt-haben-Wünsche" – unmittelbar mit deinem kreativen Potential verbunden. Je mehr Raum du ihnen gibst, desto deutlicher zeigen sie sich und bereichern dein Leben mit immer neuen freudvollen Erfahrungen. Wenn du DICH kennenlernen willst, dann achte auf deine Wünsche.

Alles, was wesentlich ist, um dein Leben so zu führen, wie du es dir wünschst, ist in DIR. Alles, was du brauchst, um das zu erleben, was du erleben willst. Was möchtest du gerne erfahren? Welche Träume und welche Sehnsüchte schlummern in dir? Alles wartet auf deine Erlaubnis und deine Entscheidung. Stellst du dich auf deiner Liste der „very important persons" an die erste Stelle und richtest du dein Leben nach deinem Wohlbefinden aus, geschieht der Rest wie von alleine. Du musst dann auch nicht mehr nach dem Sinn des Lebens suchen, weil du weißt, dass DU es bist. DU bist der Sinn. DU bist die Kraft, die dich durch dein Leben führt. DU bist der Weg.

So wie jedes erfolgreiche Projekt eine Leitung braucht, so braucht die Entfaltung deines kreativen Potentials dich. Aus deiner Entschiedenheit, deiner Hingabe und deinem Vertrauen entsteht im Laufe der Zeit die Gewissheit, dass alles das DU bist. Auf Basis dieser Gewissheit dient dir alles, nichts kann dir mehr die Leitung aus der Hand nehmen. Der Schlüssel dazu ist die Verantwortung. Wohlgemerkt „Verantwortung" im Sinne von „Zuständigkeit" oder „Kompetenz" und keinesfalls „Schuld". Verantwortung abzugeben ist ein zutiefst menschliches Bedürfnis, allerdings sehr zeit- und energieraubend. Gibst du zum Beispiel dem Vollmond die „Schuld" an deiner schlechten Stimmung, so nimmt er sie dir zwar ab, gibt dir aber zugleich vor, dass du die schlechte Stimmung halten musst, bis er wieder abnimmt. Erst danach darfst du dich wieder gut fühlen, doch leider nur für ein paar Tage. Denn der nächste Vollmond kommt bestimmt, und wer weiß, was der Neumond mit dir vorhat?

„ICH bin es" zu leben bedeutet, dass du keine Umwege (mehr) gehen musst, nicht mehr warten auf…, nicht mehr hoffen auf…. Du bist von nichts und niemandem abhängig, um ein glückliches und zufriedenes Leben zu führen, auch nicht von deinem Verstand und auch nicht von deinem Körper. DU bist frei. Leicht und reich fühlt sich dein Leben an, wenn du dich nicht mehr rechtfertigst, warum du dies machst und jenes denkst und nicht mehr darauf wartest, dass dich – am besten alle – Menschen supertoll finden; wenn du dich nicht mehr damit befasst, wie, wann und warum deine Eltern dein Leben ruiniert haben, oder wenn du dich nicht mehr schlecht fühlst, weil deine Großmutter väterlicherseits arm und dein Großvater mütterlicherseits böse waren; wenn du der Schule nicht mehr vorwirfst, dass sie dich nicht fit fürs Leben gemacht hat, und so weiter und so fort... Bitte ausatmen! Kannst du dir jetzt vorstellen, wie viel Zeit und Raum entsteht ohne all die Gedanken, die dich so oder ähnlich beschäftigen? Wie sehr sich deine Freude ausdehnen kann?

Eine sehr wirksame Möglichkeit, das Bewusstsein des „ICH bin es" zu verankern, führt über die Wahrnehmung von Energien. Diese Vorstellung vereinfacht und erleichtert den Zugang zum Wesentlichen. Mit „Energie" bezeichne ich eine Wahrnehmungsqualität, die wir über Gefühle erfassen können. Du fühlst dich zum Beispiel „gestresst" oder „nervös". Das sind bestimmte Wahrnehmungsqualitäten, denen dein Verstand einen Namen gibt und die er so entsprechend bewertet. Konzentrierst du dich allerdings auf deinen Körper und gibst du dem, was du wahrnimmst, keinen Namen, dann ist es ganz einfach eine „Bewegung". Genau genommen ist auch „Bewegung" eine Bewertung, üblicherweise gibt diese jedoch keine bestimmte Reaktion vor. Lässt du deine Wahrnehmung noch wertfreier werden, fühlst du Strömungen, Wellen, Schwingungen. Du fühlst Energie. Diese Energie wandelt sich ständig, wenn du sie freigibst. Am besten machst du das, indem du dich körperlich und geistig entspannst. So werden die Bewegungen zum Beispiel immer ruhiger. Die Energie fließt „geordneter" und du erlebst diesen Fluss als Wohlgefühl.

Mit Energien kannst du spielen. Du kannst deinen Körper damit reinigen und dir bestimmte Erlebnisqualitäten erfahrbar machen. Atmest du zum Beispiel die Vorstellung von „hellem Licht" oder von „Freude" oder von „Liebe" ein und lässt diese durch deinen Körper fließen, verändert sich dein Befinden im Augenblick. Je geübter du bist, desto kraftvoller ist das Erleben. Belastende Gedanken lösen sich in diesem Feld von alleine auf, ihre Kraft schwindet.

Wir Menschen sind trainiert darin, alles, was wir wahrnehmen, zu bewerten und entsprechend zu handeln. Fühlt sich eine Beobachtung unangenehm an, dann wird diese als „Problem" bezeichnet und der Verstand begibt sich auf die

Suche nach Lösungen. Stundenlang, tagelang, jahrelang. Wir können diesen Weg wählen. Wenn wir das tun, dann wählen wir die sichtbare, greifbare und mit dem Verstand kontrollierbare Ebene. Den Vordergrund, die Bühne. Die Ebene des beobachtbaren Verhaltens. Wir können aber auch einen anderen Weg wählen. Den Weg des Ganzen, der das Dahinter einschließt und der hinter oder über oder um die Ebene des Verhaltens herum und darüber hinaus liegt: einfach, direkt und kraftvoll, der Energiefluss.

So gesehen geht es dabei nicht mehr darum, Handlungen zu planen, sondern sich auf das Erwünschte auszurichten. Auf das, wie wir uns fühlen und welche Energiequalitäten wir anziehen wollen. Die entsprechenden Handlungsimpulse erhalten wir dann im Augenblick, so wie beim Joggen oder beim Autofahren. Passend, stimmig und kraftvoll. Kommt nichts, dann ist nichts zu tun. Darauf zu vertrauen ist eine Kunst, die du dir aneignen kannst.

Lass uns jetzt über das „ICH bin es" hinausgehen. Zur Welt. Damit bezeichne ich die Summe dessen, was einzelne Menschen als „Realität" wahrnehmen. Die „Welt" ist ein Produkt unserer Gedanken und nichts, was außerhalb unserer Wahrnehmung existiert. Sie ist das, was wir aus den denkbaren Möglichkeiten, die uns die Erde – vermeintlich – bietet, machen. Begriffe wie Traumwelt, Körperwelt, Unterwelt, Parallelwelt weisen darauf hin. Aus dieser Perspektive ergeben sich wesentliche Fragen: Bist du zufrieden mit dieser Welt, mit deiner Welt? Hast du Lust auf eine neue? Wenn ja, auf welche? Wie genau schaut deine neue Welt aus?

Stimmst du mir zu, dass die Erde erleichtert aufatmen wird, wenn unsere Beziehung zu ihr von Liebe und Freude getragen wird? Wenn wir in einer Welt leben, in der die Liebe und die Freude als schöpferische Kräfte den ihnen angemessenen Stellenwert haben? Eine Welt, in der sich die Menschen neu (er)finden und den Mut haben, die alten kollektiven Gedankengebäude aufzulösen. Liest sich das gerade nach Schwerarbeit? Sagt vielleicht dein Verstand: „Schön und gut, aber wie soll das möglich sein? Was, wenn das nur romantische Wunschgedanken einer Träumerin sind?" Mittlerweile ist es für viele bereits gut nachvollziehbar, dass das, was wir als „wirklich" wahrnehmen, ein Produkt unserer Gedanken ist. Aus diesen entstehen bestimmte Handlungen, die bestimmte Erfahrungen ergeben und die ihrerseits wieder bestimmte Gedanken produzieren. Ein Kreislauf, der Gewohnheiten entstehen lässt, die unser Weltbild und somit unsere Vorstellungen von „Wirklichkeit" verfestigen. Was wir nicht als wirklich annehmen, bleibt außerhalb unseres Gedankengebäudes, außerhalb unserer Vorstellung von „Welt". Und nun die Schlussfolgerung: Wenn wir in einer Welt leben, die ein Ergebnis leidvoller Gedanken ist, warum sollte es denn dann nicht möglich sein, in einer Welt zu leben, die auf freudvollen Gedanken basiert?

Das größte Geschenk, das du dir und der Erde machen kannst, sind deine Freude und deine Liebe. Du bist ein Teil von ihr, sie ist ein Teil von dir. DU bist die Erde. Alle Gedanken, die deinem Wohlergehen dienen, sind heilsam. Taucht in diesem Zusammenhang ein Gedanke in dir auf wie etwa „Ich kann doch nicht so egoistisch sein und nur auf mich schauen!", dann stelle dir die Frage, ob du, wenn du glücklich und zufrieden bist, anderen Menschen Schlechtes wünschst? Ob du Neid empfindest? Ob du (noch) kämpfen und gewinnen musst? Geht es dir gut, geht es der Welt gut. Alles, was du aus der Freude heraus machst, dient dir und der Erde. Liebst du dich, liebst du die Erde. Kreative „Logik" folgt dem Herzen und du erkennst sie daran, dass du aus freien Stücken „ja" zu etwas sagen kannst. Spürst du ein eindeutiges „Ja" in dir, vertraue darauf, dass es das Beste für dich im Augenblick ist, und lass dich ein auf das, was kommt. Selbstliebe und Eigenverantwortung sind die Schlüssel für eine neue Welt. Willst du, dass sich die Welt verändert, dann verändere dich.

Durch deine Freude am Leben ziehst du Menschen an, die Freude am Leben haben (wollen). So wird deine Freude immer größer und diese belebende Energie dehnt sich aus, weit über dich und deine Umgebung hinaus. Von alleine. Stehst du für mühsame Geschichten nicht mehr zur Verfügung, re- duzieren sich diese nicht nur in deinem Leben, sondern auf der ganzen Welt. Alles, was du zu tun hast, ist, darauf zu achten, dass es dir gut geht. Dein Wohlbefinden ist die Quelle. Fühl dich frei, neue Wege zu gehen. Genauso, wie du Dunkelheit in die Welt bringen kannst, kannst du auch Licht in sie bringen. Du wählst.

Was sollte dir noch bewusst sein, wenn du DU wirst? Gehe dabei bitte nicht davon aus, dass alle, die dir nahestehen, erleichtert ausrufen werden: „Endlich!". Für viele ist dein Wandel – zumindest zu Beginn – gar nicht willkommen. Als „die Alte" oder als „der Alte" warst du ihnen viel lieber: vertraut, berechenbar und verlässlich. Aussagen wie „Bleib, wie du bist!" „Wie gut, dass du dich nicht verändert hast." „Schön, dass du noch immer die Alte bist." haben ihre Wirkung auf dich verloren. Indem du deinen Herzenswünschen entsprichst, wandelst du alte Vorstellungen um, die – genau genommen – niemandem Freude machen. So bringst du einen frischen Wind in dein Leben und in das Leben der Menschen, die mit dir sein wollen.

Indem du alle Erwartungen loslässt, die dich noch an Menschen binden können, bist du frei für neue Impulse. Zum Beispiel beim Schenken. Du denkst aus Gewohnheit: „Franz hat mir zum Geburtstag drei Flaschen von diesem ganz besonderen französischen Rotwein geschenkt. Er hat keine Kosten und Mühen gescheut, um mir eine Freude zu machen. Ich kann doch unmöglich nur mit einem Blumenstrauß – aus meinem Garten noch dazu – zu seinem Geburtstagsfest gehen. Was wird er denn über mich denken?" Du denkst neu: „Will ich Franz eine Freude machen? Ja. Womit? Mit einem Blumengruß aus meinem Garten, den er so liebt."

Oft habe ich heftige Reaktionen ausgelöst, wenn ich Menschen darauf aufmerksam gemacht habe, dass sie die Welt, in der sie leben, selbst gestalten: von einer schlichten Ablehnung bis zur Verärgerung. Einige reagierten auch mit der Aussage: „Das klingt ja wie ein Märchen." Vor allem dann, wenn diese Person zwar mit ihren Wünschen in Kontakt war, jedoch felsenfest davon überzeugt, dass diese unerreichbar seien. Ein Märchen ist nun einmal „zu schön, um wahr zu sein." Auch wenn wir begeistert die Ereignisse in den Königshäusern verfolgen und uns den Film „Pretty Woman" nicht oft genug anschauen können, ist klar: „Das alles gilt nicht für mich." Da erleichtert es einen schon sehr, wenn man dann in einer Zeitschrift ein Foto von Julia Roberts beim Einkaufen mit ihren Kindern entdeckt: ungeschminkt, die Haare durcheinander, die quirligen Kinder bändigend.

In mir ist zum Beispiel immer wieder der Wunsch aufgetaucht, einmal in einem Haus leben zu können wie ein Filmstar, doch mein Verstand reagierte prompt mit:„Geht nicht." Jetzt sitze ich in so einem Haus und fühle mich wie in Hollywood. Mein Märchen ist wahr geworden und ich weiß jetzt, dass

„Hollywood" überall da ist, wo ICH bin. Oder noch kürzer: Ich bin (mein) Hollywood. ICH bin das Wunder.

Hast du dich für DICH und die Wunder entschieden, dann begibst du dich auf eine Art Reise. Ganz DU zu werden braucht Zeit. Die Erfahrungen, die du bis jetzt gemacht hast, haben eine Vorstellung von dem, wer du sein solltest und wer du zu sein glaubst, entstehen lassen. In deinem Verstand und in deinem Körper sind diese gespeichert und stehen dir als eine Art Programm zur Verfügung. Deine Gedanken und deine Gefühle sind es gewohnt, sich an dieses Programm zu halten, und sie aufzulösen braucht Zeit. Zeit, damit die alten Gedanken den Verstand verlassen und neue Gedanken entstehen können. So werden dein Verstand und dein Körper frei für das, was sie am liebsten machen: dir himmlischen Genuss zu verschaffen.

Jede frei gewählte Reise hat üblicherweise einen Anfang und ein Ende. Sie hat Höhepunkte und Ruhepausen. Sie dient dazu, Neues zu entdecken und Freude zu machen. Deine Reise zu DIR hat bereits begonnen und dieses Buch lädt dich ein, die Reise bewusst fortzusetzen. Nimmst du deine Erlebnisse als Teile einer Reise wahr, dann fällt es dir leichter, diese wertzuschätzen und – bei Bedarf – Korrekturen vorzunehmen. Jede Erfahrung bietet dir ein großes Geschenk an: zu erkennen, was du wirklich willst. Frage dich zum Beispiel: „Wie geht es mir im Augenblick? Tut mir das gut, was gerade stattfindet? Fühle ich mich wohl dabei? Ist es das, was ich wirklich will? Wenn nein, was will ich wirklich?"

DU bist die einzige Autorität, auf die du dich verlassen kannst, wenn es um dich geht, denn du hast DICH, und das ist mehr, als du jemals „haben" kannst. Jeder Besitz ist vergänglich, nichts gehört dir wirklich – nicht einmal „dein" Mann, nicht „deine" Frau und schon gar nicht „deine" Kinder; nicht „dein" Haus und „dein" Auto und auch dann nicht, wenn du bereits alles bezahlt hast. Jede Sicherheit, die du im Außen suchst, ist eine Illusion und erzeugt Abhängigkeit. Ganz DU sein bedeutet, frei von allem und frei für alles zu sein.

Hast du alles aufgelöst, was dich hindert, DU zu sein, dann gestaltet sich dein Leben aus DIR, aus der wunder-vollen Quelle in dir. Dein Potential ist deine Essenz. Aus ihr kreiert sich deine neue „Identität", dein neues Sein in jedem

Augenblick; unendlich schöpferisch, unendlich ausgedehnt. Künstler und Künstlerinnen beschreiben diesen Vorgang zum Beispiel mit „es schreibt aus mir" oder „es malt aus mir". Ein österreichischer Maler nennt seinen schöpferischen Zustand sogar „die Ewigkeit".

Alles, was unmittelbar aus uns heraus geboren wird, ist kreativ, ein Ausdruck unseres Potentials. Indem wir dies zulassen, tritt das gewohnte Denken in den Hintergrund. Das, was durch DICH in diese Welt kommt, hat eine ganz bestimmte Qualität: ein bestimmtes Bild, eine spezielle Musik, eine besondere Form des Kochens, dein Lachen, eine dir eigene Art, auf Menschen zuzugehen, und vieles mehr. Es geschieht ganz einfach. Für alles gibt es den richtigen Zeitpunkt. Nur Geduld! Deine Aufgabe ist es, die Aufmerksamkeit zu dem zu geben, was du willst. Immer wieder, immer wieder, bis es so selbstverständlich für dich geworden ist, dass du es automatisch machst.

Dass in uns ein unermessliches Potential schlummert, ahnen wir alle in der einen oder anderen Weise. Ganz aus dieser tiefen Quelle heraus zu leben entspricht einer tiefen Sehnsucht. Sich ihr vollkommen hinzugeben haben bis heute nur sehr wenige Menschen gewagt. Zu wenige abgesicherte Erfahrungen gibt es noch, ob das auch im sogenannten „Alltag" möglich ist. Dazu kann ich nur sagen: Es funktioniert. Meine Erfahrungen bestätigen es mir täglich neu.

Ist etwas ganz durch DICH geschehen, entsteht daraus der höchste Gewinn für dich und diese Welt. „Höchster Gewinn" bedeutet die Manifestation deiner Wünsche in einer überraschenden, wunder-vollen Form. Den höchsten Gewinn wahrzunehmen, setzt dein Vertrauen in deine Wirksamkeit und somit in DICH voraus. Der Verstand alleine kann ihn nicht erkennen, vor allem dann nicht, wenn er trainiert ist, in gewohnten Bahnen zu denken. Oft steckt der Gewinn in einer Erfahrung, die der Verstand als „Drama" bewertet. Stell dir zum Beispiel vor, du wünschst dir schon seit Monaten eine neue Arbeit mit neuen Herausforderungen. Du kündigst jedoch nicht, weil du Angst vor Arbeitslosigkeit hast. Eines Tages wirst du gekündigt. Im ersten Moment bist du vermutlich sehr betroffen und ärgerst dich über deine Abhängigkeit von der Entscheidung anderer. Wenn du dich wieder beruhigt hast und wenn einige Zeit vergangen ist, wird dir bewusst, dass du – endlich – frei bist, um eine neue Arbeit zu suchen. Deine ganze Aufmerksamkeit geht in diese Richtung und eines Tages stellst du mit Erstaunen fest, dass dir die neue Arbeit große Freude macht, weil diese genau deinen Vorstellungen entspricht.

Um den höchsten Gewinn aus der Reise zu DIR schöpfen zu können, solltest du dich und dein Leben ganz annehmen. Dein klares „Ja" ist eine sehr wichtige Voraussetzung dafür. Sagst du „Ja" zu deinem Leben, akzeptierst du etwas, wozu du dich genau genommen schon entschieden hast. Das ist nicht selbstverständlich. Viele Menschen gehen ohne diese bewusste Entscheidung durchs Leben und kommen somit nie mit beiden Beinen auf der Erde an. Nimmst du dein Leben an, dann wird dir bewusst, dass du hier bist, weil du hier sein willst. Du willst bestimmte Erfahrungen machen und eine spezielle Welt zu dieser speziellen Zeit als Mann oder als Frau mitgestalten. Mit deinem Ja erschaffst du ein Fundament, auf das du gut aufbauen kannst. Dazu gehst du am besten davon aus, dass DU wählst. Vom Anfang bis zum Ende und darüber hinaus. Auch wenn dein Verstand auf Fragen wie „Wie soll ich das gemacht haben? Wie soll ich diese Eltern ausgesucht haben? Wozu all die schmerzvollen Erfahrungen? So etwas kann man doch nicht absichtlich wählen!" keine befriedigenden Antworten hat, so macht doch diese Vorstellung für dein selbstbestimmtes Leben großen Sinn.

Meine Erfahrungen mit unterschiedlichsten Konzepten im Umgang mit „Leben" bestätigen die Bedeutung dieser Entscheidung. Das Ja ist wesentlich. Viele Menschen – so kommt es mir vor – bleiben zwischen Himmel und Erde hängen. Ein klares Ja zum Leben fällt ihnen schwer, wohl auch, weil sie damit viel Unangenehmes verbinden. Erstaunlicherweise richten sie es sich jedoch ganz gut in einer Art Zwischenwelt ein, auch wenn sie genauso gut die Erde wieder verlassen können. Während meiner Zeit als Psychotherapeutin konnte ich erfahren, wie kreativ die Vorstellungen der Menschen diesbezüglich sein können. Wenn im Fernsehen ein Film gespielt wird, der uns nicht gefällt, schalten wir ihn aus, sofern wir dazu noch in der Lage sind, oder suchen ein anderes Programm. Wir wählen, auch dann, wenn wir wählen, nicht zu wählen. Willst du überprüfen, wie sehr du auf der Erde angekommen bist, kannst du Folgendes tun: Nimm eine Skala von null (ganz weg) bis hundert Prozent (ganz da) und ordne dich spontan ein, indem du dir die Frage „Wie stark erlebe ich mein Ja zum Leben?" stellst. Welcher Wert entsteht? Sollte sich dieser unter hundert befinden, frage dich, was dir (noch) fehlt, um ganz bei 100% zu sein? Sinnvoll ist es auch, dir bewusstzumachen, was der bereits vorhandene Wert bedeutet: Was hast du schon erreicht? Was ist dir bereits bewusst? Wofür bist du dir dankbar?

Auch wenn es keinen handfesten Beweis dafür gibt, dass du dieses Leben gewählt hast, so bist du doch hier. Und wenn du nicht vorhast, morgen wieder zu gehen, dann macht es doch Sinn, deinem Leben eine Würze zu geben: DICH. Du könntest zum Beispiel denken: „Wenn ich nicht gehen will, dann will ich offensichtlich bleiben. Wenn ich bleibe, dann soll es sich lohnen. Gelohnt hat es sich dann, wenn ich dies und das erlebt habe." So wie eine Rose einfach wächst und blüht und sich keine Gedanken darüber macht, ob sie überhaupt eine Rose sein will und was sie hier zu suchen hat, so kannst du dein Leben genießen. Wenn du willst.

Auf der Reise zu DIR bringst du DICH und deine Person in eine Balance und lässt sie eins werden. Leichtigkeit, Freiheit, Freude, Liebe, Frieden und Glückseligkeit sind die Qualitäten, die dann dein Leben bestimmen. Ich wünsche dir eine gute Reise!

2.

ICH WANDLE, WAS MICH (VER)HINDERT

Unendliche Möglichkeiten hast du, dich davon abzuhalten, dein Leben zu genießen. Alles steht dir dafür offen und einiges davon ist dir vertraut. Schon früh hast du gelernt, die Welt mit Schmerz, Angst, Zweifel, Misstrauen und dergleichen mehr wahrzunehmen. Du hast erfahren, dass es so „richtig" ist und dass vieles von dem, was sich angenehm anfühlt, „falsch" ist. Falsch, weil die Menschen in deinem Leben und somit auch deine Erfahrungen dich darin bestätigt haben. Viele gute Gründe hattest du, darauf zu vertrauen, denn du wolltest dich sicher fühlen in dieser komplizierten Welt voller komplizierter Gedanken.

Für diese Sicherheit warst du letztlich auch bereit, einen großen Preis zu bezahlen. Das, was dir wirklich gut getan hat, hast du oft in dir versteckt und schließlich sogar (fast) vergessen. So ist eine Vorstellung von dir entstanden, die auch dich selbst glauben gemacht hat: „So bin ich. Das bin ich." Wie genau ist dir das gelungen? Was musstest du tun, was denken, um deine Herzenswünsche zum Schweigen zu bringen? Wie gelingt dir das auch heute noch? Lass uns gemeinsam diesen Fragen nachgehen und die sehr wirksamen Hindernisstrategien bewusstmachen. Und lass uns Wege finden, die dich aus diesen unerfreulichen Sackgassen wieder herausführen.

Reich, leicht und bunt ist dein Leben – vorausgesetzt, du bist frei von alten Gedanken. Ein Leben in Freude zu führen bedeutet, sich von diesen zu befreien. So wie du leidvolle Gedanken denken kannst, kannst du auch freudvolle Gedanken denken. Du bestimmst. Aber häufig entscheiden wir uns, zu leiden. Sollte sich jetzt in dir ein Gedanke melden wie „Das kann unmöglich stimmen, denn wer ist schon so verrückt, das Leiden zu wählen?", ist meine Antwort: „Wir alle. Wir alle sind so verrückt." Wir tun es immer wieder, weil wir es so gewohnt sind und weil wir davon ausgehen, dass es so sein muss.

Du bestimmst, ob die Schwere dein Leben prägt oder die Leichtigkeit. Du bestimmst, ob du die vielen Dramen dieser Welt noch mit deinen bereicherst oder ob du lichtvolle Kreationen auf diesen Planeten bringst. Entscheidest du dich für lichtvolle Kreationen, dann empfehle ich dir, den Wandel als deinen ständigen Begleiter anzunehmen und dich dem Energiefluss hinzugeben. Angenommen, du willst die Strecke Wien – Budapest mit einem Ruderboot erkunden. Zwei Möglichkeiten stehen zur Wahl: donauabwärts oder donauaufwärts. Was wählst du, wenn du es leicht haben willst? Den Wandel zu wählen bedeutet, die Kraft des Flusses zu nutzen und sich mit ihr zu verbinden. Verschließt du dich dem Wandel, ruderst du gegen den Fluss.

Um Hindernisse auflösen zu können, musst du sie zuallererst als solche wahrnehmen, und das ist nicht immer ganz einfach, denn die Welt, so wie du sie gewohnt bist, hat ihre eigene Logik. Alles passt zusammen, eines hängt vom anderen ab. Und mitten drinnen du und die laufenden Anforderungen deines Alltags. Ständig ist etwas zu tun. Gedanken wollen gedacht werden: „Wie soll ich das verstehen? Was mache ich damit? Wo kommt dieses komische Gefühl her? Was ist richtig? Was passiert, wenn…" Menschen wollen beachtet werden, die Nacht gibt Schlaf vor, die Sonne gute Laune. Woher nimmst du Zeit und Raum für DICH?

Das stärkste Hindernis und zugleich die Basis für alle weiteren Hindernisse ist die Vorstellung, dass es nur eine Welt gibt, die in einer ganz bestimmten Art und Weise funktioniert. Diese Vorstellung lebt von der Überzeugung, dass es uns nur als Körper und Verstand mit begrenzten Möglichkeiten gibt. Der so entstehende Spielraum wird als „objektiv existierende Wirklichkeit" oder „Realität" bezeichnet. Aussagen wie „Was kann ich schon daran ändern? Das ist die Realität." sind dann an der Tagesordnung. Wie oft hast du diesen Satz in deinem Leben schon gehört? Welche Gefühle löst er in dir aus? Warum entscheiden sich viele Menschen immer wieder, so zu denken? Vielleicht, weil ein kleiner Raum durchaus Vorteile hat? Er ist überschaubar und kontrollierbar. Er gibt Sicherheit, weil „gut" gut ist und „böse" böse. Regeln sorgen für Ordnung: Gewinner und Verlierer, Probleme und Lösungen, Kranke und Gesunde. Ordnung ermöglicht angemessenes Handeln. Dieser Realitätsraum hat nur einen Haken: Man darf ihn nicht verlassen, denn außerhalb dieses Raumes hat alles das keine Bedeutung mehr.

Solltest du dich noch in diesem Raum befinden und ihn verlassen wollen, dann stell dir vor, dass du viel mehr bist als dein Körper und dein Verstand. Stell dir vor, dass du ein unendlich kreatives Wesen bist und hoch wirksam. Nimm an, dass deine bisherige Vorstellung von der Welt nur eine von vielen Möglichkeiten ist, an der du mitgewirkt hast wie bei der Entstehung eines Filmes. Ein Film, in dem DU und deine Kreativität bisher nur eine kleine Rolle gespielt haben.

Willst du in deinem Lebensfilm die Hauptrolle spielen, solltest du bereit sein, alles aufzulösen, was dich (noch) daran hindert. Du solltest bereit sein, deine alte Identität komplett hinzugeben, indem du zu dir selbst sagst: „Ich habe keine Ahnung, wer ich bin, aber es fühlt sich im Augenblick sehr gut an, zu kochen, zu schreiben, zu lachen, Löcher in die Luft zu starren, ein Labor zu planen, Hunde zu baden, Blumen zu pflanzen, einen Vortrag zu halten, Autos zu verkaufen, Bilder zu malen, mit meinen Kindern zu spielen...."

Willst du DU sein, vertraue darauf, dass aus dem Bewusstsein des „ICH bin es" neue Wirklichkeitsräume entstehen, die du über die zunehmende Gewissheit in dir wahrnehmen kannst. Kannst du annehmen und sagen: „Ich bin nicht (nur) dieser Körper, ich bin nicht (nur) dieser Verstand. Das, was ich bin, geht weit darüber hinaus.", öffnest du das Tor zu einer neuen Dimension in dir und deine Reise kann beginnen. Deine Freude und dein Mut begleiten dich, frischfröhlich und frei. Immer dann, wenn ich etwas Großes in meinem Leben verändern wollte, kam es mir so vor, als ob ich vor einem riesigen Felsspalt stünde und beim nächsten Schritt befürchten müsste, abzustürzen. Nachdem ich allerdings diesen einen Schritt gemacht hatte, befand ich mich auf einer weiten, grünen Wiese und wunderte mich: „Davor hast du solche Angst gehabt? Unvorstellbar."

Gehst du davon aus, dass es nur eine Realität gibt, dann musst du folgerichtig annehmen, dass alles, was in ihr vorkommt, auch wahr ist und somit ein fixer Bestandteil des Lebens. Du musst dann natürlich auch davon ausgehen, dass Angst, Zweifel, Sorgen und Leiden „real" sind und daher einen Sinn ergeben. Du nimmst möglicherweise sogar an, dass ein Leben ohne diese Emotionen gar nicht möglich ist. Leben heißt dann leiden. Sich sorgen heißt lieben. Zweifeln heißt wachsam sein. Zum Beispiel die Angst: Deine Angst hat dich mit hoher Wahrscheinlichkeit schon vor unangenehmen Erfahrungen bewahrt. Ohne Angst hättest du einen Löwen für eine Hauskatze halten können, wärst ob dieses fatalen Irrtums von ihm gefressen oder auf der Flucht vor eben demselben von einem Auto überfahren worden.

Bist du bereit, dein Leben aus der Perspektive des „ICH bin es" zu gestalten und alles aufzulösen, dann nimmst du am besten die Vorstellung von „Energie" als Basis. Mit jedem Gedanken bestimmst du eine bestimmte Energiequalität, die sich in dir ausdehnt und über dich hinausgeht. Angenommen, jeder Mensch auf dieser Erde hat mehrmals täglich einen angstvollen Gedanken, wie zum Beispiel „Wo führt das hin, wenn der Terror noch mehr zunimmt?". Jeder dieser Gedanken fließt in ein kollektives Energiefeld – wie Bäche in einen See. Dieses Feld dehnt sich über die Erde aus. Über deine persönliche Angst – und dabei ist es egal, welches Thema sie hat – bist du mit diesem Angstfeld verbunden. Während du es so fütterst, wird dein Befinden laufend von diesem Feld bestätigt und verstärkt. Die Ängste ernähren sich gegenseitig und die Freude verhungert.

„Kollektive Energien" sind Energien, die wir erzeugen. Sie bestimmen das emotionale Klima auf der Erde und somit auch die Handlungen der Menschen. Entsprechende Beobachtungen, Erklärungen und Erfahrungen sind ihre Nahrung. Je größer der Konsens über ein Phänomen wie zum Beispiel „Geld macht glücklich" in der Welt ist, umso stärker wirkt dieser Glaubenssatz. Und dann wundert sich keiner mehr darüber, dass alle dem Geld nachlaufen und dass dazu jedes Mittel erlaubt zu sein scheint. Das, was wir als gegeben annehmen, sind unsere eigenen Kreationen. Ihre Bedeutung erlangen sie durch Wiederholungen und durch die Erfahrungen und die Bestätigungen vieler Menschen.

Wie eine Art „weltliches Potential" vorrangig schmerzhafter Kreationen um-
hüllen uns die kollektiven Energien und bestimmen, was wir denken und
fühlen sollen. Sie laden uns ein, sie zu erhalten und zu bestätigen, weil sie uns
brauchen, damit sie am Leben bleiben können. Wir erleben die Einladungen
„Hab Angst vor einer Umweltkatastrophe und fürchte dich vor dem Sterben.
Zweifle an dir selbst und sei misstrauisch allem Neuen gegenüber!" so vertraut
und selbstverständlich, dass wir gar nicht mehr davon ausgehen, dass wir sie
wählen. Wir nehmen sie an wie etwas, das ganz einfach dazugehört. Etwas,
das so wahr erscheint, dass man gar nicht mehr auf die Idee kommt, dahinter
zu schauen. Wenn du die Einladungen der kollektiven Energien annimmst,
dann materialisieren sie sich durch dich und werden „salonfähig". Indem du
dich fürchtest, zweifelst und misstrauisch bist, bringst du Furcht, Zweifel und
Misstrauen in diese Welt.

Willst du ganz aussteigen aus diesem hochwirksamen Netzwerk, dann akzeptiere zuallererst, dass auch du bis jetzt diese Energien mit erzeugt hast.
Selbstverständlich unbewusst. Mach dir bewusst, dass du (noch) in einer Welt
lebst, in der diese kollektiven Energien sehr bestimmend sind und immer
wieder auf dich zukommen und noch zukommen werden. Die klare und
kompromisslose Verweigerung, diese Energien nicht mehr auszudrücken,
macht dich frei. Du glaubst dann nicht mehr daran, dass alles so sein muss.
Du vertraust DIR und deinen Gefühlen und orientierst dich am Wohlbefinden. Du gibst die Vorstellung auf, dass die Welt aus „Guten" und aus „Bösen"
besteht. Du lebst nicht mehr in der Vergangenheit, indem du dir und anderen
immer wieder dieselben Geschichten erzählst. Du bist mit deiner Aufmerksamkeit bei dem, was ist. Du übernimmst die Verantwortung für das, was du
denkst und tust, und richtest dich danach aus, was du wirklich willst: Liebe,
Schönheit, Tanz, Vergnügen, Spaß, Leichtigkeit, Freude. Die derzeit (noch)
wirksamen kollektiven Energien haben keinen Spaß an der Freude. Werden
sie nicht mehr bestätigt, wandeln sie sich in neue Energien.

Manchmal ist es notwendig, dass du dich ganz klar abgrenzt von alten Energien, auch wenn oder gerade weil diese sehr fordernd an deine Türe klopfen.
Stell dir dann zum Beispiel eine Sicherheitstüre vor, durch die nichts und
niemand ohne deine Einladung hindurch kann. Hänge ein Schild an die Türe
mit den Worten: „Geschlossen – Unbefugten ist das Betreten strengstens ver-

boten. Wer sich dieser Aufforderung widersetzt, läuft Gefahr, in Freude und Leichtigkeit umgewandelt zu werden."

Nimm nichts mehr ernst, was sich schwer und unangenehm anfühlt, und getraue dich, sogenannte „verrückte" Handlungen zu setzen. Handlungen, die unerwartet sind und ungewöhnlich. Löse alle Gedanken auf, die dich noch dazu verführen könnten, etwas zu tun, was du nicht mehr willst. Kennst du den – meist roten – Knopf, auf den ein Sprengmeister drückt, um eine Sprengung durchzuführen? In dir gab oder gibt es Knöpfe in dieser Art. Knöpfe, auf die die Menschen drücken können und – wusch –bist du mitten drinnen in ihrem „Spiel". Du weinst, schimpfst, kämpfst oder bist traurig und irgendwann kommst du drauf, dass du das gar nicht willst, dass du gar nichts davon hast. Die Person, die die Explosion in dir ausgelöst hat, schaut dir dann möglicherweise cool und staunend zu und sagt vielleicht auch noch: „Wie empfindlich du bist." oder „Wie kannst du nur so aggressiv sein?" Auch wenn mit hoher Wahrscheinlichkeit nicht du es bist, der oder dem diese von dir ausgedrückten Emotionen gehören, so bist doch du dafür verantwortlich, ob du sie noch auslebst. Hast du alle roten Knöpfe in dir aufgelöst, bist du frei und niemand kann sie mehr aktivieren, weil es sie nicht mehr gibt. Am schnellsten und am leichtesten geschieht das, indem du dich konsequent an dem ausrichtest, was dir guttut. Woran erkennst du, ob etwas gut für dich ist? An deinem Gefühl. Fühlt sich das, was gerade stattfindet, gut an? Wann immer sich dir jemand in der höchsten Wertschätzung zuwendet, fühlt sich das gut an, vorausgesetzt, du hast gerade Lust auf diese Begegnung.

Die Welt, wie du sie derzeit wahrnimmst, ist also ein Produkt menschlicher Kreationen und somit Illusion. Auch eine neue Welt ist eine Illusion. Wird diese jedoch von Liebe, Freiheit und Freude bestimmt, entstehen vollkommen neue Erfahrungen, die große Lust aufs Leben machen. Hat die Illusion des Neuen sich vollkommen verankert, ist eine sehr anziehende Form für alle Menschen auf dieser Erde entstanden. Die neuen Energien dehnen sich aus und laden ein, gemeinsam eine neue Welt aus UNS heraus zu gestalten. Du beginnst damit, indem du wandelst, was DICH (ver)hindert. Der Wandel vollzieht sich auf der Ebene der Energie. Auf der Ebene des Verhaltens nenne ich ihn „Veränderung". Wie genau geht dieser Wandel vor sich? Woran erkennst du, dass sich die Energie wandelt, und wie hängt dies mit Veränderungen auf der Verhaltensebene zusammen?

Du hast zum Beispiel einen sehr dichten Tag an deiner Arbeitsstelle erlebt und viele Stunden ohne Pause durchgearbeitet. Dein Körper fühlt sich „voll von…" an. Voll von unterschiedlichen Erfahrungen und Ereignissen. Energien, die im Raum waren und die du körperlich aufgenommen hast. Wenn du diesen Zustand beschreiben müsstest, würdest du wahrscheinlich sagen, dass du ausgelaugt und müde bist. Abgesehen davon, dass du nicht freiwillig ohne Pause durchgemacht hast, verstärkst du dieses Körpergefühl noch, indem du zu Hause darüber nachdenkst: „Was hat der Chef nur vor? Den ganzen Tag war er weg. Warum hat mich Frau B. heute so eigenartig angesehen? Habe ich etwas falsch gemacht?"

So entsteht eine Art „energetischer Müll" in dir. Versuchst du, diesen durch Analysieren loszuwerden, dann wird das nicht von Erfolg gekrönt sein. Mit der Analyse bindest du dich noch mehr an die Inhalte und produzierst darüber hinaus neue „Probleme". Im beschriebenen Beispiel hieße das, dass du dich mit jedem Detail beschäftigen müsstest, das zu dieser Fülle an Eindrücken in dir beigetragen hat. Diesen Weg solltest du am besten nur dann wählen, wenn du viel Zeit und keine Lust auf etwas anderes hast.

Willst du dich jedoch frei fühlen, dann gehe gleich zur „Energie". Bestätige, dass sich die Energie wandeln darf, indem du einen tiefen Atemzug nimmst, ihn mit der Vorstellung von Licht verbindest und durch deinen Körper fließen lässt. Du kannst dich auch auf eine Zelle deines Körpers konzentrieren und diese von Licht durchfluten lassen. Anschließend stellst du dir vor, wie diese eine Zelle die lichtvolle Information an alle anderen weitergibt. Du kannst dir auch selbst einen Vorgang kreieren, der die Energie in dir wieder in Fluss bringt. Was auch immer es ist, im Sinne des „ICH bin es" wird dir alles dienen. Deine Entschiedenheit und die Gewissheit, dass du ein mächtiges Wesen bist, öffnen dir den Zugang.

Willst du dies üben, dann probier zum Beispiel Folgendes: Schicke deinen Atem in die große Zehe deines linken Fußes und nimm wahr, wie sie sich gerade anfühlt. Atme jetzt zu der kleinen Zehe des rechten Fußes und nimm wahr, wie sich diese anfühlt. Du bestimmst, was du wahrnimmst. Konzentriere jetzt deine Aufmerksamkeit gleichzeitig auf deine beiden großen Zehen, jetzt auf beide Daumen, jetzt auf beide Augenbrauen. Bemerkst du einen Unterschied in der Wahrnehmung? Mit dieser Form der Fokussierung harmonisierst du die Energie in deinem Körper, du entspannst dich. Gibst du deine Aufmerksamkeit zu deiner Atmung und somit zu den Energieströmen in deinem Körper und übst du dies immer wieder, dann machst du sehr beeindruckende Erfahrungen zu der Erkenntnis: „Der Geist bestimmt die Materie". Solltest du jetzt nicht viel gespürt haben, dann probiere es mit anderen Körperteilen oder versuche es später wieder. Wahrnehmung ist trainierbar. Mit jeder Übung wird deine Fähigkeit stärker.

Willst du nicht bei der üblichen Problemaufarbeitung bleiben, trainiere dich im Umgang mit Energien. Lerne, wie du unerwünschte Energien (Angst, Schwere, Stress,…) wandelst, indem du diese ausatmest, und wie du erwünschte Energien (Leichtigkeit, Freiheit, Freude, Frieden,…) einatmest und damit dein Leben neu gestaltest. Angenommen, du wünschst dir Leichtigkeit. Gehe mit dieser Energiequalität in Kontakt, indem du zum Beispiel eine entsprechende Erinnerung abrufst, hol sie mit einem Atemzug in deinen Körper und lass sie sich ausdehnen. Solltest du dir nicht sicher sein, ob du das kannst, dann mach die Probe: Stell dir Traurigkeit und Schwere vor und gehe mit ihnen in Verbindung. Nimm wahr, wie sich diese in deinem Körper anfühlen. Bemerkst du einen Unterschied?

Mit der Vorstellung von Energie Wandel herbeizuführen, ist einfacher, als du vielleicht denkst. Wandel bedeutet die vollständige und nachhaltige Auflösung von alten Gedanken und den dazugehörigen Emotionen. Etwas, das sich schwer und unangenehm anfühlt, darf sich augenblicklich in Leichtigkeit und Wohlgefühl wandeln. Bezeichnen wir dieses Etwas jedoch als „Problem", dann müssen wir es so lange festhalten, bis wir eine Lösung dafür gefunden haben. Wir sind auf ein bestimmtes Ziel, auf ein zu erwartendes Ereignis ausgerichtet, was wiederum Kontrolle erfordert: Ist es schon so weit? Ist es das, was ich wollte? Übergeben wir jedoch unser Anliegen vertrauensvoll dem Wandel, dann macht uns dieser den Weg zur Freude und den Wundern frei. Wie das geschieht und was dabei konkret herauskommt, lassen wir einfach zu.

Stell dir vor, dass jede unangenehme Erfahrung der letzten Monate ein trockener, knorriger Ast ist. Jeder Ast symbolisiert ein Problem, seine Teile die entsprechenden Gedanken. Alle diese Äste liegen auf einem Haufen vor dir.

Dein „alter" Verstand setzt sich davor und sagt: „Oh, so viele Probleme. Wie löse ich die? So viel zu analysieren." Während er sich mit einem der vielen Äste auseinandersetzt, kommen laufend neue dazu. So oder ähnlich gehen wir vor, wenn wir die „Problem-Lösungs-Strategie" wählen.

Wählst du den Wandel, dann wird dir mit einem Mal bewusst, wie anstrengend diese Strategie ist. Sie bindet alte Gedanken und somit alte Energien. Mit dem Wandel wechselst du die Dimension und somit die „Welt" und bist mit einem Mal alles los, zumindest in dieser neuen Welt. Hängst du wieder einem alten Gedanken nach – flutsch – befindest du dich wieder in der alten Welt. Mach es dir daher zur Gewohnheit, zuerst die Welt und somit die Bewusstseinsebene zu wechseln, bevor du weiterdenkst. Die alte Welt bestätigt alte Gedanken, die neue Welt neue. Bezogen auf das Beispiel mit dem Ästehaufen ist es dann so mit dem Wandel, wie wenn du ein Feuer legst. Die Flammen lösen die Äste auf und Energie wird frei.

Diesen schnellsten und wirksamsten aller Wege zu nehmen, haben viele von uns verlernt. Stattdessen sind wir gewohnt, Umwege zu gehen, gedankliche Labyrinthe zu bauen und uns mit dem zu beschäftigen, was wir nicht wollen. Unsere Kreativität haben wir in vielfältige Spielarten investiert, UNS zu verhindern. Viel Energie ist in diesen Scheiterstrategien gebunden. Was sind deine Besonderheiten? Was beherrschst du gut? In diesem Kapitel findest du eine Auswahl der beliebtesten Scheiterstrategien mit Gebrauchsanleitungen zum Ein- und Aussteigen. Lass dich davon auch inspirieren, eigene Mittel und Wege zu kreieren. DU bist es. Viel Freude damit.

DER NEUE VERSTAND

Du hast deinen Verstand zum Chef über dein Leben gemacht. So ist eine Zentrale entstanden, der du vertraust und die sehr mächtig ist. Wie bei einem Computer wurden alle deine Erfahrungen auf einer Festplatte gespeichert und stehen dir zur Lebensgestaltung zur Verfügung. Diese Funktion des Verstandes ist abhängig davon, was du erlebt hast. Du nutzt dieses Wissen zum Beispiel, wenn du denkst: „Wenn ich darauf höre, was mir andere sagen, kann mir nichts Schlimmes passieren." Oder „Wenn ich mich so verhalte wie in einer ähnlichen Situation zuvor, dann habe ich die Situation im Griff". Diese Funktion ist wunderbar, aber sie ist nicht kreativ. Sie verwaltet und kombiniert das Erfahrene immer wieder neu und ist als solche konditioniert, also erlernt. Schöpfst du bei der Gestaltung deines Lebens nur aus deinem „konditionierten Verstand", dann schöpfst du immer wieder aus dem, wie du bis jetzt die Welt wahrgenommen hast. Also abhängig von deinem Geschlecht, deiner Herkunftsfamilie, der Zeit und der Kultur, in der du aufgewachsen bist und lebst, und dergleichen mehr.

Viele Geschichten über diese (deine) Welt sind so entstanden und sie begleiten dich. Indem du sie dir und anderen immer wieder erzählst, lässt du sie dein Leben steuern und gibst dir damit einen bestimmten Platz in dieser Welt. Zum Beispiel: „Immer, wenn es in meiner Umgebung hektisch wird, macht mich das nervös." „In meinem Leben habe ich oft mit Menschen zu tun, die mich abwerten und klein machen." „Im Grunde bin ich ein herzensguter Mensch. Wenn mich jedoch jemand provoziert, kann ich für nichts garantieren."

Ein so trainierter Verstand ist die Basis aller Hindernisse. Jedes unangenehme Gefühl hängt mit einem Gedanken zusammen und lässt freudvolle Impulse erst gar nicht hochkommen. Ich nenne diese Art von Gefühlen „Emotionen", um einen Unterschied herzustellen zu den tiefen Wohlgefühlen, die wir uns alle sehnsüchtig wünschen. Emotionen wie Angst, Wut, Trauer und dergleichen sind meist mit Erfahrungen verbunden, die du einmal gemacht hast. Irgendwann in deinem Leben ist etwas passiert und du hast diese Begebenheit mit einem bestimmten Gefühl in dir abgespeichert. Wann auch immer du dann Ähnliches erlebst, knüpft dein Verstand an diese alten Erinnerungen an, bewertet sie entsprechend und in dir entsteht dieselbe Emotion wie damals.

Das bedeutet zum Beispiel, dass Trauer in dir hochkommt, wenn du bei einer Party den Eindruck bekommst, dass sich alle köstlich unterhalten, nur du nicht. Gehst du der Trauer nach, landest du bei Gedanken, die ungefähr so lauten könnten: „Ach ja, für mich interessiert sich wieder niemand. Ich bin zu langweilig. Ich bin zu dick. Ich bin zu dünn. Ich bin nicht witzig. Ich bin nicht gescheit." So oder so ähnlich erklärst du dir deine Beobachtungen und es tut immer wieder weh, vor allem auch, weil du das „eh schon kennst und es sich wohl nie ändern wird". Mit diesem Drama kannst du dich und andere stundenlang, manchmal sogar tage- und wochenlang beschäftigen.

Du fühlst, was du denkst, und du denkst, dass du bist, was du denkst. Dein Leben aus dieser Perspektive zu betrachten und zu erleben ist dir schon so zur Gewohnheit geworden, dass es dir „ganz normal" vorkommt. Wäre da nicht diese Sehnsucht nach dem – scheinbar – Unerreichbaren. Nach Freude, Freiheit, Frieden. Und dann, irgendwann, bist du so weit und du willst aussteigen aus diesem vertrauten Hamsterrad. Nur wie? Wie geht das?

Mit großer Wahrscheinlichkeit versuchst du es zuerst durch Erlangen von neuem Wissen. Das funktioniert auch eine Zeitlang, doch irgendwann kommst du wieder an eine Grenze. Es wird dir bewusst, dass du mit Hilfe deiner Gedanken einen neuen Käfig erbaut hast, aus Gold zwar diesmal und viel größer und schöner als der erste, aber immer noch ein Käfig. Woran bist du gescheitert? Du hast wieder deinem alten Verstand die Leitung übergeben. Und der hat gemacht, was er kann: Er hat dir die Erkenntnisse aus seinen neuen Lernerfahrungen zur Verfügung gestellt. Alles im Rahmen seiner Möglichkeiten. Das macht er wunderbar. Nur: Mehr kann er nicht. Er kann nicht von alleine über sich selbst hinausgehen.

Ganz auszusteigen, um aus deinen Sehnsüchten und tiefen Wünschen heraus dein Leben zu gestalten, setzt einen „neuen" Verstand voraus, einen, der vertrauensvoll dein schöpferisches Potential wirken lässt und ihm dankbar und staunend assistiert. Deinen konditionierten Verstand dafür zu gewinnen, das ist die Kunst. Dass es eine Kunst ist, bemerkst du vorrangig daran, dass du kraftvolle Gedanken nicht durch Gedanken tilgen kannst, denn der konditionierte Verstand kann sich nicht durch sich selbst auflösen. Sogenannte „Trends" sind ein gutes Beispiel dafür. Nimm zum Beispiel das Thema „Heilung". Vieles wurde schon erfunden und in die Welt gebracht und vieles davon war ein Segen für die Menschheit. Und die Entwicklung geht immer weiter, stößt an neue Grenzen und findet immer wieder neue Mittel und Wege. Parallel zur wissenschaftlichen Entwicklung tauchen Hypothesen auf, wonach der Mensch selbst bestimmt, ob eine „Behandlung" wirksam ist oder nicht. Heilsbotschaften entstehen und eine neue ersetzt immer wieder die vorhergehende. Eine Diät löst die nächste ab, eine Theorie wird von einer anderen wieder in Frage gestellt. Der Berg an guten Ideen wird immer höher, und „das Richtige" zu finden erscheint dem Einzelnen immer schwieriger.

Willst du aussteigen aus dieser „Welt", mach dir bewusst, dass du nicht nur das bist, was du denkst. Lass alle Vorstellungen, die du bis dahin über dich gesammelt hast, los und stell dir vor, dass du diese Erde noch einmal ganz neu betrittst. Wie die Bühne in einem Improvisationstheater. Kein erlernter Text. Keine Vorgaben. Nur freies Spiel.

Ganz neu zu sein bedeutet, dass du in einer gewissen Weise die alte Person, die sich mit den alten Vorstellungen identifiziert hat, „sterben lässt". Denn erst wenn der alte Verstand still ist, kannst du ganz aus deinem Zentrum heraus leben. Und dann begrüßt du freudig deinen „neuen" Verstand, der Hand in Hand mit deinem Herzen Entscheidungen trifft und dir bei deinen Kreationen hilfreich zur Seite steht. Ist in deinem Kopf Stille eingekehrt, kann sich auch dein Körper immer wieder regenerieren und seine Zellen in Ruhe erneuern. Es ist gut, wenn du ihn für seine Arbeit wertschätzt und ihm dafür Zeit und Raum gibst.

Bist du entschieden, ist es im Grunde ganz einfach: Kannst du aus tiefstem Herzen und mit Freude „ja" zu etwas sagen, dann hat dieses Etwas immer mit DIR zu tun, mit dem, wer du wirklich bist. Was auch immer aus diesem Ja hervorgeht, ist gut für dich – völlig unabhängig davon, wie es sich zeigt. Bewerte es nicht. Vertraue. Willst du etwas tun, dann tue es. Wenn nicht, dann nicht. Hast du zum Beispiel Zahnschmerzen: Nimm sie zur Kenntnis und bewerte nicht. Mach dir vielmehr bewusst, was dir helfen wird: eine Tablette?, der Zahnarzt?, die Vorstellung eines gesunden Zahnes? Jeder Gedanke, der deine Wünsche ignoriert, führt dich von DIR weg direkt ins Drama, wie zum Beispiel: „Jetzt ist es schon das dritte Mal in diesem Jahr, dass mir ein Zahn weh tut. Was bedeutet das? Verliere ich alle Zähne? Wenn ich zum Zahnarzt gehe, bekomme ich sicher wieder eine Spritze. Außerdem ist mir die neue Assistentin so unsympathisch. Soll ich mir jemand anderen suchen?"

Hast du einige Erfahrungen damit gemacht, dass deine Entscheidungen „aus dem Bauch" letztlich für alle Beteiligten das Beste gebracht haben, dann wirst du immer sicherer. Diese Sicherheit ist nachhaltig, weil sie aus dir kommt und weil du unmittelbar mit ihr verbunden bist. Du erlebst dich ganz, mit beiden Beinen auf der Erde und leicht, weil es dir Freude bereitet, aus deiner Kreativität zu schöpfen. Und dein neuer Verstand begleitet dich hochkompetent und punktgenau durch dein neues Leben.

ENDLICH FREI

„Die Gedanken sind frei. Wer kann sie erraten? Sie fliehen vorbei wie nächtliche Schatten. Kein Mensch kann sie wissen, kein Jäger erschießen mit Pulver und Blei. Die Gedanken sind frei." Das ist der Inhalt eines alten Volksliedes. Da Gedanken nicht nur frei sind, sondern vor allem auch hochwirksam, ergibt sich daraus eine sehr wichtige Frage: Bist auch du frei? Kannst du denken, was du denken willst? Ist es dir bewusst, dass du mit Hilfe deiner Gedanken bestimmst, wie du dich fühlst und was in deinem Leben geschieht? Was denkst du gerade jetzt und was löst dieser Gedanke in dir aus?

Nehmen wir ein Beispiel, das vielen Menschen sehr vertraut ist: Du bist überzeugt davon, dass du nie genug Geld haben wirst, um dir alle Wünsche erfüllen zu können. Vielen Menschen – wie zum Beispiel den SchauspielerInnen in Hollywood und den Ölscheichs – gelingt es offensichtlich, aber bei dir funktioniert das nicht. Immer wieder begleiten dich entsprechende Beobachtungen, die dir das bestätigen. Das Thema „Geld" nimmt in deinem Leben einen großen Raum ein und du musst wieder und wieder daran denken. Du wünschst dir sehnsüchtig ein Haus am Meer, in dem du tun und lassen kannst, was du willst. Diese „unmöglichen" Bilder tauchen aus der tiefsten Tiefe in dir auf und dein Verstand hat alle Hände voll zu tun, dir diesen Wunsch auszureden: „Wie soll denn das gehen? Wo nimmst du das Geld dafür her? Was wird deine Familie dazu sagen?"

Folgerichtig ziehst du daraus die Schlussfolgerung, dass es vernünftig ist, mit dem zufrieden zu sein, was du hast, und nicht nach den Sternen zu greifen. Ohne dass es dir im Augenblick bewusst ist, bestätigst du so selbst deine größte Befürchtung: Das gelingt mir nie. Und deine Träume bleiben, was sie sind: Träume. Das Interessante daran ist, dass du damit auch Recht hast: Wo soll der Reichtum denn herkommen, wenn du ihn immer wieder abwehrst?

Wie willst du Reichtum anziehen, wenn du ihm gar keinen Platz in deinen Gedanken einräumst? Wie soll das gehen, wenn alles in dir mit dem beschäftigt ist, was nicht sein kann, weil es nicht sein darf?

Mach dir bewusst, dass du mit dem wiederholten Zurückholen alter Gedanken ein gefährliches Spiel spielst. Poltern die Gedanken einmal los, „fahren sie mit dir Schlitten". Wenn du das nicht willst, dann sag „Stopp!" zu ihnen und setze damit die einzig wirksame Intervention, um aus diesem Spiel auszusteigen. Mach das so konsequent wie möglich. Es wird dir immer leichter fallen, die alten Gedanken hinzugeben. Immer mehr neue Gedanken tauchen auf, die deiner Kreativität entsprechen und dich wohlwollend begleiten. Eine neue Form, mit dir selbst und mit anderen Menschen zu kommunizieren, tritt in dein Leben. Liebevoll und lustvoll. Keine Analysen mehr und auch kein „So-tun-als-ob" bestimmen deine Begegnungen. Aufrecht und im Vertrauen auf dich selbst begegnest du allen Menschen auf Augenhöhe. Der Weg zwischen deinen Wünschen und deiner gelebten Wirklichkeit wird immer kürzer, bis du dann schließlich so mit deinen Wünschen verbunden bist, dass sie dein Leben unmittelbar steuern.

Der Schlüssel dazu liegt in dem Bewusstsein, dass du bist, was du wünschst. Bist du dir so deiner selbst bewusst, dann weißt du, dass du viel mehr bist, als du mit Hilfe deiner Gedanken über dich herausfinden kannst. Viel, viel mehr. Dein alter Verstand löst sich auf und du erlebst, wie aus einer Art kreativer Quelle in dir laufend Neues entsteht.

Willst du also reich und glücklich sein, dann nimm deine Sehnsüchte und Wünsche „ernster" als deine Gedanken und nutze deine Vorstellungskraft neu. Konzentriere dich darauf, was du ganz konkret willst, und stell dir genau vor, wie es sein wird, wenn es so weit ist. Nicht nur mental, sondern ganzheitlich, indem du die Freude über deine erwünschte Wirklichkeit als lustvolles Entzücken in jeder Zelle deines Körpers fühlen kannst. Je „verrückter" und „unglaublicher", desto besser. So wie ein Film, der immer wieder überrascht und neue Welten eröffnet.

Auf das Beispiel „Geld" bezogen könntest du Folgendes tun: Du atmest zuerst alle Gedanken wie „ich muss" und „ich sollte eigentlich" und „was werden die anderen dazu sagen?" aus. Sollten sich deine Gedanken davon nicht beeindrucken lassen, dann gehst du eine Ebene tiefer und machst dir bewusst, welche Glaubenssätze zu diesem Thema in dir gespeichert sind: Klassiker sind zum Beispiel: „Geld steht mir nur zu, wenn ich hart dafür arbeite." „Reichtum geht immer auf Kosten von anderen." Schreib auf, was du in dir dazu findest, und lösche den Inhalt, indem du das Papier zerreißt, es verbrennst oder ganz einfach alles „dem Himmel" übergibst. Anschließend konzentrierst du dich wieder auf deinen Wunsch und schreibst deine neuen Glaubenssätze dazu auf, wie zum Beispiel: „Es ist mein Geburtsrecht, glücklich zu sein. Alles, was ich mir wünsche, ist möglich." Dann ziehst du in deiner Vorstellung in das Haus am Meer ein. Genüsslich „wohnst" du dort, wann immer du Lust darauf hast, und dein Leben wandelt sich im Augenblick. Durch deine neue Sicherheit darüber, dass der Reichtum dieser Erde allen und somit auch dir zur Verfügung steht, manifestiert sich dein Wunsch im Augenblick, indem du ganz „real" Freude empfindest. Die Materialisation ist dann nur mehr eine Frage der Zeit.

Hast du die erwünschte Wirklichkeit bestätigt, ist alles, was du zu tun hast, dich auf das Jetzt zu konzentrieren: Was tut dir jetzt gut? Was hat jetzt schon dieselbe Qualität wie ein Haus am Meer? Das Gefühl von Freiheit? Bleibst du in dieser Ausrichtung, wird dein Erleben fortan von einer kraftvollen Prise „Freiheit" begleitet. Probiere es aus. Mache dir jetzt einen Wunsch bewusst und spiele damit.

Deine Lust – sie ist ein Gefühl und kein Gedanke – führt dich punktgenau. Aus den einzelnen Freude-Bausteinen entsteht dann wie von alleine dein neues Leben. Auf das Beispiel „Reichtum" bezogen erkennst du eines Tages, dass deine alten Vorstellungen viel zu eng waren und dass du bereits weit darüber hinausgegangen bist. Nach und nach ist das Erwünschte in dein Leben gekommen und du staunst über all die Wunder, die geschehen sind. Dass du auch Geld zur Verfügung hast, ist mittlerweile ganz selbstverständlich für dich. Dein „Haus am Meer" ist zu einem Symbol der Freiheit geworden, und es ist überall, wo du bist.

„Schön und gut", sagt jetzt vielleicht der eine oder andere „alte" Verstand, „das klingt ja ganz nett, aber das Leben ist nun einmal kein Wunschkonzert. Wie soll ich meiner Lust folgen, wenn ich sie mir nicht leisten kann? Womit soll ich meine Familie ernähren?" Gewichtige Worte eines altgedienten Experten in kontrollierter Lebensgestaltung. Aus seiner Sicht sind diese Fragen durchaus berechtigt, entsprechen sie doch seiner inneren Logik. Für dich ist in diesem Zusammenhang allerdings nur eine Frage wirklich wichtig: „Will ich Recht haben oder will ich ein glückliches Leben führen?"

Beides? Wäre das möglich, hätte es schon längst stattgefunden. Das Neue zeigt sich nämlich nicht vor allem darin, dass der Verstand zufrieden ist, sondern dass es sich gut anfühlt. Deinem alten Verstand unmissverständlich beizubringen, dass das Wohlfühlen ab sofort den höchsten Wert für dich hat, ist eine Herausforderung. Ganz besonders dann, wenn im bestehenden Programm „Leistung" und das „Für-andere-da-Sein" absolute Priorität haben. Willst du deine Prioritätenliste ändern, dann braucht es dafür einen bewussten Akt: deine Erlaubnis. Hast du dir die Erlaubnis dazu erteilt, konzentriere dich auf Erfahrungen, die dir Wohlgefühle bringen. Wann immer sich ein Augenblick gut anfühlt, nimm ihn mit einem tiefen Atemzug wahr und bestätige: „Ja! Das tut mir gut. So will ich mich fühlen. In dieser Qualität will ich leben." Die bewusste Wahrnehmung des Wünschenswerten verankert die kreativen Energien in dir, ihre Manifestation führt dann zu unterschiedlichsten Materialisationen, die alle ein Ausdruck dieser Wohlfühlqualität sind.

Richtest du also deine Aufmerksamkeit immer wieder auf deine Wünsche und beachtest nicht mehr Gedanken, die dir das verbieten, verändern sich deine Gedanken und somit auch deine Erfahrungen von ganz alleine in die erwünschte Richtung. Eine neue Wirklichkeit entsteht und somit ein neues Leben. Dem Zauber deiner Wünsche und der Kraft deiner Entschiedenheit können nichts und niemand widerstehen.

Haben die alten Gedanken keine Macht mehr über dich, kehrt Stille ein in deinen Verstand und in deinen Körper und du bist mit DIR in Kontakt. Erholsamer und wohltuender Frieden dehnt sich aus. Lässt du alte Gedanken immer wieder in dem Bewusstsein „Das ist nur ein Gedanke, das bin nicht ich" ziehen, bleibst du mit DIR verbunden. Die Leere ist wundervoll. Bewerte sie nicht und fürchte dich nicht vor ihr. Danke dir vielmehr, dass du dich zu ihr geführt hast. Sie ist so etwas wie der fruchtbare Boden für dein neues Leben. Aus der Leere und der Stille bringst du DICH auf diese Welt. Der Zugang zur Quelle ist frei. Aus ihr sprudeln kreative und freudvolle Energien. Bist du in der Lage, dich und das Leben aus dieser Ebene wahrzunehmen, kannst du ganz sicher sein, dass nicht nur deine Gedanken frei sind, sondern auch du. Das, was du denkst, willst du auch denken, und die neuen Gedanken dienen dir und deiner Umwelt im besten Sinne.

Wie kannst du dich selbst dabei unterstützen, in diese Leere und Stille zu kommen? Was kannst du konkret tun? Ein erster guter Schritt ist das Beobachten deiner Gedankentätigkeit. Damit schaffst du einen Abstand zwischen dir als Beobachterin und Beobachter und dir als Denkende und Denkender. Zugleich bestätigst du dir selbst, dass du in der Lage bist, eine Position einzunehmen, die über den Körper und den „konditionierten" Verstand hinausgeht. Übe das Beobachten deiner Gedanken. Stelle dir zum Beispiel vor, sie führen ein Hörspiel auf und du bist Zuhörerin: Worum geht es in diesem Stück? Wird eine Tragödie, ein Lustspiel oder gar ein antikes Drama zum Besten gegeben? Wer ist der Hauptdarsteller, wer die Hauptdarstellerin? Wie ist diese Rolle angelegt? Stark? Schwach? Wie wirkt sich der Inhalt auf die Zuhörerin, den Zuhörer aus? Welche Gefühle entstehen beim Zuhören? Welche Veränderungswünsche?

Nimmst du deine Gedanken bewusst wahr, bist du in Kontakt mit einer Instanz in dir, die über das Denken hinausgehen kann und dem „ICH bin es" entspricht. Durch das wertfreie Beobachten werden deine Gedanken langsamer. DU beginnst zu bestimmen, ob du denkst und was du denkst, und bist in der Lage, unerwünschte Gedanken aufzulösen. Diese Übung ermöglicht es dir, wahrzunehmen, ob deine Gedanken aus dem „alten" oder aus dem „neuen" Verstand kommen. Hat der alte Verstand die Führung übernommen, fühlt es sich so an, als ob du nur aus einem riesigen Kopf bestündest. Ein Kopf, der abgeschnitten vom restlichen Körper und der Umwelt, ganz mit sich selbst beschäftigt ist. Neues Denken fühlt sich leicht, prickelnd, staunend und belebend an und kommt gefühlsmäßig aus einer tieferen Ebene in dir, verbunden mit allem und zugleich punktgenau zentriert.

Entdeckst du zum Beispiel einen immer wiederkehrenden Gedanken wie „Ich sollte mich um meinen Bruder kümmern" und fühlst du dich schlecht dabei, dann solltest du dir zuallererst die Frage stellen: „Will ich mich um meinen Bruder kümmern?" Ist die Antwort darauf ein Nein, frage dich, was du stattdessen denken willst. Zum Beispiel: „Mein Bruder hat alles, um sein Leben selbst zu meistern. Wenn er Hilfe wünscht, wird er mich darum bitten!" Hast du jedoch Lust, deinem Bruder etwas Gutes zu tun, dann mach es ganz einfach, indem du ihn fragst, ob und was du für ihn tun kannst. Mach dir bewusst, dass nur du deine Gedanken denkst. Sie gehören nur dir. Du bist vollkommen frei, über sie zu verfügen. Bestimmst du aus der Freiheit heraus über deine Gedanken, dann sind ihre Inhalte hochwirksam und das, was du wirklich willst, materialisiert sich.

Ein weiterer Impuls, der dich dabei unterstützt, gedankenlos und frei zu sein, ist das „Nix-Verstehen". Stell dir vor, du verstehst nichts und niemanden, nicht einmal dich selbst. Alle Informationen sind gelöscht. Keine Anstrengung mehr, nur um sagen zu können: „Ich kenne mich aus! Ich weiß, was los ist. Ich verstehe!" Alles und jeden zu verstehen ist ohnehin eine Illusion. Schon alleine, wenn du diesen Versuch nur auf dich selbst begrenzt: Kannst du aus tiefstem Herzen sagen, dass du dich verstehst? Dass du immer genau weißt, warum du das eine tust und das andere denkst? Und auch wenn du glaubst, es zu wissen, taucht da nicht doch Zweifel oder ein neuer Gedanke auf, der dir sagt: „Aber so könnte es ja auch (gewesen) sein."?

Leiste dir den Luxus und nimm die Welt mit neuen Augen wahr. Mach das „Nix-Verstehen" zu deinem ständigen Begleiter und befreie deinen Verstand, so wie du dein Büro von alten Unterlagen und Ordnern befreist. Hast du dich erst einmal dazu entschieden, geht es ganz leicht. Stell dir vor, du begegnest zum Beispiel alten Freunden neu: Wer ist diese Frau? Was macht ihr Freude? Wer ist dieser Mann? Wozu inspiriert er mich? Wer ist dieser Mann, der sich den Luxus leistet, nichts zu verstehen? Wer ist diese Frau, die es genießt, die Welt mit neuen Augen zu betrachten? Was macht er am liebsten? Wovon träumt sie? Das „Nicht-wissen-Müssen" macht dich frei und verbindet dich mit der kreativen Dimension. Dafür kannst du allerdings eine gute Portion Mut oft gut gebrauchen, denn wer will schon gerne für „dumm" gehalten werden?

Die Freiheit, die ich meine, beschreibt den Zustand des Darüber-hinaus-Gehens in eine Dimension, die die Manifestation lichtvoller und kreativer Impulse zulässt. Der Schlüssel dazu ist die Liebe. Liebst du dich selbst und alle Menschen bedingungslos, nimmst du dir die Freiheit, ein Leben ganz nach deinen Wünschen zu gestalten, und du gönnst es auch allen anderen. Die Liebe, die du bist, dehnt sich aus und mit ihr die Freude. Lässt du zu, was gelebt werden will, und bleibst du an Gedanken, die deinen Spielraum begrenzen, nicht mehr hängen, befreist du dich und alle, die an deinem Weg teilhaben. Willst du das, dann bestätige – wann immer es dir danach ist – mit einem tiefen Atemzug: „Ich bin frei", und nimm die Energiequalität wahr, die sich dabei in deinem Körper ausdehnt. So bekräftigst du deine Ausrichtung und nimmst deinen Körper bewusst mit auf die Abenteuerreise zu DIR. Frei von alten Gedanken zu sein bedeutet, frei zu sein, zu leben, wer DU bist, und – praktisch wie von selbst – eine neue Welt entstehen zu lassen. Eine Welt der Liebe und der Freude.

WO IST DAS PROBLEM?

Wenn du ein Problem haben willst, dann musst du es dir schaffen, du musst es machen, sonst hast du keines. „Ja, mag schon sein. Aber da war und da ist doch einiges in meinem Leben, das mir weh tut und mich nachts nicht schlafen lässt. Das bilde ich mir ja nicht ein und wollen tue ich es erst recht nicht. Probleme sind ein Teil des Lebens", sagt jetzt vielleicht dein Verstand und ist wie so oft überzeugt, dass er Recht hat. Ist es so? Hat er Recht? Willst du, dass er Recht hat?

Dein Leben – und meines übrigens genauso – besteht aus Ereignissen. Ständig tut sich etwas, auch wenn es nur der Wind ist, der dir durch dein Haar fährt, während du still auf einer Bank im Park sitzt. So gut wie immer ist etwas in Bewegung in dir, um dich herum und weit darüber hinaus. Leben ist Bewegung, Leben geschieht. Ganz einfach. Dass es dir manchmal nicht so ganz einfach vorkommt, hat nichts mit dem Leben an sich, sondern viel mehr mit dir selbst zu tun. Ereignisse sind Ereignisse. Sie finden statt. Welche Ereignisse du anziehst, wie du ihnen begegnest und wie du diese bewertest, bestimmst du. Bewusst und unbewusst.

Stell dir zum Beispiel vor, du gehst an einem sonnigen Morgen durch die Stadt und begegnest dabei zwei Menschen, hintereinander und unabhängig voneinander. Die erste Person ist deine Freundin Susi, sie hat gerade eine rauschende Liebesnacht hinter sich und strahlt vor Glück. Die zweite Person ist dein Nachbar, der am Weg zum Finanzamt ist und nicht weiß, was genau ihn dort erwartet. Du selbst bist heute kaum aus dem Bett gekommen, fühlst dich müde und wärst am liebsten zu Hause geblieben. Du hast den Bus versäumt und musst jetzt zu Fuß durch den Park zur Arbeit gehen. Die Sonne geht dir auf die Nerven, weil sie offensichtlich nichts anderes zu tun hat, als dich zu blenden. Zu guter letzt kommt auch noch deine Freundin Susi mit einem Lächeln auf dich zu und du denkst dir: „Na super! Ertappt. Wieder einmal zu spät. Peinlich." Kaum bist du mit einem kurzen „Sorry, ich habe es eilig." an ihr vorbeigekommen, kommt dein Nachbar auf dich zu mit einem ernsten Gesichtsausdruck, der nur bedeuten kann, dass er sich über dich ärgert, weil du scheinbar Zeit hast, durch den Park zu spazieren, aber keine Zeit, um endlich auf einen Kaffee bei ihm vorbeizukommen. Du bist mit deinem verunglückten Start in den Tag so beschäftigt, dass du jede Beobachtung in diesem Sinne interpretierst: Alles und jeder ist heute gegen dich eingestellt.

Um Probleme wahrzunehmen, musst du problemsichtig sein. Du musst bereit sein, das, was du siehst, hörst, spürst, riechst und schmeckst, so zu interpretieren, dass es dich belastet. Jedes Problem braucht dich, um existieren zu können. Von alleine geschieht nichts. Du musst etwas tun und du musst dranbleiben, damit es nicht wieder verschwindet. Du musst dich zum Beispiel erinnern, du musst bewerten, vergleichen, festhalten, dich beschweren und vieles mehr. In jedem Fall musst du aber denken, denken, denken.

Willst du deine Problemsichtigkeit heilen, solltest du zuallererst annehmen, dass sie heilbar ist und dass du das bestimmst. Nur du. Am schnellsten bestätigt sich diese Annahme, wenn du dich selbst dabei beobachtest, wie du ein Ereignis zu einem Problem werden lässt. Was genau machst du? Was denkst du? Welche Rolle spielen deine Emotionen dabei?

Hast du ein sogenanntes „Problem" entdeckt, dann kannst du es schnell „entschärfen", indem du es umformulierst und das Beobachtete zum Beispiel „Herausforderung" nennst. Eine Herausforderung fordert dich heraus, etwas zu wandeln. Alte Gedanken, Vorstellungen und sogenannte „Problemlösungen" werden mit einer Entscheidung gelöscht. Du nimmst eine Herausforderung an, indem du die Verantwortung für das Ereignis übernimmst, dir bewusstmachst, was du wirklich willst, und entsprechende Schritte setzt.

Während meines Studiums fuhr ich oft an den Wochenenden mit meinem 2CV von Wien nach Klagenfurt und wieder zurück. Wie und wann ich mein Ziel erreichte, hing davon ab, wie die 27 PS meines Autos mit dem Verkehr auf der Bundesstraße und mit mir selbst zurechtkamen. Während der 2CV sein Bestes gab, begleitete mich immer wieder ein Spruch, der schon zu Beginn dieser Fahrten in mir aufgetaucht war: „Im Leben ist es wie auf der Bundesstraße 17 – kaum hast du einen Lastkraftwagen überholt, steht schon wieder der nächste vor dir." Mittlerweile verbindet eine Autobahn die beiden Städte und die PS-Anzahl meines derzeitigen Autos ist um einiges höher als damals. Dass ich jetzt diese Strecke schneller fahren kann, hat zwar mein „LKW-Problem" gelöst, bedeutet aber noch lange nicht, dass ich damit auch automatisch von meiner Problemsichtigkeit geheilt bin, zumal ich mit mehr PS auf einer breiten Straße durchaus in der Lage bin, einige neue „Probleme" zu erzeugen.

Ob du also ein Ereignis als „Problem" oder als „Erfahrung" wahrnimmst, hängt von deiner grundlegenden Entscheidung ab, dein Leben als problemanfälliges Schauspiel zu sehen oder als deine kreative Schöpfung anzunehmen. Willst du dein Leben zur problemfreien Zone erklären, solltest du Frieden mit dir schließen und alles in dir auf die Freude ausrichten. So verwandelst du scheinbar große Felsen in feinen Sand, auf dem du dann mit deinen nackten Füßen gehen, springen, tanzen kannst. Auf deine Art, in deinem Tempo, Schritt für Schritt. Ganz DU. Ganz frei.

Ist dann irgendwann das Wort „Problem" ganz aus deinem Wortschatz verschwunden, bist du auch nicht mehr anziehend für entsprechende Erfahrungen. Nach und nach verändert sich auch die Bedeutung des Begriffes „Herausforderung". Immer mehr tritt stattdessen die Erfahrung von „inspirierenden Impulsen" in dein Leben, die zum Motor für lustvolle und neue Entdeckungen werden.

ERKLÄRUNGSNOTSTAND

„Sage mir, was du denkst, und ich sage dir, wer du bist." Stell dir vor, der Inhalt dieses Sprichwortes wäre wahr. Du erzählst zum Beispiel deinen Nachbarn mit großer Begeisterung von deinem letzten Urlaub auf den Malediven und von der für den nächsten Urlaub geplanten Reise durch Südamerika. Deine Nachbarn sind jedoch der Meinung, dass du viel zu oft wegfährst und mehr arbeiten solltest und wundern sich, wie du das bis jetzt finanziell geschafft hast. Sie gehen davon aus, dass das auf Dauer nicht gut gehen kann, und versuchen, dich mit entsprechenden Argumenten „auf den Boden der Realität" zu bringen. In ihren Augen bist du viel zu leichtsinnig und sie wollen dich davor retten, zu scheitern. Welche Gefühle lösen diese Reaktionen in dir aus? Fühlst du dich erkannt? War es eine gute Idee, deine Wünsche mit deinen Nachbarn zu teilen?

Möglicherweise wird dir an dieser Stelle bewusst, dass du deine Herzenswünsche nicht mehr von anderen Menschen bewerten lassen willst? Dass du nicht mehr Gott und der Welt erklären willst, was dich bewegt? Erklären, was du dir denkst, wenn dein Blick in die Ferne schweift und ein Lächeln auf deinem Gesicht erscheint? Dass es dir zu anstrengend geworden ist, die Motive deines Handelns zu rechtfertigen, damit alle von deiner guten Absicht überzeugt sind? Du hast keine Lust mehr dazu? Herzlichen Glückwunsch zu dieser Entscheidung!

Wer kennt diesen inneren Drang nicht, sich für das, was man tut und denkt, immer wieder rechtfertigen zu wollen? So sehr, dass man dabei sogar das eigentliche Motiv und somit die eigenen Gefühle übergeht. Du willst zum Beispiel dein Staunen über einen Wettbeitrag bei „Wetten dass…?" mit jemandem teilen und plötzlich rechtfertigst du dich dafür, warum du diese Sendung überhaupt anschaust und welche Vorteile ein Fernseher haben kann. Aus der

Art, wie die Person auf deine Erzählung reagiert hat, hast du möglicherweise geschlossen, dass sie kein Fan dieser Sendung ist und das Fernsehen an sich sogar ablehnt. Du willst, dass sie dich weiterhin toll findet, und versuchst daher, mit allerhand Erklärungen dein sogenanntes „Image" zu retten.

Manche Menschen sind in der Image-Korrektur-Kommunikation wahre Meister. Was genau kannst du tun, um auch in dieser Disziplin perfekt zu sein? Regel Nummer eins: Achte immer und überall darauf, dass alle anwesenden Menschen erfahren, warum du etwas denkst und tust und wie es dazu gekommen ist. Lückenlos. Umfassend. Sei wachsam, damit du mit deinen Erklärungen deinem Gegenüber stets zuvorkommst. Er oder sie sollte nicht die Möglichkeit bekommen, sich eine eigene Meinung über dich zu bilden. Solltest du doch einmal zu spät dran sein, dann lege dein ganzes Gewicht in überzeugende und stichhaltige Argumente. Anstrengend? Ja. Fass ohne Boden? Ja. Befreiend? Nein.

Das darf sich wandeln? Gut, dann habe ich zwei Nachrichten für dich, eine gute und eine schlechte. Die gute: Deinem Gegenüber ergeht es ähnlich. Die schlechte: Deinem Gegenüber ergeht es ähnlich. Es hat daher – wie immer – keinen Sinn, auf Veränderung von außen zu warten. Du bist es. Mach es. Steig aus, indem du dich dafür entscheidest. Übernimmst du die Verantwortung für deine Handlungen, deine Gedanken und deine Gefühle, brauchst du niemanden mehr, der dir bestätigt, dass du o.k. bist so, wie du bist. Befreie dich aus der Abhängigkeit eines Gegenübers, indem du zu dir selbst sagst: „Ich liebe mich so, wie ich bin. Für alles, was ich mache, habe ich einen guten Grund, und ich bin einverstanden damit, dass sich alles jederzeit wieder ändern kann. Auch das bin ich. Alles bin ich." Wandel findet permanent statt. Du bist jeden Moment neu und du wählst, was dir im Augenblick als das Bestmögliche erscheint.

Wesentlich in diesem Zusammenhang sind die Motive, die deinem Handeln zugrunde liegen. Hast du zum Beispiel einen Impuls, dann frage dich selbst, ob dieser „rein und klar" ist. Rein und klar ist ein Motiv dann, wenn es aus deinem Herzen kommt, wenn es der Freude und der Freiheit in dir entspringt. Sind allerdings sogenannte „Hintergedanken" dabei, dann will dein Verstand etwas durchsetzen und deine Motive werden verwaschen und unklar. Hast du den Mut, bei dem zu bleiben, was du wirklich tief in dir willst, und denkst du nicht darüber nach, dann wächst deine Wertschätzung für deine Motive und du wirst immer sicherer, dass auf diesem Weg das Beste für dich und alle geschieht.

Erinnere dich daran, dass du Lust und Freude gewählt hast. Das ist das, was du willst. So willst du leben. Erinnere dich auch daran, dass diese Entscheidung pionierhaft ist und dass du nicht damit rechnen kannst, dass deine Umgebung bereits frisch-fröhlich danach lebt. Mach dir das immer wieder bewusst und bedanke dich bei dir für deinen Mut. Das kann nie schaden, denn du bist wirklich mutig, wenn du dich für diesen Weg entschieden hast. Es gibt derzeit nur wenige Menschen, die dich darin bestärken können. Du bist deine größte „Sicherheit". Deinen Gefühlen kannst du blind vertrauen.

Du kannst nicht bestimmen, was dein Gegenüber macht, wofür es sich entscheidet. Will jemand dein Motiv nicht annehmen, kannst du das nicht ändern. Nicht direkt. Am größten ist die Chance, dass sich deine Umgebung verändert, wenn du bei dem bleibst, was du willst. Je authentischer jemand ist, desto authentischer wird auch die Kommunikation mit anderen. Authentisch kommunizieren zu können ist die Voraussetzung dafür, Menschen als schöpferische Wesen wahrzunehmen.

Will jemand mit dir kämpfen oder konkurrieren, kannst du ihm oder ihr das Schwert nicht aus der Hand nehmen. Was du tun kannst, ist, in der Liebe zu dir selbst zu bleiben und dich in deinem Licht auszudehnen. Wählst du diesen Weg, dann erstarrt die Hand, die das Schwert hält, von alleine. Gegen die Kraft, die sich entfaltet, wenn du auf das Erwünschte ausgerichtet bleibst, kommt nichts und niemand an. Niemand hat das Recht, dich hinunterzuziehen, schon gar nicht, wenn du es ihm oder ihr nicht einräumst. Sollte es trotzdem noch jemand versuchen, dann ist es, wie wenn er die Sonne mit seiner Hand verdeckt.

Prüfe daher immer wieder deine Motivation. Handelst und sprichst du aus der Liebe heraus oder schleichen sich noch andere Motive ein? Bietest du zum Beispiel jemandem deinen selbstgemachten Kuchen an, weil du Lust am Teilen hast, oder erwartest du dir in Wirklichkeit eine Gegenleistung oder ein Lob darüber, was für eine tüchtige Hausfrau du bist? Hilfst du deinen Kindern bei den Hausaufgaben, weil du sie aufrichtig unterstützen oder weil du dich für sie nicht schämen willst? Bist du Manager geworden, weil es voll und ganz deinem Potential entspricht, oder nur, weil du dich wohlfühlst in der Rolle des Mächtigen?

Liebe lockert alles auf, sie schaufelt Hindernisse aus dem Weg, lässt Heilung geschehen und unterstützt dich dabei, dich dem „ICH bin es" zu öffnen. Bei der Liebe geht es nicht darum, zu lächeln oder gar „heilig" zu sein, zu flöten oder altruistisch deine Bedürfnisse zu ignorieren. Die Liebe auszudrücken, die du bist, kann manchmal auch sehr heftig stattfinden und von einem klaren „Nein, so nicht!" begleitet sein. Wichtig ist, dass du das, was aus dir kommt, nicht bewertest nach richtig und nach falsch, nach gut oder schlecht.

WERT-LOS URSPRÜNGLICH

Es gibt unendlich viele Möglichkeiten, wie du dich mit Hilfe deines Verstandes vom Wesentlichen ablenken kannst. Eine besonders wirksame Form ist das Bewerten. Bewertest du, dann ordnest du das, was du hörst, siehst, riechst, schmeckst und berührst in eine Art „Bibliothek" in deinem Verstand ein. Die Erfahrungen, die du bereits gemacht hast, und die damit verbundenen Emotionen helfen dir bei der Zuordnung. An sich ist das ja für vieles ein sehr brauchbarer Vorgang, doch wir übertreiben oft maßlos und schränken uns selbst damit sehr ein.

Um dich herum ist ständig Bewegung. Jeder Augenblick ist voller Impulse. Einiges davon kannst du mit deinen Sinnen aufnehmen, und unendlich viel geschieht ohne deine bewusste Wahrnehmung. Aus dieser Vielfalt im Augenblick löst du mit Hilfe deines Verstandes bestimmte Details heraus und gibst ihnen eine Gestalt. Nimm zum Beispiel ein Fußballspiel. Du bist Zuschauerin. Eine unter tausenden. Am Feld sind die Spieler. Die Spielzeit beträgt zweimal 45 Minuten. Das ist der vereinbarte Rahmen, darauf haben sich alle Beteiligten geeinigt. Wie genau du diese Minuten erlebst und was du in dieser Zeit wahrnimmst, bestimmst du selbst. Du gestaltest dir dein Spiel aus den vielen Informationen, die zeitgleich im Raum und darüber hinaus da sind. So gesehen gibt es nicht „ein" Fußballspiel, sondern so viele Fußballspiele wie es ZuschauerInnen gibt.

Als ich vor einigen Jahren ein Lokal in Thailand besuchte, fand ich die angestellten Frauen gebannt vor dem Fernseher vor. Sie verfolgten mit großer Aufmerksamkeit ein Spiel einer asiatischen Fußballmeisterschaft. Ich gesellte mich zu ihnen und wollte nach einiger Zeit wissen, wer denn hier gegen wen spiele und wie der Spielstand sei. Da sahen mich alle erstaunt an und teilten mir mit, dass sie das nicht wüssten, denn sie seien nur an den schönen männlichen Körpern interessiert.

Du wählst deine Welt. Deine Welt ist ein subjektiver Ausschnitt eines unendlichen Ganzen. Ob du etwas tust und was du tust, hängt davon ab, wie du eine Situation bewertest. „Ich kann das nicht ändern. Es kommt, wie es kommen muss. Das ist mein Schicksal." Und die „moderne" Version: „So ist es. Das ist mein Karma." Alles sogenannte „selbsterfüllende Prophezeiungen". Bist du zum Beispiel schwanger (gilt natürlich nur für Frauen), siehst du außergewöhnlich viel schwangere Frauen. Bist du schon länger und erfolglos auf der Suche nach einer Partnerin, besteht die Welt fast nur aus glücklichen Paaren und die freien Frauen scheinen sich in Luft aufgelöst zu haben.

Dein Leben besteht aus einer Aneinanderreihung von Erfahrungen. Sogenannte „gute" und sogenannte „schlechte". „Schlechte" Erfahrungen beinhalten zum Beispiel Erlebnisse, die dir „beweisen", dass es sinnvoll ist, dich vor etwas zu fürchten oder misstrauisch zu sein, zu zweifeln und Entscheidungen hinauszuzögern. Dahingegen laden dich Erfahrungen, die du als „gut und schön" in Erinnerung hast, ein, Ähnliches wieder zu erleben. Doch sowohl negative als auch positive Erfahrungen können zum Hindernis werden, wenn du ihnen einen allzu hohen Wert beimisst. Du traust dich zum Beispiel nie wieder, auf ein Pferd zu steigen, weil du als Kind einmal hinuntergefallen bist, oder du kannst den Augenblick nicht genießen, weil es „so schön wie damals nie wieder werden kann". So gut wie Mamas Apfelstrudel schmeckt kein anderer. So hoch wie der Schnee in deiner Kindheit war – als du circa einen Meter groß warst – ist er heute leider nicht mehr...

In meinen Kindheitserinnerungen ist der Winter das reinste Vergnügen: Schnee, Schnee, Schnee und ich mitten drinnen. Auf dem Rodelschlitten, auf Skiern oder ganz einfach in dicken Stiefeln herumstapfend. Zu den Höhepunkten damals zählten für mich die Schirennen, die wir selbst veranstalteten. Vor einigen Jahren wollte ich meine Erinnerungen auffrischen und machte mich auf die Suche nach den Veranstaltungsorten. Mein Erstaunen war groß, als sich die meisten „Abfahrtsstrecken" als so klein erwiesen, dass ich sie kaum finden konnte. Da wurde mir dann auch bewusst, warum ich

oft mitten in einem Rennen – bei dem wir die Schistöcke zu Torstangen um-
funktioniert hatten – auf der Piste zum Stehen gekommen war.

Wie dieses Beispiel zeigt, ist die Verlässlichkeit von Erinnerungen und Bewertungen sehr begrenzt. Viel wichtiger als das, was du erinnerst, ist jedoch,
welche Erinnerungen du auswählst und welche Bedeutung du ihnen gibst,
wie du sie bewertest. Ich könnte genauso gut meine Aufmerksamkeit auf
Ereignisse im Winter meiner Kindheit legen, die sehr unangenehm für mich
waren. Aber wozu sollte ich das tun? Was hätte ich davon?

Du kennst sicher auch viele Bewertungen, die nicht nur dein Verhalten, sondern auch die Ereignisse auf der Welt stark bestimmen. Erinnere dich nur an
„die Achse des Bösen" aus den Reden des amerikanischen Präsidenten George
Bush: „Ich tät` der Gute sein und du der Böse, und dann tät` ich dich besie-
gen und tät` so die Welt retten." Wer hat nicht zumindest einmal im Leben
Sehnsucht nach einer einfachen Lösung in diesem Sinne gehabt? Der Wunsch,
Entscheidungen nach einer einfachen Ordnung zu treffen, ist legitim. Sollen
diese Entscheidungen auch Frieden und Freude bringen, dann ist die Quelle
wesentlich, aus der sie kommen.

Es macht einen großen Unterschied, ob deine Entscheidungen aus deinem
kreativen Potential und dem Frieden in dir entspringen oder ob sie aus einem
Schwarz-Weiß-Denken eines von Bewertungen vollen Verstandes kommen.
Der Verstand ist nicht einfach. Jede scheinbar einfache Lösung, die auf massiven Bewertungen aufbaut, ist eine Illusion, eine gefährliche Illusion, weil sie
vorgibt, einfach zu sein. Für diese scheinbare, missbräuchliche Einfachheit
zahlen diese Erde und ihre BewohnerInnen einen hohen Preis. Viele Menschen, die keinen bewussten Zugang zu sich selbst haben und auch keine
Lust, die Verantwortung für ihre Entscheidungen zu übernehmen, versuchen
es immer wieder, auf diesem Weg glücklich und zufrieden zu werden, aber
es funktioniert nicht. Das, was auf diesem Weg erreicht werden kann, ist
eine Freude, die auf Schaden beruht, und ein Glück, das vergänglich ist „wie
ein Vogerl". Jede auch noch so plakativ aufbereitete einfache Lösung für den
„kleinen Mann", dem Fremden die Verantwortung für die zerplatzten Träume
und die tiefen Lebensängste zu übertragen, befriedigt nicht nur nicht, sondern
bringt wieder und immer wieder neue Ängste hervor.

In der sogenannten „Realität" ist es gar nicht eindeutig, wer die Guten und wer die Bösen sind. Alles steckt in jedem und in jeder von uns. Jeder und jede ist unter bestimmten Umständen zu allem fähig. Das ist so etwas wie unser menschliches Erbe. Wir alle beherrschen das Handwerk der Bewertungen und es leistet uns auch immer wieder gute Dienste. Wesentlich ist in diesem Zusammenhang die Frage „Wo kommt die Bewertung her, wie gehen wir damit um und wozu dient sie?"

Bist du ganz sicher, dass der Geist die Materie bestimmt, dann wirst du zum Beispiel das Essen danach auswählen, worauf du Lust hast. Die Bewertung und somit auch die Wirkung der einzelnen Nahrungsmittel werden sich nach deinen Wünschen richten. Du wählst einmal dies und ein anderes Mal das. Bist du jedoch der Ansicht, dass das Essen bestimmt, was mit dir geschieht, dann wird auch deine Bewertung und somit die Wirkung dementsprechend sein: „Schokolade macht dick. Tomaten verursachen Krämpfe. Kaffee macht nervös. Wein führt zur Abhängigkeit." Du kannst diese Liste gerne mit persönlichen Glaubenssätzen noch ergänzen. Wie wirken sich diese Sätze auf dein Wohlbefinden aus? Erinnere dich, dass die Gedanken frei sind, und kreiere neue Glaubenssätze. Zum Beispiel „Schokolade macht mich schlank. Tomaten reinigen meinen Körper. Kaffee beflügelt meine Sinne. Wein inspiriert und verjüngt meine Zellen." Liest sich das verrückt und scheint es dir unmöglich? Ist es nicht interessant, wie unser Verstand funktioniert? Die alten Glaubenssätze lesen sich aus einer neutralen Perspektive mindestens genauso verrückt und doch erscheinen sie uns wahrer. Nur weil irgendwann ein wissenschaftlicher Beweis dafür erbracht wurde oder weil viele Menschen daran glauben oder warum eigentlich? Wie in Artikeln und Büchern besonders in den letzten Jahren immer wieder nachzulesen ist, werden wissenschaftliche Erkenntnisse von neuen wissenschaftlichen Erkenntnissen widerlegt und verworfen, und diese werden auch wieder widerlegt und verworfen und so weiter und so fort. Du bist gut beraten, wenn du dein Vertrauen in so etwas wie eine äußere Ordnung aufgibst. Es gibt sie schlicht und einfach nicht, zumindest nicht auf Dauer und nicht frei von menschlichen Konstrukten.

Damit du deine Welt und deine Gedanken frei wählen kannst, musst du frei sein von alten Emotionen. So kommst du an die tiefen Gefühle heran und an die Wünsche, die damit verbunden sind. Indem du deinen Gefühlen und somit DIR vertraust, wird dir deine Mächtigkeit bewusst und du machst immer mehr Erfahrungen, die dir bestätigen, dass die äußere Welt eine Kreation unserer Gedanken ist. Du weißt, dass du kreativ und wirksam bist, und deine neuen Gedanken unterstützen dein Potential. Du bestimmst, in welcher Welt du lebst. Ist dir das bewusst, brauchst du keine Bewertungen mehr, die dich vor einer bösen Außenwelt schützen und als Alarmanlage fungieren.

Willst du das Leben neu erfahren, lass los. Lass alle Gedanken los, die deine Aufmerksamkeit auf die Kontrolle der Außenwelt fixieren. Konzentriere dich stattdessen auf die Welt in dir und bestimme, wie du dich fühlen willst. Sorge dafür, dass es dir gut geht. Getraue dich, dich selbst wichtig zu nehmen, auch und vor allem dann, wenn um dich herum die Welt Kopf steht. Aus dieser Quelle heraus entsteht das Neue, für dich und für alle, die daran teilhaben wollen. Und ganz sicher nicht umgekehrt oder gar über dein Mit-Leiden.

Diese Ursprünglichkeit aufleben zu lassen, die in dir ist und die DU bist, ist der Schlüssel. Ursprünglichkeit im Sinne von Originalität und Einzigartigkeit. Ganz in dem Bewusstsein „ICH bin es" zu leben, macht den wesentlichen Unterschied. So verliert die gut sortierte „Richtig/falsch-Bibliothek" in deinem Verstand an Bedeutung und löst sich auf. Du schöpfst aus deinem Potential und lässt dich von der Vielfältigkeit und Buntheit der Möglichkeiten überraschen. Sicher in dir ruhend und im Vertrauen, dass DU wert-voll bist und somit alles, was durch dich in die Welt kommt.

Hast du dich einmal dafür entschieden, die Bewertungen aufzulösen, dann ist diese Entscheidung wirksam. Du kannst dann nicht mehr so weitermachen wie bisher. Etwas in dir beginnt, dir auf den Mund und auf das Denken zu schauen. Etwas in dir hört immer aufmerksamer und genauer zu. Die Automatik der Gewohnheit ist gestört. Das ist der Anfang vom Ende deiner begrenzten Welt. Du verlässt die machtvolle Einflusssphäre deiner bewertenden Gedanken und dehnst dich in einer neuen, lebendigen und reichen Welt aus. Auf diese Weise erschaffst du eine Art Feld, einen neuen Raum, der dann auch allen anderen zur Verfügung steht, die diesen Weg mit dir teilen. Alle, die in dieses Feld eintauchen, verstärken und erweitern es. Es ist wie die Entdeckung einer neuen, bis dahin unbewohnten Insel. Bevor du sie entdeckt hast, hat sie niemand jemals gekannt und betreten. Jetzt kann sie jeder besuchen und dort wohnen bleiben. Bis wieder eine neue Insel entdeckt wird, neue Wahlmöglichkeiten und neue Erfahrungen zur Verfügung stehen.

Lass uns noch einmal zum Ausgangspunkt gehen. Was wird dich konkret unterstützen, alte bewertende Gedanken aufzulösen? Geh davon aus, dass dein Verstand immer wieder unterschiedlichste Gedanken in deinen Aufmerksamkeitsfokus bringt. Er will einfach das tun, wozu er da ist: denken. Dagegen ist ja grundsätzlich nichts einzuwenden. Die Frage ist nur, was DU willst. Willst du zum Beispiel alte Bewertungen auflösen, kannst du Folgendes tun: Du nimmst eine Art Beobachtungsposten ein, von dem aus du deine Gedanken ganz entspannt betrachten kannst: „Aha, so bewerte ich dieses Ereignis gerade. Sehr interessant. Wie wirkt sich die Bewertung auf mein Wohlbefinden aus? Will ich es so? Wenn nicht, was will ich lieber?" Bitte frage dich an dieser Stelle nicht: „Warum mache ich das? Wo kommt das denn her?" Fragen dieser Art entführen dich in die unendlichen Tiefen analytischen Denkens. Ist es das, was du willst, dann ist es auch o.k. Solltest du jedoch den Wunsch nach Wohlbefinden, Frieden und nachhaltiger Freude haben, dann pass auf, was du wählst. Wie heißt es so schön? Der Weg ist das Ziel.

Eine sehr angenehme und wunder-volle Form, die Erde neu und ohne Gedankenfilter zu erleben, ist das bewusste Wahrnehmen mit allen Sinnen. Nimm die Gerüche in dich auf, öffne deine Ohren für die Töne und Geräusche um dich, lass deine Augen sich neu umschauen, genieße das Schmecken und spür in jeder Zelle deines Körpers, wie sich der Augenblick anfühlt. Lass keine Gedanken zwischen dich und diesen sinnlichen Eindrücken aufkommen und schicke sie weg, wenn welche auftauchen. Sei wach und präsent für das Geschenk des Augenblicks.

Praktisch könnte das ungefähr so ablaufen: Du stehst im Wald. Du ziehst die frische und würzige Luft tief in deinen Körper ein. Ihr Geschmack entfaltet sich auf deiner Zunge und ihre belebende Kraft fließt hinunter bis zu deinen Zehen. Du bist eins mit deinem Atem. Du bist ein Teil der Natur. Die Natur ist ein Teil von dir. Der Farbenreichtum der Blumen erfreut deine Augen und du nimmst alles in dir auf. Du gibst dich ganz deiner Sinnlichkeit hin und genießt die Verbundenheit mit allem. Du bist, was du fühlst. DU bist es.

„DU bist es" im Unterschied zu „du denkst es." Versuchst du, deine Umwelt über das Denken wahrzunehmen, dann könnte sich das ungefähr so abspielen: Du stehst im Wald („Wo bin ich da eigentlich? Es ist so finster hier."). Du atmest die Luft ein („Mache ich das richtig? Ich kann schon wieder nicht durchatmen. Wie war das gleich mit der Soundso-Technik? Durch den Mund oder durch die Nase?"). Du betrachtest die Blumen („Wie heißen die eigentlich? Die meisten kenne ich gar nicht. Hätte ich mir für diese Übung nicht besser einen anderen Platz suchen sollen?"). Du gibst dich deiner Sinnlichkeit hin („Wie soll das gehen? Was macht man da? Bin ich überhaupt sinnlich?").

Auch wenn du es beim ersten Mal so oder ähnlich erlebst, bleib dran und schick die Gedanken immer wieder weg. Alles ist eine Sache der Übung. Hab Geduld mit dir. Jahrzehnte hast du unendlich viele Gedanken darüber, was richtig und was falsch ist, was gut und was schlecht ist, in dir aufgenommen. Alles an und in dir ist gewohnt, sich daran zu orientieren. Sei gnädig zu dir, wenn du nicht von einem Moment auf den anderen perfekt „neu" funktionierst. Lass los, trink einen Kaffee oder ein Glas Wein und freue dich darüber, dass alles deinem neuen Sein dient. Alles. Weil du es so willst und weil du zutiefst davon überzeugt bist, dass du dir das genauso erschaffen kannst wie alles andere davor.

VERTRAUENSBILDENDE MASSNAHMEN

Ein Vers, den mir eine meiner Volksschullehrerinnen in mein Stammbuch geschrieben hatte, lautete: „Sei wie das Veilchen im Moose, sittsam bescheiden und rein; nicht wie die stolze Rose, die immer bewundert will sein." Sollte es ihre Absicht gewesen sein, eine „richtige" Frau aus mir zu machen, dann ist sie eindeutig gescheitert. Hatte ich anfangs noch – erfolglos – versucht, diesen und ähnlichen Erwartungen gerecht zu werden, so lösten sich letztlich alle im Laufe meiner Entwicklung auf. Sie konnten der Kraft meiner Visionen auf Dauer nicht standhalten. Hinter den persönlichen Bewertungen stecken ganz oft sogenannte „allgemeingültige" Werte. Gut verpackt in Form von moralischen Appellen, diversen Geboten und Verboten, sind sie hoch wirksam.

Viele dieser – allgemeine Gültigkeit fordernden – Werte sind uralt und durch fachgerechte Lagerung gereift wie ein alter Schottischer Whisky. Schon alleine aufgrund ihrer Beständigkeit erwecken sie den Anschein, „richtig" und „gut" zu sein. Wir alle nehmen im Laufe unseres Lebens eine Menge davon auf, weil sie uns Orientierung bieten. Sie sind in uns gespeichert wie in einer Datenbank, meist in Form sogenannter „Glaubenssätze". Und wie der Name schon sagt: Glaubenssätze sind Sätze, an die wir glauben. Sie beschreiben kurz und bündig, was zu tun und zu lassen ist. Wir handeln danach, unabhängig davon, ob sie uns im Augenblick bewusst sind oder nicht. Und wie könnte es anders sein: Die Erfahrungen, die wir mit ihnen im Hinterkopf machen, bestätigen wiederum ihre „Wahrheit". Kein Wunder, dass sie in unserem Hirn eingebrannt sind wie Marschmusik auf einer CD.

Ein solcher Glaubenssatz kann zum Beispiel sein: „Wenn ich die Menschen zum Lachen bringe, dann lieben sie mich." Da taucht dann unweigerlich die Frage auf: Und was ist, wenn das nicht gelingt? Glaubenssätze sind ein Teil unserer Identität. Sie formen sie mit und sie helfen, sie aufrechtzuerhalten. Nimm an, dieser oder ein anderer Glaubenssatz sind ein Teil deiner Identität. Kannst du spüren, wie er sich Platz in deinem Kopf nimmt und dein Handeln bestimmt? Immer, wenn du mit jemandem zusammen bist, willst du ihn zum Lachen bringen. Menschen, die gerne unterhalten werden wollen, suchen deine Nähe. Ist es dir nicht zum Lachen, bleibst du zu Hause. Wer will dich schon sehen, wenn du schlecht drauf bist?

Oder Folgendes: „Wer einmal lügt, dem glaubt man nicht, und wenn er auch die Wahrheit spricht." Ein fataler Glaubenssatz. Echt anstrengend. So aussichtslos. Stell dir vor: Einmal, nur ein einziges Mal, bist du dabei ertappt worden, dass du eine Wahrheit ausgedrückt hast, die niemand hören wollte. „Lüge" wurde sie genannt. Was immer du dann auch für den Rest deines Lebens tust oder sagst, es wirkt nicht mehr. Nichts kann diesen einen „Fehltritt" je wieder auflösen. Und der Inhalt des Spruches wirkt weiter in dir. Immer weiter. Tja, dafür gibt es dann – nicht sehr befriedigend, aber immerhin – eine Lösung, einen neuen Glaubenssatz: „Das Leben ist hart." Verbindet sich dann dieser Satz mit „Wer einmal lügt, dem glaubt man nicht, und wenn er auch die Wahrheit spricht", ergibt das schon ein kleines Lebenskonzept.

Doch genug davon. Ich gehe davon aus, dass jeder Mensch oder zumindest alle Leser und Leserinnen dieses Buches sich von allem befreien wollen, was ihnen nicht mehr dient. Willst du dich von den dir innewohnenden Handlungsanweisungen befreien, musst du dir nicht jede nach dem Motto „die Guten ins Töpfchen, die Schlechten ins Kröpfchen" anschauen wie Aschenputtel die Linsen. Geh grundsätzlich davon aus, dass einige da sind in dir und dass sie wirksam sind. Mach sie dir bewusst, indem du zum Beispiel in einem Brainstorming alle aufschreibst, die dir gerade in den Sinn kommen: Aussagen, Sprichwörter, Phrasen und bedeutsame Wörter aus deiner Kindheit, deiner Jugendzeit und auch aus deiner Gegenwart. Hast du alles notiert, schaue dir in Ruhe das Ergebnis an. Mach dir dann bewusst, welche Rolle diese Handlungsanweisungen in deinem Leben gespielt haben und noch spielen. Was wäre geschehen oder was ist geschehen, wenn du dich nicht daran gehalten hast? Frage dich, ob du dich noch von diesen Inhalten steuern lassen möchtest. Wenn nicht, dann verabschiede dich davon. Atme alles aus und mach dir bewusst, was dir wichtig ist und was du dir wünschst. Du kannst dir auch jederzeit neue Sätze kreieren. Sätze, die sich gut anfühlen und die Freude in dir auslösen. Du wählst.

Deine Wahl ist hoch wirksam. Bist du ganz entschieden, wandeln sich alte Glaubenssätze von alleine. Sie lösen sich auf, weil du ihnen keine Aufmerksamkeit mehr schenkst. An ihre Stelle tritt ein tiefes Vertrauen in DICH. Das ist wichtig, weil du so etwas wie einen guten Boden für deine Entscheidungen brauchst. Wenn du nicht mehr auf deine Glaubenssätze bauen kannst und frei sein willst, um deine Kreativität zu leben, dann brauchst du etwas Neues. Etwas, worauf du dich verlassen kannst. Eine neue Instanz, die dich auf deinem Weg begleitet.

Im Sinne von „ICH bin es" bist diese Instanz selbstverständlich DU. Indem du dir selbst vertraust, stärkst du diese Instanz. Du ermunterst sie, sich zu zeigen und dran zu bleiben an dem, was wesentlich ist für dich, was du entschieden hast. So sammelst du Erfahrungen, die dir bestätigen, dass du dich auf dich selbst verlassen kannst und dein Vertrauen in dich wächst. Vertraust du, bist du gewiss und hoffst nicht (mehr). Hoffnung bedeutet, dass du es zwar willst, dass du aber nicht ganz sicher bist, ob es auch möglich ist. Du selbst bist zuständig für dein Vertrauen. Setzt du Vertrauen in einen anderen Menschen, geht dieses von dir aus und du kannst sehen, wozu diese Person in der Lage ist. Indem du ihr dein Vertrauen schenkst, bekräftigst du sie in ihren Fähigkeiten und ermutigst sie, einen neuen Schritt zu gehen. So gesehen setzt du vertrauensbildende Maßnahmen und erschaffst ein Feld neuer Möglichkeiten für dich und alle, die daran interessiert sind.

Du lebst zum Beispiel in einer Partnerschaft und wünschst dir, dass dir dein Partner oder deine Partnerin mehr Aufmerksamkeit entgegenbringt. Beliebte Scheiterstrategien dafür sind: betteln, fordern, kritisieren, schimpfen, schreien, weinen, sich bei FreundInnen beklagen. Willst du erfolgreich sein im Umsetzen der erwünschten Veränderung, dann vertraue darauf, dass es möglich ist. Vertraue deinem Partner, vertraue deiner Partnerin, dass er oder sie dazu in der Lage ist. Vertraue darauf, dass du es wert bist, wahrgenommen zu werden, und dass es einen Qualitätszuwachs für alle Beteiligten bringt. Indem du deine Aufmerksamkeit auf das Mögliche und somit auf das Potential deines Gegenübers lenkst, liebst du diese Fähigkeit aus ihm heraus. Dein Vertrauen bringt dich mit dem Potential deines Gegenübers in Kontakt und lässt sich nicht vom aktuellen Verhalten beeindrucken. So wie du einer Rose vertraust, dass sie in der Lage ist, zu wachsen und ihre Schönheit zu entfalten, wenn du sie in die Sonne pflanzt und ihr Wasser zuführst.

VERANTWORTUNGSREICH

Eine der wirksamsten Strategien, dein kreatives Potential zu ignorieren, ist folgende: Weise alle Verantwortung von dir. Lass keine wie auch immer geartete Verbindung zwischen deinen Gedanken, deinen Handlungen und den Ereignissen aufkommen. Bleib felsenfest dabei, dass du nichts damit zu tun hast. Je lückenloser du diese Strategie anwendest, desto erfolgreicher bist du. Und sollte dich jemand „retten" wollen, indem er oder sie dir erklärt, dass hinter allem immer auch du selbst steckst, dann mach deine Augen und deine Ohren fest zu. Solche und ähnliche Ideen sind sehr gefährlich. Um dergleichen aus dem Weg zu gehen, wendest du dich am besten von allen entsprechend verdächtigen Menschen ab.

So befreiend die Strategie des „Verantwortung-Abgebens" auf den ersten Blick auch sein mag, sie hat einen Haken: Wenn du es nicht bist, dann sind es die anderen. Sie sind dafür verantwortlich, was möglich ist und was nicht. Sie haben dein Leben in ihrer Hand, sie bestimmen, ob du glücklich bist oder nicht. „Meine Frau verweigert seit einigen Monaten den sexuellen Kontakt, weil sie mich als Mann nicht mehr attraktiv findet. Der Grund dafür liegt meiner Meinung nach in ihrer gestörten Beziehung zu ihrem Körper. Kein Wunder bei dieser Kindheit! Was kann ich für sie tun?"

Was hier auf den ersten Blick sehr verständnisvoll und liebevoll daherkommt, stellt sich bei genauerer Betrachtung als Gordischer Knoten heraus: Wer genau kann was genau tun, damit sich die Angelegenheit wie genau weiterentwickelt? Das Paar sieht kein Licht am Ende des Tunnels. Vielleicht weiß ja die Psychotherapeutin eine Lösung und übernimmt dafür die Verantwortung?

Erlebst du dich nicht als Gestalterin deines Lebens, hast du keinen direkten Zugriff zu erwünschten Veränderungen. Nimmst du dich als Opfer wahr, bist du mit dem Täter in dir nicht in Kontakt. Wie kann sich ein Bild, das du in deiner Vorstellung hast, materialisieren, wenn du nicht bereit bist, den Pinsel in die Hand zu nehmen und die Farben auf die Leinwand zu bringen? Wie sollst du dein Leben führen können, wenn du mit dem Leben anderer beschäftigt bist?

Und wiederum sind es die Gedanken, die dich, mich und uns auf abenteuerliche Abwege führen, wenn wir sie arbeiten lassen. Sie laden uns dazu ein, bis ins hohe Alter den Eltern die Schuld zu geben, den Partnern und Partnerinnen, den Kindern, der Gesellschaft, der Psychotherapeutin, dem „Schicksal" und so weiter. Die Gedanken kommen selten von alleine auf die Idee, die Aufmerksamkeit dorthin zu lenken, wo Wandel einfach und selbstverständlich geschehen kann: zur Eigenverantwortung und somit zu uns selbst als Meister und Meisterinnen unseres Lebens.

Willst du nachhaltig glücklich und zufrieden sein, nimm den „Hauptschlüssel" dafür in deine Hand: Übernimm die Verantwortung für das, was du denkst, fühlst und tust. Dabei geht es darum, dass du erkennst und akzeptierst, wer wirklich zuständig ist für dein Leben und wie du mit allem verbunden bist. Bewusst wahrzunehmen, dass und wie DU es bist. Du bestimmst, ob es leicht sein darf oder schwer sein muss. Wenn du „Selbstverantwortung" als spielerisches und bewusstes Gestalten begreifst und nicht als pflichtvolle und schwere Bürde, dann wird es dir auch leichter fallen, dich auf sie einzulassen. Streichst du dann auch noch das Wort „Schuld" aus deinem Verstand, steht dir nichts mehr im Wege, dein Potential zu leben. Lebst du in einer Welt voll von köstlichen Früchten und erwartest, dass alles bitter und fad schmeckt, dann ist es so. Lebst du in einer Welt der Wunder, werden sie selbstverständlich geschehen, und dann schmeckt dir eine Frucht köstlicher als die andere.

Damit es dir leichter fällt, die Verantwortung für dein Leben zu übernehmen, solltest du vielleicht zuvor ein paar Missverständnisse aus der Welt schaffen. Begriffe und Aussagen wie „es ist deine Pflicht", „du musst", „sei doch vernünftig" und „du musst lernen, zu verzichten" haben dir möglicherweise schon die eine oder andere Freude am Leben verdorben. Und zu Recht. Solche Vorgaben für das „Erwachsen-Sein" und für ein „verantwortungsbewusstes Leben" laden nicht gerade dazu ein, Eigenverantwortung zu übernehmen. Sie trennen dich vielmehr von DIR und der Liebe und somit von einem freiwilligen „Ich will".

Die 100%ige Verantwortung für dein Leben zu übernehmen bedeutet, dass du dich zu 100% zuständig erlebst für deine Wünsche und für deine Manifestationen. Dabei ist die Motivation, aus der heraus du handelst, wesentlich. Kommen deine Motive aus der Liebe zu dir und zu dieser Erde, sind sie also rein und klar, dann fällt es dir leichter, die Verantwortung dafür zu übernehmen. Leichter fällt es dir auch, wenn dir bewusst ist, dass du nicht das bist, was du denkst.

Hast du zum Beispiel erkannt, dass du deine Frau nicht verändern kannst, sondern nur dich selbst, übernimmst du die Verantwortung und kommst mit DIR in Kontakt. Dein Blick auf das, was du wirklich willst, wird frei. Du weißt, dass deine Beobachtungen keine Handlungsaufforderungen sind, sondern dazu dienen, das Dahinter wahrzunehmen. Bezogen auf das Beispiel zu Beginn dieses Kapitels könnte das ungefähr so ablaufen: Du hast beobachtet, dass sich deine Frau von dir zurückzieht. Diese Beobachtung nimmst du zum Anlass, dich darauf zu konzentrieren, was sie in dir auslöst – zum Beispiel Verlustangst, Zweifel an deinem Wert und Ähnliches. Das fühlt sich nicht gut an, du bestätigst, dass du dich so nicht fühlen willst, und machst dir bewusst, wie du dich fühlen willst: frei, lustvoll, kraftvoll. Mit einigen Atemzügen holst du diese Wohlgefühle immer wieder in deinen Körper und verankerst sie in deiner Innenwelt. Anschließend lässt du dich davon überraschen, wie sich diese in deinem gelebten Leben zeigen.

Es ist wichtig, dass du dich getraust, dich selbst immer wieder in das Zentrum deines Lebens zu rücken. Ganz dorthin, wo du zu Hause bist und hochwirksam. Deine Gefühle führen dich zu deinen Wünschen und die Wünsche zu deinem Potential, zu DIR. Nimm dir die Freiheit und spüre die Kraft, wenn du sagst: „ICH bin es. Das will ich." Das klingt doch einfach? Und das ist es auch, vorausgesetzt, du lässt die alten Gedanken ziehen.

Apropos Gedanken. Sie könnten dir jetzt gerade vermitteln, dass du ja ohnehin oft die Verantwortung übernimmst. Wenn du dir zum Beispiel um jemanden Sorgen machst und dieser Person helfen willst. So wie in dem oben beschriebenen Beispiel. Der Mann übernimmt die Verantwortung für das Wohl seiner Frau. Verantwortung für „Gott und die Welt" zu übernehmen ist vielen sehr vertraut. Lass uns dem noch kurz nachgehen.

Übst du einen Beruf aus, in dem du mit vielen Menschen zu tun hast, dann kennst du sicher Gedanken wie „Hätte ich das nicht anders sagen sollen, dann hätte sie es besser annehmen können? Hätte ich nicht noch verständlichere Worte dafür finden können? Hätte ich es nicht mit allen Mitteln verhindern müssen, dass er wieder enttäuscht wird? Ich kann doch unmöglich in den Krankenstand gehen und meine Kolleginnen im Stich lassen." Und sicher sind dir auch die nie enden wollenden „Gedanken-Loopings" bekannt, wenn du dich nach der Arbeit der wohlverdienten Ruhe hingeben willst. Die Wenns und Abers essen mit dir zu Abend, sehen mit dir fern, gehen mit dir ins Bett, begleiten dich in deinen Träumen und sie sind am nächsten Morgen bereits hellwach, wenn du gerade erst deine Augen öffnest.

Du musst aber nicht unbedingt einen entsprechenden Beruf ausüben, um solche und ähnliche Erfahrungen zu machen. Das geht auch ganz leicht, wenn du zum Beispiel die Rolle der Mutter oder die Rolle des Vaters gewählt hast. Und im Grunde ist es auch egal, ob du eine entsprechende Rolle oder eine Funktion übernimmst. Es hängt auch nicht davon ab, ob dich jemand darum gebeten hat oder nicht. Erscheint es dir „richtig", Verantwortung für andere zu übernehmen, tust du es so oder so, weil du es so gewohnt bist. Deine Grenzen überschreitende Fürsorge aufzugeben erscheint dir vielleicht sogar grob fahrlässig.

Dieses Thema führt mich zu der Frage, was der Sinn unseres Daseins ist. Keine Angst, ich steige jetzt nicht in eine umfassende philosophische Abhandlung darüber ein. Geht es jedoch um die Verantwortung, erscheint es mir wichtig, dass wir uns das bewusstmachen. Ich gehe davon aus, dass wir hier sind, um unser wahres ICH zu entfalten. So gesehen entscheiden wir uns – oft unbewusst – für bestimmte Erfahrungen, wie zum Beispiel dafür, einem Kind das Leben zu schenken oder eine Firma zu leiten. Wir tun dies, weil wir spüren wollen, wie es ist, ein Kind im Arm zu halten und es zu begleiten, wenn es spielerisch die Welt erkundet. Wir wollen wissen, wie es ist, eine Firma zu leiten und unsere Fähigkeiten dafür einzusetzen. Tief in uns ist der Wunsch verankert, UNS einer Welt zum Geschenk zu machen, in der die Liebe und die Freude das Leben bestimmen. Das wählen wir. Für diese Wahl und dafür, unsere Fähigkeiten entsprechend einzubringen, sind wir verantwortlich. Bringen wir UNS ein, macht uns das Freude und wir befreien so die Welt – ganz nebenbei – von Schuld- und Sühnegeschichten. Dies geschieht ganz selbstverständlich, weil wir in dem Bewusstsein bedingungsloser Liebe für alle da sind, die von uns begleitet werden wollen.

Bist du es gewohnt, darüber hinaus Verantwortung für andere zu übernehmen, dann hast du dafür selbstverständlich einen guten Grund. Er ist Teil deiner Geschichte. Du bist dafür anerkannt worden und du wirst es vielleicht noch. So kommst du auch in deinen Himmel, aber erst, wenn du gestorben bist. Solltest du mehr am „Himmel auf Erden" interessiert sein, dann gib diese Form der Verantwortung wieder ab. Schon alleine, weil du dafür nie zufriedenstellend anerkannt wirst. Das kann nicht sein, denn wenn die Person, deren Eigenverantwortung du übernimmst, deine Leistung anerkennt, stellt sie sich selbst damit in Frage. Nimmt diese so wahr, dass du etwas kannst, was sie können sollte, wird ihr bewusst, dass sie selbst nicht im Stande ist, ihr Leben in die eigene Hand zu nehmen.

Bist du bereit, anzuerkennen, dass jeder Mensch mit einem einzigartigen kreativen Potential ausgestattet ist, das ihn ermächtigt, ein Leben in Freude und Freiheit zu führen? Bist du bereit, dich von allen Gedanken zu verabschieden, die etwas anderes behaupten? Bist du bereit, auf die Anerkennung zu verzichten, die du bekommst, wenn du dein Leben vorrangig nach den Wünschen deiner Umgebung ausrichtest? Wenn es so ist, dann gib alles hin, was damit verbunden ist. Fühle dich frei, zu tun, wofür nur du zuständig bist: dein Leben so zu gestalten, dass du in höchster Eigenverantwortung die Freude und den Reichtum lebst, die in dir sind. So bist du ein Geschenk für alle, die deine Nähe gewählt haben, und du bist hochwirksam. Viel Spaß damit!

UNSCHULDIG

„Durch meine Schuld, durch meine Schuld, durch meine übergroße Schuld..."
Ich bin schuld? Du bist schuld? Oder ist es gar der „Bossa Nova", wie es ein
alter Schlagertext vorschlägt? Wir fühlen uns schuldig, weil sich unsere Eltern getrennt haben – „Vielleicht war ich nicht brav genug?", weil der Partner
untreu geworden ist – „Vielleicht bin ich nicht attraktiv genug?" Wir fühlen
uns schuldig, wenn eine Krankheit diagnostiziert wird – „Vielleicht bin ich
nicht glücklich genug?", und wir fühlen uns letztlich schuldig, diesen Körper
wieder verlassen zu müssen – „Vielleicht hätte ich doch den Schlüssel fürs
ewige Leben finden können?"

Die beeindruckendste Geschichte dazu, die ich in den Jahren meiner psycho-
therapeutischen Tätigkeit erzählt bekam, war die einer Klientin. Als Jugendliche arbeitete sie einige Jahre als Ministrantin beim Pfarrer ihres Bezirkes.
Sie liebte es, sich den kirchlichen Ritualen vollkommen hinzugeben. Ganz
besonders beeindruckt war sie von dem Ritual des Schuldbekenntnisses. Laut
ihrer Schilderung hat sie die Worte „durch meine Schuld, durch meine Schuld,
durch meine übergroße Schuld" immer mit einer großen Inbrunst gesprochen
und sich dabei dreimal mit der rechten Hand auf die Brust geklopft. Dass
sie damals keine Ahnung hatte, wofür sie sich schuldig fühlen sollte, tat der
Intensität ihrer Hingabe keinen Abbruch. Das Ritual tat, was Rituale immer
tun: es wirkte. Und eines Tages wurde ihr bewusst, dass sie sich „das Gefühl
der Schuld für immer und ewig in ihren Körper geschlagen hatte". So sehr,
dass sie sich auch dreißig Jahre später nur sehr schwer davon lösen konnte.

Ob es nun heißt „ich bin schuld" oder „du bist schuld", macht keinen Unterschied. Das Thema an sich bringt eine ganz besondere Art von Schwere ins
Leben. Damit meine ich nicht den rechtlichen Begriff, sondern dieses diffuse

Gefühl, das keinen Anfang und kein Ende zu haben scheint und sich über den Augenblick legt wie eine dunkle Wolke, nicht wirklich greifbar und doch da. Sehr oft erleben wir dies als Bestrafung für einen Befreiungsversuch.

Das Fatale an dieser Art Schuldgefühle ist die Vorstellung, dass wir sie scheinbar als Ordnungsgeber brauchen und dass die Lösung darin liegt, dass wir sie „zugeben". Wie ein Erbe, das da ist und das aufgeteilt werden muss. Ob man will oder nicht. Und so wie der Versuch, ein Erbe „gerecht" aufzuteilen, oft in jahrelangen Auseinandersetzungen mündet, so ist es auch mit dem Thema „Schuld". Die Annahme, dass es eine oder mehrere Personen gibt, die alleine für die Entstehung einer bestimmten Situation verantwortlich sind, ist eine verkürzte Sicht dessen, was geschieht. Eine Wirklichkeit, die aus dem Wunsch nach einer einfachen Lösung entsteht und die zugleich auch diese einfache Lösung verhindert.

Nimm zum Beispiel eine Ehescheidung. Einer oder eine will nicht mehr. Warum auch immer. Die gemeinsame Geschichte geht dem Ende zu, wie es Geschichten so an sich haben. Doch so einfach darf es nicht sein. Allzu viel ist mit dem Begriff „Ehe" verbunden, zu groß die Angst, mit ihrer Auflösung mehr als nur die Beziehung zu verlieren. Offensichtlich fällt die Trennung leichter – und das nicht nur rechtlich –, wenn der eine oder die andere die Schuld für das Scheitern übernimmt.

Hinter diesen Versuchen steht sehr oft die Sehnsucht, sich frei zu fühlen wie ein Kind, ursprünglich und authentisch. Dieser Wunsch ist wesentlich, weil er uns mit UNS in Kontakt bringt. Er unterstützt uns dabei, uns von dem zu befreien, was wir nicht sind. So wie die Motivation eines Kindes rein und klar ist und frei von verdrehten und komplizierten Strategien, so ist auch deine Motivation, wenn du aus dem Herzen lebst: rein und klar. Drückst du aus, was du willst, bist du kraftvoll ausgerichtet auf DICH. Stell dir ein Kind vor, das sagt, was es denkt und was es fühlt. Und stell dir weiter vor, du nimmst das dankbar an. Spür die Kraft, die von einem solchen Kind ausgeht. Spür, wie sich das anfühlt, wenn es sagt: „Ich will!" und „ich will nicht!" Erinnere dich, dass die Energie der Aufmerksamkeit folgt. Und stell dir weiter vor, du ignorierst dieses „ich will". Kannst du nachvollziehen, wie viel Kraft du dafür aufwenden musst?

Ganz DU sein, darin dich zeigen und die Verantwortung für deine Wünsche übernehmen: Darum geht es. Geschichten haben einen Anfang und ein Ende. Sie bestehen aus Erfahrungen, die wir machen wollen. Je bewusster wir leben, desto mehr Geschichten erleben wir in einer Qualität, die uns Freude bereitet. Das können wir nachvollziehen, dafür können wir auch Verantwortung übernehmen. Auswirkungen, die sich unseren Möglichkeiten und Fähigkeiten entziehen, können wir nicht steuern und wir können für sie auch keine Verantwortung übernehmen. Bezogen auf das Beispiel mit der Scheidung bedeutet dies: Wenn es gelingt, die Komplexität von Gefühlen auf das Wesentliche zu reduzieren, kann sich das Paar in Frieden trennen. Wesentlich erscheint mir in diesem Zusammenhang das Bewusstsein, dass jeder und jede das Recht hat, eigenverantwortlich seinen und ihren Weg zu gehen. Für manche Paare verlaufen die Wege ein Leben lang parallel, für einige trennen sie sich an einer Kreuzung. Bedingungslose Liebe macht das Zulassen unterschiedlichster Wege möglich und sie geht weit über Formen wie „Ehe", „Lebenspartnerschaft" und „Freundschaft" hinaus. Fühl dich frei, deinen Weg zu gehen, unschuldig und froh wie ein Kind.

UNBESORGT AUSGELASSEN

Stell dir vor, du hast Tag und Nacht einen vollgepackten Rucksack auf deinem Rücken. Egal, was du machst, er ist immer mit dabei. Du bist so an ihn gewöhnt, dass er dir gar nicht auffällt. Ein Leben ohne ihn kommt dir gar nicht in den Sinn. Für dich ist dieses Erleben ganz „normal", denn du kennst nichts anderes. Der Inhalt des Rucksacks: Sorgen. Wilde Vorstellungen von dem, was geschehen könnte, wenn... Erinnerungen an Katastrophen und an unangenehme Erfahrungen. Bilder einer belastenden Vergangenheit und Bilder einer zu befürchtenden Zukunft.

„Wenn ich es nicht schaffe, meinen Sohn zum Lernen zu bewegen, dann wird er auf die Schularbeit wieder einen Fünfer bekommen. Er wird für Herbst eine Wiederholungsprüfung verordnet bekommen und ich kann meine Pläne für den Sommer vergessen, weil wir lernen müssen. Gar nicht auszudenken, was ich mir dann von meiner Mutter über Kindererziehung wieder anhören muss und was mein Mann dazu sagen wird."

Diese und andere Sorgengeschichten können dich hervorragend unterhalten, allem voran die Sorge aller Sorgen: „Wenn ich nicht ständig auf der Hut bin, um mich und „die Meinen" zu beschützen, dann wird etwas Schreckliches passieren." Lässt du diese Aussagen in dir wirken: Wie geht es dir damit? Was lösen sie in dir aus?

Kannst du wahrnehmen, dass das Erschreckende an Sorgen die Tatsache ist, dass das, was du nicht haben willst, bereits geschieht? Mit Hilfe ganz spezieller Gedanken produzierst du einen Schrecken nach dem anderen. Du tust so, als ob alles das schon ist. Das Fatale an sorgenvollen Gedanken ist der Umstand, dass du dich schlecht fühlst, bevor noch etwas geschehen ist. In dir ist die

Angst, in dir ist die Gewalt. Wie wir etwas erleben, bestimmt unsere Gefühle und nicht, was wir erleben. Die Qualität eines Erlebens wird ausschließlich davon bestimmt, worauf du deine Aufmerksamkeit richtest und welche Gedanken du damit verbindest.

Tritt dann das befürchtete Ereignis wirklich ein, bist du irgendwie erleichtert. Zum einen ist es dann endlich passiert, und zum anderen macht es dich zufrieden, weil du ja gewusst hast, dass es so kommen wird. Letztlich weißt du auch, was zu tun ist, denn dieses Szenario hast du dir ja schon sehr oft vorgestellt. Danach zu handeln war also nur mehr eine Frage der Zeit. So eigenartig diese Zeilen auch für den Verstand erscheinen mögen, so stellt sich bei genauer Betrachtung Folgendes heraus: Das, was wirklich weh tut, sind die Gedanken, die du dir Tage, Wochen und Jahre vor einem Ereignis machst und möglicherweise auch noch danach. Die Gegenwart erfordert Handlungen und Handlungen lassen nur wenig Platz fürs Denken. Und das Unglaubliche: Du fürchtest dich vor einem Ereignis, das du mit Hilfe deiner Gedanken herbeiführst.

Du hast zum Beispiel Sehnsucht danach, ein paar Tage alleine am Meer zu verbringen, dich von den Wellen tragen zu lassen und die warmen Sonnenstrahlen auf deinem Körper zu genießen. Während du dich diesen Wunschbildern hingibst, treten – oh Schreck – dunkle Wolken am Himmel auf: „Meine Kinder. Wer wird sich um sie kümmern? Mein Mann. Der lässt mich sicher nicht fahren. Und der Hund?" An dieser Stelle hast du – wie immer – die Wahl, deinen Wunsch zu bestätigen oder ihn im Archiv deines Gehirns, ganz hinten links, mit der Aufschrift „Unerreichbares" einzuordnen.

Nehmen wir jetzt einmal – nur so zur Übung – an, du wählst das Archiv. Wie verstaust du deine Sehnsucht mit Hilfe von Sorgen am besten so, dass sie dich ganz sicher nicht mehr belästigen kann? Also: Konzentriere dich auf die Wolken, auf die Wenns und Abers. Gehe jeder Frage nach, die in dir auftaucht, und beantworte sie bitte so, dass in jeder Antwort gut nachvollziehbar wird, wie unersetzlich du für alle bist. Nimm dann vor allem auch die Argumente wichtig, die dir die Umsetzung der Reise beschwerlich erscheinen lassen: „Alleine? Das ist doch viel zu gefährlich, wer weiß, was mir alles zustoßen könnte. Und das Wetter? Wer garantiert mir, dass es dort um diese Zeit wirklich warm ist und die Sonne scheint?" Sollte sich von all dem deine Sehnsucht noch nicht ganz verflüchtigt haben, dann sprich mit Menschen, die dir deine Sorgen bestätigen können. Du findest sicher einige. Vor allem dann, wenn du ihnen bereits die Stichwörter lieferst.

Nehmen wir jetzt an, du wählst die Erfüllung deines Herzenswunsches. Was machst du dann mit den Sorgen? Gar nichts. Du nimmst sie wahr und du akzeptierst, dass es so ist. Kämpfe nicht dagegen an, denn wenn du etwas auszuschließen versuchst, führt das dazu, dass es immer wieder hartnäckig wiederkehrt. Du musst auch nicht wissen, warum es so ist, denn sonst gibst du wieder deine Aufmerksamkeit zur Analyse und ziehst sie von deinem Wunsch ab. Akzeptiere das, was gerade ist, und bestätige, dass es sich wandeln darf. Bitte darum, danke dafür und es geschieht. Konzentriere dich dann auf deinen Wunsch und bestätige auch diesen auf dieselbe Art. Das ist der schnellste Weg zur Manifestation deiner Sehnsucht, und den sorgenvollen Gedanken wird die Energie entzogen. Gib Gedanken, die sich nicht gut anfühlen, immer wieder hin. Immer wieder, ganz leicht: „Himmel, kümmere dich bitte darum. Mir ist das zu viel. Nimm mir bitte alles ab. Danke."

Mach dir an dieser Stelle wieder bewusst, dass du dabei bist, dein Leben aus deinem kreativen Potential heraus entstehen zu lassen. Dafür braucht es kein Ziel mehr und keinen Plan, denn diese Form der Gestaltung geht nicht mehr über den Verstand alleine. In diesem Fall geht es nicht darum, dass du eine Sorge nach der anderen auflösen musst, um dich zu befreien. Du brauchst dich nur immer wieder danach auszurichten, was du willst. Mach dir auch bewusst, dass du auf der Reise zu DIR immer sensibler wirst, immer besser verbunden damit, ob dir etwas gut tut oder nicht. Kommen wir wieder zur Metapher des Rucksackes zurück: Der erste Schritt in diesem Zusammenhang ist das Wahrnehmen des Rucksackes und seines Gewichtes. Erst wenn dir bewusst ist, dass Sorgen Schwere mit sich bringen, die du nicht willst, wird dir auch bewusst, dass es ein freudvolles Leben für dich gibt und dass dir dieses zusteht. Und wie in vergleichbaren Situationen führt dann der Weg über das „Was ich nicht will" zu dem „Was ich will". Das braucht oft Zeit. Nimm sie dir, sei gnädig mit dir.

Dein Wollen braucht dich. Niemand sonst kann das für dich tun. Ist es nicht faszinierend, wie gut wir darin trainiert sind, angstvolle Gedanken zu erzeugen und sie am Leben zu erhalten? Und wie unsicher wir uns dann oft darin sind, dass wir mit liebevollen Gedanken eine neue Welt erschaffen können? Das ist doch ein interessantes Phänomen. Denn genau genommen ist es dasselbe Prinzip, derselbe Ablauf. Der Unterschied ist offensichtlich nur, dass es ungewohnt für uns ist, uns als Schöpferin und Schöpfer zu begreifen und anzunehmen.

Achte darauf, dass es ein heilsamer und höchst kreativer Impuls ist, deine Aufmerksamkeit dem zu geben, was du dir wünschst. Fühl dich frei in deiner Vorstellung, dein Geist ist unendlich und darin hat alles Platz. Alles, was du dir vorstellen willst. Jede Freude-Inszenierung in deiner Vorstellung löst die Grenzen deines alten Verstandes auf und erweitert den Spielraum deiner erwünschten Manifestationen. Hast du einen Handlungsimpuls, gehe ihm nach. Gibt es nichts zu tun im Augenblick, bleib still in deinem Verstand und sei dankbar für das, was ist.

Willst du etwas davon gleich praktisch umsetzen? Dann nimm einen tiefen Atemzug und bestätige, was du dir jetzt gerade wünschst. Solltest du gerade keinen Wunsch zur Hand haben, dann nimm die Freude. Über die Freude bist du immer direkt mit DIR verbunden. Nimm einen tiefen Atemzug und bestätige „Ich bin die Freude." Atme so die Vorstellung von Freude ein und spüre, wie diese Qualität deinen Körper durchflutet und sich in ihm und darüber hinaus ausdehnt. Diese köstliche Energie, die sich dir in einer ganz speziellen Art offenbart. So entsteht in dir und um dich ein energetisches Feld, durchflutet von der erwünschten Energie. Ein lichtvolles Feld. Nimm alles hinein in dieses Liebesfeld, das du bist, alle Gedanken, alle Ängste und alles, was dein Verstand gerade produziert, und lass es sich wandeln. Atme bewusst weiter und dehne dich mit jedem Atemzug mehr und mehr aus in diesem Feld.

BÜHNE OHNE DRAMA

Wenn du das Leben als eine einzige Orgie problematischer Highlights erfahren möchtest, dann brauchst du eine besondere Voraussetzung dafür: die Liebe zum Drama. Du musst bereit sein, dich ganz und gar hineinfallen zu lassen in die Tiefen der Verzweiflung und der Aussichtslosigkeit. Du musst bereit sein, immer gleich an das Schlimmste zu denken und aufkeimende Emotionen so auszubauen, dass sie sich in jeder Zelle genüsslich ausdehnen und am besten gleich die Herrschaft über deinen ganzen Körper übernehmen. Um das Drama größer und größer werden zu lassen, darfst du keinesfalls Licht ins Dunkel bringen und du musst einen großen Bogen um Menschen machen, die nichts anderes im Sinn haben, als dich aus dieser Sackgasse zu befreien. Am besten begegnest du diesen Menschen – solltest du sie überhaupt wahrnehmen – mit Misstrauen und Ablehnung. Das Drama hält dich lebendig und stellt dich in den Mittelpunkt. Du bist das Drama, du hältst dich lebendig und du stellst dich in den Mittelpunkt. Und du machst immer weiter damit, denn wenn du aufhörst, was kommt dann? Was oder wer kann dir sonst so stark das Gefühl vermitteln, dass es dich gibt?

Willst du aus dieser Inszenierung aussteigen, akzeptiere, dass du das Drama in dein Leben bringst und dass du einen hohen Gewinn davon hast. Ist dir der Gewinn bewusst – zum Beispiel, dass du von den Menschen wahrgenommen wirst –, weißt du auch, was du wirklich willst: Du willst wahrgenommen werden. Du weißt dann, wofür du so viel Aufwand betreibst, und du beginnst zu ahnen, dass es auch einen kürzeren und leichteren Weg dorthin geben muss.

Du kannst wählen, welchen Weg du nimmst – den langen, aufwendigen mit einem relativ geringen Output gemessen am Input. Den kurzen, unspektakulären, aber umso wirksameren Weg, indem du dir das wünschst, was du wirklich willst: wahrgenommen werden. Nimm dich also „ernst", was deine wahren Wünsche anbelangt. Konzentriere dich darauf, zu erschaffen, was du wirklich willst, frei und leicht und ohne dafür einen Preis zu zahlen. Bestätige, dass es darum geht, zu wollen und in Freiheit und Freude zu leben, und dass das der einzige Sinn ist, der dieses Leben lebenswert macht.

Erzählst du zum Beispiel deiner Freundin zum wiederholten Male, dass dein Mann schon wieder mit eurer Nachbarin geflirtet hat und du „tatenlos zusehen musstest", dann erzeugst du Schmerzen in deinem Herzen. Du tust dir weh. Spürst du hinter diesen Schmerz, fühlst du eine tiefe Berührtheit. Das, was dir also „gut tut", wenn das Drama seinen Lauf nimmt, ist der Kontakt mit dir selbst und somit der Beweis, dass es dich gibt. Nach diesem Gefühl des Lebendigseins sehnst du dich in deinem Leben und das – selbstverständlich – verbunden mit wohltuenden Erfahrungen. Die Schmerzen sind eine unerwünschte Nebenwirkung vom Umweg über das Drama, sie sind der Preis, den du für diese Art der Selbstwahrnehmung zahlst.

Niemand kann dich zwingen, „tatenlos zuzusehen" und in einem Stück mitzuspielen, das dir nicht gefällt. Hinter so einer Vorstellung stehen alte Glaubenssätze. Du bist frei, zu tun und zu lassen, was du willst. Soll sich das manifestieren, worauf du wirklich Lust hast, bestätige es, indem du zu dir sagst: „Ich will mich lebendig fühlen, das ist es, was ich will. Ich wünsche mir eine Beziehung, in der…" Mach dir bewusst, was du willst, und artikuliere es. Willst du die ersehnte Lebensqualität noch intensiver spüren, dann gehe einen Schritt weiter und nimm mit einem tiefen Atemzug den Satz „Ich bin die Lebendigkeit" ganz in dir auf. Welche Handlung oder welches Bühnenstück sich auch immer aus dieser Grundstimmung in dir ergibt, es wird dir Freude am Spiel bringen, viele bunte, neue Spiele, für die es sich tausendfach lohnt, die Beziehung zum Drama für immer aufzulösen.

ROLLEN SPIELEN NICHT

„Ich tät` der Prinz sein und du die Prinzessin. Ich tät` dich küssen und du tätst mir deine Hand geben. Wir täten heiraten und viele Kinder bekommen, und dann täten wir alle glücklich sein…" Worauf freuen sich Kinder und Jugendliche am meisten? Worauf bereiten sie sich mit großer Leidenschaft und Hingabe vor? Warum haben sie oft das Gefühl, dass die Zeit viel zu langsam vergeht? Was verbinden sie mit dem ersten Jugendverbot-Film? Mit dem Führerschein? Endlich anzukommen in dem Land, wo Milch und Honig fließt. Endlich frei. Endlich selbstbestimmt. Endlich erwachsen.

Und dann ist es so weit. Mit dem Führerschein in der Tasche sehen sie sich um in der neuen Welt. Wo ist der Prinz? Wo ist die Prinzessin? Wo ist die Liebe? Was ist nur mit ihnen geschehen? Alles erscheint so kompliziert. So verwirrend. Die Welt entpuppt sich als eine Welt der Männer, der Frauen, der Mütter, der Töchter, der Väter, der Manager, der Politiker, der Tierfreundinnen, der Autofahrer, der Unterhalter, der Alleskönnerinnen, der Versager, der Mutigen, der Schwachen. Eine Welt voll von Rollen: kleine und große, wichtige und unwichtige, leichte und schwere. Und womit sind sie alle verbunden? Mit Erwartungen.

Wie wird man nun ein vollwertiges Mitglied dieser Welt? Angenommen, du willst es. Was ist zu tun? Zuallererst solltest du alles wichtig nehmen, egal, ob du es verstehst oder nicht, egal, ob es sich gut anfühlt oder nicht. Wenn du dich dann verwirrt fühlst, dann solltest du davon ausgehen, dass es an dir liegt. Achte jedoch trotz alledem darauf, keine Fragen mehr zu stellen, sondern nur mehr Antworten zu geben, wenn es sein muss, auch nach dem Motto „Man muss es nicht wissen, man muss es nur behaupten können.". Gründe eine Familie mit der attraktivsten Frau dieser Welt oder mit dem attraktivsten Mann dieser Welt. Empfange 1,5 Kinder. Ernähre sie gesund nach den neuesten wissenschaftlichen Erkenntnissen. Erziehe sie zu rechtschaffenen Menschen. Baue ein Haus größer und schöner als das deiner Nachbarn, pflanze einen Baum. Erwecke das Vertrauen deiner Kreditgeber. Liebe und ehre deine Frau und deinen Mann, bis dass der Tod euch scheidet. Denk positiv und fahre mit einem fröhlichen Lied auf den Lippen täglich zur Arbeit. Schau jünger aus, als du bist. Achte darauf, dass du täglich mindestens einmal guten Sex hast. Sei schlank und jogge viermal die Woche mindestens 30 Minuten. Lies ein gutes Buch pro Woche und sei rundum glücklich, weil du deine Lebensaufgabe gefunden hast.

Sollte dir das eine oder das andere nicht so perfekt gelingen, dann behalte es bitte für dich und bemühe dich, zumindest den Schein zu wahren. Das ist wichtig, damit du die anderen, die sich auch in diesem Programm befinden, nicht irritierst. Diese Welt ist voll von Rollen und Erwartungen. Bei der Übernahme von Rollen – wie zum Beispiel der „Mutter" oder des „Vaters" – tauchen oft Gedanken auf wie „Jetzt ist das sorgenfreie Leben vorbei. Der Ernst des Lebens beginnt. Ich bin ja schließlich und endlich nicht mehr nur für mich alleine verantwortlich."

Wenn wir glauben, ein Programm zu brauchen, um unser Leben zu gestalten, dann sind wir nicht in Kontakt mit UNS. Zu erleben, dass sich auch viele andere an einem Programm festhalten, beruhigt, aber es vermittelt keine dauerhafte Sicherheit. Und tief in uns gibt es eine Stimme, die immer wieder fragt: „Kann das wirklich alles gewesen sein?" Meldet sich diese Stimme auch in dir, kennst du ziemlich sicher die Antwort: „Nein, das ist nicht alles. Da gibt es noch viel, viel mehr." Vorstellungen darüber, wie das Leben sein soll, hast du schon, seit du drei oder vier Jahre alt bist. Damals haben deine ersten Erfahrungen mit „richtig und falsch" bereits zu einfachen, aber wirksamen Bildern über „das Leben" geführt. Die Erwachsenenwelt hat sie dir vermittelt.

Viele Menschen laufen heute noch mit diesen Bildern herum und handeln auch danach. Ja, ganz oft steht emotional gesehen ein Vierjähriger vor dir, wenn er von seinem Management-Job nach Hause kommt und wütend wird, weil das Essen noch nicht auf dem Tisch steht. Dass das möglich ist, zeigt auch, dass Rollen nichts Authentisches sind, denn wenn du eine Rolle übernimmst, spielst du Leben, aber du bist es nicht. Schaust du Kindern bei ihren Rollenspielen zu, kannst du das deutlich sehen: „Ich tät` der Mann sein und du tätst die Frau sein. Ich tät` am Abend müde nach Hause kommen und tät` ein Essen haben wollen..."

Wenn du noch mehr von den Kindern lernen willst, dann beobachte sie dabei, wie neugierig sie sind, wie schnell sie lernen, wie genau sie wissen, was sie wirklich wollen und welche Freude sie daran haben. Sie erforschen mit nie enden wollender Neugierde die Welt, tanzen von einem Wunder zum nächsten und sind punktgenau mit ihren Wünschen verbunden. Unschuldig und frei. Ganz sie selbst. Das Einzige, das sie dabei wirklich behindern kann, sind die Erwartungen der Erwachsenen: Kinder sollen…, Kinder dürfen nicht…, Kinder müssen...

Willst du aus diesem „Erwachsenen-Programm" aussteigen, solltest du das radikal tun und alle Rollen auflösen. Solange du dir nur eine behältst, bleiben die Regeln des Programms noch wirksam. Rollen sind wie Krücken. Sie sind hilfreich, solange du noch nicht alleine gehen kannst. Begegnest du allen Menschen frei und auf gleicher Augenhöhe, weißt du, was du willst und was du kannst. Du brauchst dafür keine Regeln mehr. Alles, was du brauchst, ist ein guter Zugang zu deinem Herzen und zu deinen Gefühlen. Lebst du authentisch und ursprünglich und drückst aus, was im Augenblick da ist, löst sich das „Denken in Rollen und Erwartungen" von alleine auf.

Mach dir bewusst, dass die meisten Menschen, denen du begegnest, noch aus dem Repertoire der Dreijährigen oder des Vierjährigen schöpfen, auch wenn oder gerade weil sie ihre Lektionen gut gelernt haben. Die meisten emotionalen Aus- oder Einbrüche haben ihren Ursprung in diesen ersten Jahren, was den Betreffenden meist jedoch nicht bewusst ist. Wenn du dir das Verhalten eines Gegenübers nicht erklären kannst und es dich erstaunt, erschreckt, verwirrt, dann gehe davon aus, dass dir gerade der Dreijährige gegenübersteht, der Angst hat, dass ihm etwas Schlimmes passieren könnte. Eine Angst, die aus alten Erfahrungen in einer Zeit resultiert, in der er sich nicht dagegen wehren konnte, weil er zu klein und zu jung war und abhängig davon, dass ihn jemand unterstützt.

Schau dahinter, auf das, was wesentlich ist, und lass dich nicht von vordergründigem Verhalten ablenken. Verlasse dich darauf, dass alle Menschen Menschen wie du und ich sind. Keiner und keine steht so über den Dingen, dass er oder sie völlig frei ist von menschlichen Bedürfnissen und Herausforderungen. Weil du „Menschen" gewählt hast, begegnen dir menschliche Erfahrungen. Wenn du engelsgleiche oder froschartige Erfahrungen hättest machen wollen, dann hättest du „Engel" oder „Frosch" gewählt. Fühl dich frei, das zu leben, was du gewählt hast, und schöpfe alles aus, was an kreativen und wohltuenden Erfahrungen möglich für dich ist. Lade auch andere dazu ein und lass dich nicht festhalten oder hinunterziehen von alten und schweren „So-muss-es-sein-Geschichten".

Getraue dich, alle Rollen abzulegen. Wenn du ganz du selbst bist und im Augenblick lebst, dann zeigt sich das, was zu tun ist, ganz von alleine. Hast du gewählt, einem Kind ins Leben zu helfen und es so lange zu begleiten, bis es alleine weitergehen kann, dann hast du dich dafür entschieden. Es ist dein Herzenswunsch und du selbst willst diese Erfahrung machen. Du willst dich freuen, wenn du am Morgen deine Augen aufmachst und in die Augen deines Kindes blickst. Du willst staunen, was alles möglich ist, wenn du Wünsche deines Kindes erfüllst, an die du dich selbst nicht einmal zu denken getraut hast. Du willst dich davon überraschen lassen, wie es sich anfühlt, im Sand zu wühlen und Burgen zu bauen, eine Prinzessin zu sein und zaubern zu können. Das ist es, was du erfahren willst, und vieles darüber hinaus. Sei dir selbst dankbar, dass du dir selbst „Kind-Sein" schenkst, und vertraue darauf, dass dein Kind dich gewählt hat, um von dir begleitet zu werden.

BEZIEHUNGSFÄHIG

In Beziehung zu sein – du mit dir oder mit anderen Wesen, mit der Erde, mit dem Himmel, mit deinen Lebensthemen – ist ein Ausdruck deines Potentials, deines Daseins. Es ist eine Illusion, zu denken, dass du deine Verbundenheit mit anderen auflöst, wenn du deine Rollen hingibst. Du bist immer mit allem verbunden, und die Wahrnehmung dessen geht über die Liebe zu DIR. Indem du dich selbst spürst, fühlst du auch die Verbundenheit mit allem, was ist. Wenn du das überprüfen willst, nimm dir die Zeit, einem Gegenüber in die Augen zu schauen – egal, ob „real" oder nur in deiner Vorstellung – und deinen Körper dabei wahrzunehmen. Kannst du fühlen, wie die Energie dich durchfließt? Kribbelt und krabbelt es auf deiner Haut? Werden die Schmetterlinge in deinem Bauch lebendig? Wie auch immer du diesen Augenblick erlebst, es macht einen Unterschied zur Fokussierung auf dich selbst. Wenn du durch den Wald gehst, die Blumen riechst und dich über die Lichtspiele in den Ästen der Bäume freust, dann nimmst du wahr, dass du mit dem Wald verbunden bist. Beziehung ist, Beziehung musst du nicht machen.

Nimmst du diese Verbundenheit wahr, fühlst du dich lebendig. Nimmst du sie nicht wahr, trennst du dich mittels Gedanken von dem, was ist. Du bist es, der und die wählt, ob du dich dem öffnest, was ist. Wählst du die Illusion, getrennt zu sein, fühlst du dich einsam und verlassen, abgeschnitten vom Rest der Welt und arm. Mach dir bewusst, dass diese Erfahrung deine Wahl ist. Nichts und niemand treibt dich in diese Sicht der Welt. Und wie immer hattest du einen guten Grund dafür, doch der spielt jetzt keine Rolle mehr. Vor allem dann nicht, wenn du ein Leben in Freiheit und Freude führen willst und du dieses Buch gewählt hast, dich dabei zu begleiten.

Du willst dich verbunden und gut aufgehoben fühlen in dem Experiment, das du „mein Leben" nennst? Die Art und Weise, wie du deine Beziehungen gestaltest, soll dich bereichern und dich glücklich und zufrieden machen? Dann solltest du zuallererst alle Gedanken und Vorstellungen verabschieden, die dich von dir und der Welt trennen. Du bist ein Teil des Ganzen. Öffne deine Augen und deine Ohren und fühle die Verbundenheit. Leben ist Verbundenheit, Leben ist Beziehung. Also ist die Angst, dass es nicht so sein könnte, nur ein Gedanke und als solcher im Laufe deines Lebens entstanden. Dein Herz und dein Verstand sind oft getrennte Wege gegangen und standen dir nicht als Team zur Verfügung. Das hat dann immer wieder zur Vorstellung geführt, du bestündest aus lauter Einzelteilen.

Da fast alle Menschen in irgendeiner Form Erlebnisse hatten, die zu einem subjektiven Gefühl des Getrenntseins geführt haben, befindest du dich in guter Gesellschaft. So entstehen und entstanden auch Beziehungen zu anderen Menschen, die auf Regeln, Ritualen und Gesetzen basieren und sich ganz und gar nicht frei anfühlen. „Treue", „Vertrauen" und „Pflicht" sind nur eine Auswahl von Begriffen, mit denen versucht wurde und wird, Beziehungen mit Hilfe äußerer Absicherung glücklich und erfolgreich werden zu lassen.

Jede Beziehung ist zuallererst davon geprägt, welche Beziehung du zu dir selbst hast. Liebst du dich oder stehst du dir selbst kritisch gegenüber? Fühlst du dich gut aufgehoben auf dieser Erde und bist du gut in Kontakt mit allem, was ist? Hast du Bilder in dir von Beziehungen zu anderen Menschen, die dir zeigen, dass du frei sein kannst und in Beziehung, oder sind es Bilder, die dir vermitteln, dass du deine Freiheit für eine Beziehung aufgeben musst?

Bist du ganz DU, lebst du, wie du leben willst, und liebst du dich selbst so, dass du niemanden „brauchst", dann bist du frei für Beziehungen, so wie du sie dir wünschst. Bist du bei dir zu Hause, kannst du Gäste empfangen. Ziehst du wie eine Nomadin von einem Ort zum anderen und hinterlässt keine Post, bleibst du unerreichbar.

Die Kunst, erfüllende Beziehungen zu leben, besteht darin, sich selbst in einer Beziehung nicht aufzugeben, sondern sich hinzugeben. Eine gute Idee ist es auch, das Mit-anderen-Sein nicht mehr „Beziehung" zu nennen, sondern zum

Beispiel „Begegnung", damit sich alte Glaubenssätze leichter auflösen können. Genauso sinnvoll kann es auch sein, den Begriff „Freundschaft" umzuwandeln. Das erkennst du ganz leicht daran, wenn du dir vorstellst, an welche Rituale und Abläufe deine derzeitigen Freundschaften geknüpft sind. Gut nachvollziehbar ist das auch beim Begriff „Partnerschaft" und den dazugehörigen Rollen wie „Ehemann", „meine Frau", „der Gatte", „die Geliebte",...

Wählst du neue Kreationen, löst sich auch die Notwendigkeit von Absicherungen wie „Treuegelöbnis", „Vertrauen in das Gegenüber" und dergleichen mehr auf. Die Qualität der Begegnungen wird bestimmt von den Herzenswünschen der Beteiligten, von der Freiheit und der Freude am gemeinsamen Gestalten. Sich neu zu begegnen bedeutet, gemeinsam zu schwingen und sich auszudehnen in dem, was im Augenblick geschieht. Es bedeutet, sich eigenverantwortlich und authentisch einzubringen und bewusst zu wählen. Auch wenn es dann vielleicht heißt: „Ich ehre dich, ich würdige dich und jetzt biege ich links ab. Leb wohl!" Was miteinander schwingt, schwingt miteinander, und was nicht miteinander schwingt, tut es nicht. DEINES kommt immer wieder zu dir zurück, Gegenstände, Ereignisse, Menschen. Du kannst niemanden zwingen, mit dir zu schwingen, doch du kannst sehr wohl alle dazu einladen, die du einladen willst.

MEINST DU MICH?

Kennst du das: Du triffst eine oder mehrere Personen, man unterhält sich und du spürst den Drang in dir, etwas sagen zu müssen. Während du den anderen zuhörst, formuliert sich in dir eine Meinung, die deinen Standpunkt dazu beschreibt. Möglicherweise hast du eine solche aber auch schon zu dem Gespräch mitgebracht. Zum Beispiel der Klassiker: „das Wetter". Dein Gegenüber sagt: „So einen Sommer habe ich noch nie erlebt. Ständig regnet es. Das kann doch nicht normal sein. Sicher hat das etwas mit der Erderwärmung zu tun." Du antwortest: „Ja, schrecklich!", wenn du auch dieser Meinung bist, oder: „So schlimm ist das auch wieder nicht. Bereits im letzten Jahrhundert gab es einige Sommer, die noch kälter und verregneter waren als dieser.", wenn du die Meinung vertrittst, dass man doch nicht alles auf die Erderwärmung schieben kann.

Sollten dich solche oder ähnliche Gespräche irritieren und du dich fragen, warum das so ist, dann ist es Zeit, dahinter zu schauen. So wie immer, wenn wir etwas Bestimmtes wahrnehmen, gibt es auch hier einen Vordergrund und einen Hintergrund des Geschehens. Vordergründig geht es um den Austausch von Informationen, im besten Fall um Informationsgewinn. Hintergründig geht es oft um das Bedürfnis nach Verbundenheit und Anerkennung, um den Wunsch nach Sicherheit. Das sage ich jetzt einfach so und beziehe mich damit auf Gesprächssituationen, in denen du dich nicht wohlfühlst. Fühlst du dich wohl, dann erlebst du ein Gespräch als bereichernd und bist ganz dabei.

Meinungen prägen unseren Umgang mit Geschehnissen des Alltags und sie dienen uns – ganz besonders in als unsicher erlebten Zeiten – als Wegweiser. Eine Meinung bewertet, sie beurteilt eine Wahrnehmung. Wie soll ich das verstehen? Wo soll ich es einordnen? Was ergibt sich daraus? Was ist im schlimmsten, was im besten Fall zu erwarten? Parteien leben davon, ebenso

Zeitungen, aber auch alle anderen Funktionen, denen Macht zugeschrieben wird. Nicht selten wird aus einer Beurteilung eine Verurteilung. Ein kluger Verstand könnte an dieser Stelle bemerken, dass schließlich auch das, was er hier liest, eine Meinung ist. Ein interessanter Aspekt. Inwiefern unterscheidet sich das, was ich in diesem Buch schreibe, davon, eine Meinung zu vertreten? Gibt es diesen Unterschied, und wenn, worin liegt er?

Dass der Austausch von Meinungen eine Bedeutung für sich haben kann, ist mir schon als Kind aufgefallen. „Miteinander-Reden" erlebte ich oft wie einen Kampf ums Überleben. Beobachtungen, wie der Zuhörende innerlich aufrüstete, um bei der nächsten Atempause des Gesprächspartners seine Meinung abzuschießen, bestätigten meine Hypothese. Was mich in diesem Zusammenhang besonders schmerzte, war die Konfrontation mit Meinungen, die sich die Menschen über mich gebildet hatten. So sehr ich auch versuchte, mich davon zu befreien, es gelang mir nicht. Meine Umwelt bestand darauf, dass ich „geizig, frech und zu frei" sei. Zugegeben, Meinungen über mich wie „attraktiv, beliebt und humorvoll" gefielen mir ganz gut, auch wenn ich ihnen weniger Macht gab als den unangenehmen Aussagen. Erst später machte ich die Erfahrung, dass Gespräche auch gemeinsames Wachstum bedeuten können. Diese belebenden und bereichernden Formen des Austausches taten mir so gut, dass ich mir mehr und mehr davon organisierte.

Ja, was ist nun aus meiner Sicht der Unterschied? Wie erlebe ich ihn? Beim Schreiben dieses Buches wandelte sich die Art meiner Informationsweitergabe von „so ist es richtig" zu „für mich fühlt es sich gut an". Hatte ich zu Beginn noch darauf geachtet, ob das Geschriebene wissenschaftlichen Kriterien und bestehendem Wissen standhalten kann, so konzentrierte ich mich immer mehr darauf, ob das, was aus mir kommt, mir selbst Freude bereitet. Meine Worte sehe ich als Träger dieser Energie, und was die Weitergabe meines Wissens anbelangt, so will ich damit ausdrücken: Alles ist möglich, probiere es einfach aus. Wir alle sind einzigartig. Indem ich darüber schreibe, was aus mir kommt, stelle ich meine Einzigartigkeit zur Verfügung. Du nimmst dir davon, was dich in deiner Einzigartigkeit unterstützt. So geben wir uns nicht unreflektiert der Dynamik von „Meinungen" hin, sondern bereichern einander mit unserem kreativen Potenzial. Aus der Ebene des „ICH bin es" wählen wir, was uns im Augenblick dient.

Wenn du willst, dass der Austausch mit anderen Menschen deinem persönlichen Wachstum dient, dann achte auf deine Gefühle, während du dich an einem Gespräch beteiligst. Fühlt es sich gut an und kannst du ausdrücken, was sich gerade in dir zeigt? Willst du wirklich einen Meinungsaustausch oder willst du lieber spazieren gehen, kochen, schweigen? Entfacht das Zusammensein das Feuer in dir? Stärkt es den Frieden in dir und um dich herum? Was auch immer in diesem Augenblick konkret geschieht, wesentlich ist die Energie, die dabei entsteht. Findet der Austausch aus dem „ICH bin es" statt, hebt er die Energie an und bringt Licht und Freude in die Welt. Ob du so tiefgehende Gespräche führst, ein Spiel spielst oder sogenannten „Smalltalk" machst, es gibt keinen Unterschied in der Art. Wesentlich ist, ob DU dabei bist oder nicht.

Willst du in Zukunft nur mehr Gespräche in dieser Qualität führen, dann mach dir bewusst, wie du dich dabei fühlen willst. Lass alle Meinungen über dich und diese Welt los und freue dich auf neue Perspektiven. Überrasche dich selbst und andere, indem du Unerwartetes machst. Wird dir zum Beispiel bewusst, dass du an einer bestimmten Stelle in einem Gespräch damit beginnst, Überzeugungsarbeit zu leisten, dann stoppe es ganz einfach. Sag gar nichts oder etwas ganz anderes und atme den ersten Impuls, die Gewohnheit aus. So wird es für deine Umgebung auch zunehmend schwieriger, sich an einer Meinung über dich festzuhalten.

Psychologisch gesehen gibt es viele gute Gründe, warum wir dazu neigen, Meinungen zu vertreten. In vielen Büchern findest du Abhandlungen davon. Das, wozu ich dich einlade, ist, hinter deine Gewohnheiten zu schauen. So wirst du dir deiner selbst bewusst und nimmst wahr, was du wirklich willst. Stell dir vor, du triffst einen bestimmten Menschen und du bist ganz frei. Du bist einfach „nur" da. Nimm wahr, was diese Vorstellung in dir auslöst und wie es sich anfühlt. Worauf hast du Lust? Was geschieht vor deinem geistigen Auge? Sollte sich etwas unangenehm anfühlen, dann fühl dich frei, es so zu verändern, dass es sich gut anfühlt. Getraue dich. In deiner Vorstellung ist alles möglich, wenn du es dir erlaubst. Hast du dann eine Szene kreiert, die sich rundum gut anfühlt, dann bestätige diesen Wunsch mit einem tiefen Atemzug. Vertraue darauf, dass deine Ausrichtung hochwirksam ist.

Sollten in diesem Zusammenhang Ängste in dir auftauchen, wie zum Beispiel „für dumm gehalten zu werden" oder „in der Einsamkeit zu versinken", dann nimm sie ganz einfach an: „Da sind Ängste. So ist es." Erinnere dich daran, dass das Annehmen eines unangenehmen Zustandes die Tür zu deinem kreativen Dahinter öffnet.

Zeige dich. Drück aus, was du fühlst und was aus dir kommt. Wenn du das eine Zeitlang trainierst, dann erkennst du sehr schnell, ob das, was gerade geschieht, in deinem Sinne ist. Du machst dann auch die Erfahrung, dass andere Menschen in deiner Umgebung dankbar dafür sind, weil du einen neuen Wind in ihr Leben bringst und ihnen die Möglichkeit gibst, ihren Zugang zur Leichtigkeit zu öffnen. Das Neue kommt nie als sogenannter Mainstream in die Welt. Es entsteht aus kreativen Impulsen im Augenblick.

LUST AUF SCHEITERN

Als junge Frau hatte ich zum Wort „Scheitern" eine sehr zwiespältige Beziehung. Ich wollte alles richtig machen und die Menschen sollten mich dafür lieben. Allen voran meine Mutter. „Enttäusch mich du nicht auch noch!" Diese Aussage trieb mich zu Höchstleistungen an und ich übertrug sie auf alle Menschen, mit denen ich zu tun hatte. Doch mein Erwartungserfüllungs-Projekt stellte sich als die reinste Sisyphusarbeit heraus. Kaum hatte ich an dem einen Ende ein Missverständnis aus der Welt geschafft, wurden vom anderen Ende her Stimmen laut, die an der Wohlgesinntheit meiner Worte und Taten zweifelten. Trotz all dieser gutgemeinten und zeitraubenden Bemühungen wurde ich eines Tages mit einem derart absurden Gerücht über mich konfrontiert, dass ich beschloss, dieses Projekt schlagartig zu beenden. Genug der Anpassung: „Entweder die oder ich!", dachte ich mir und die Entscheidung fiel mir leicht: „Ich".

Mir wurde bewusst, dass niemand ein Interesse daran gehabt hatte, mich so zu sehen, wie ich gerne gesehen worden wäre. Alle waren wohl ähnlich wie ich damit beschäftigt, Erwartungen anderer zu erfüllen und sich einen anerkannten Platz in der Gesellschaft zu verschaffen. Mit meinem Ziel, von den anderen dafür geliebt zu werden, dass ich ihren – von mir selbst auf sie projizierten Erwartungen – gerecht wurde (das war tatsächlich so kompliziert, wie es sich jetzt liest), war ich also gescheitert. Wie kam es dazu?

Hast du zum Beispiel das Ziel, von bestimmten Menschen anerkannt zu werden, und teilst du ihnen das nicht mit, weil es dir peinlich ist, machst du dir Vorstellungen davon, wie es sein sollte: bestimmte Worte, bestimmte Taten, bestimmte Gefühle. Du erfüllst deinen Part und dann wartest du und beobachtest die Beteiligten. Du wartest und wartest. Endlich entdeckst du einen

Anflug von dem, was du dir vorgestellt hast, doch gleich ist es wieder weg. Wieder nichts. Enttäuschung macht sich breit.

Was läuft schief? Dein Verstand entwirft einen Plan zu deinem Glück. Du hältst dich daran und du scheiterst. Dein Verstand kritisiert dein Scheitern und bestraft dich dafür, dass du seiner Einladung gefolgt bist. Ist doch verrückt, oder?

Um diese paradoxe Situation aufzulösen, empfehle ich dir, die Gedanken zu Ende zu denken. Nimm dazu zum Beispiel Menschen, die dir wichtig sind, und schreib auf, was diese sich von dir erwarten, beziehungsweise, was du glaubst, dass sie sich erwarten. Wenn du willst, kannst du auch noch dazuschreiben, was du von ihnen erwartest. In gewisser Weise ist das nämlich dasselbe. Beachte dabei bitte, dass auch die Haltung „Ich erwarte nichts." eine Erwartung ist, denn das Gegenteil ist noch nichts Neues. Stell dir anschließend vor, wie du eine Erwartung nach der anderen erfüllst. Mach dir auch das Ausmaß an Zeit und Raum dafür bewusst. Welches Bild von dir entsteht so? Welche Gefühle und welche Gedanken löst es aus?

In der Psychologie spricht man in diesem Zusammenhang von sogenannten „inneren Antreibern", die unsere Handlungen bestimmen: Immer schöner, immer gescheiter, immer besser wollen wir sein. Perfekt. Alles, nur bitte nicht scheitern. Mit dieser Angst im Gepäck treibt es uns zu immer größeren Höchstleistungen. Vor einiger Zeit wurden beim Lesen einer Biographie über Peter Handke uralte Erinnerungen in mir wach und die Schwere legte sich wie eine nasse Schafwolldecke über mich. Trotz verständnisvoller und vernünftiger Gedanken wurde ich dieses unangenehme Gefühl nicht los. Dann tauchte zu meiner Überraschung während des Abendessens eine Frage in mir auf: „Was würdest du tun, wenn du in diesem Zustand als Clown auf der Bühne stehst?" In mir formte sich sofort eine Szene: Ich stehe in meinem Clown-Outfit verunsichert im Scheinwerferlicht und versuche Haltung zu bewahren. Aufkeimende Gefühle schiebe ich immer wieder weg. Schwerstarbeit. So stehe ich eine Zeitlang herum und dann geht es plötzlich los: Ich beginne in meiner Vorstellung zu jammern und schreie dann letztlich meinen Schmerz über eine Welt voll von Leiden und Gewalt hinaus in den Raum. Drei, vier Sekunden lang. Die Befreiung findet im Augenblick statt. Ich bin wieder ICH.

Ist das nicht ein inspirierendes Beispiel dafür, wie sehr wir uns auf unser kreatives Potential verlassen können und wie schnell Heilung geschieht, wenn wir uns ihr öffnen? Mich erstaunt es immer wieder, auf welchen Wegen die Angebote dazu auf uns zukommen. Höchst kreativ und sehr überraschend.

Das Scheitern ermöglicht uns, neue Räume zu betreten, in denen unterstützende Impulse für die Reise zu UNS warten. Das Scheitern mit allen Mitteln verhindern zu wollen, treibt uns immer mehr in die Enge. Mit den Erwartungen ist es dann so wie mit dem Esel, dem man eine Karotte vor das Maul hängt, um ihn zum Weitergehen zu bewegen. Sie erfüllen sich nicht. Mache dir wieder und wieder bewusst, dass das, worum es letztlich geht, das Wohlgefühl ist. Entdecke deine Lust am Scheitern, lass dich Fehler machen und befreie deine Freude am Leben.

UNVERGLEICHLICH BRILLANT

„Spieglein, Spieglein an der Wand, wer ist die Schönste im ganzen Land?"
Bist du es? Ja? Dann brauchst du keinen Vergleich zu scheuen. Oder doch?
Wenn wir uns an die Antwort des Spiegels im Märchen „Schneewittchen"
erinnern, dann können wir uns dessen nie sicher sein: „Frau Königin, ihr
seid die Schönste hier. Aber Schneewittchen ist tausendmal schöner als ihr."
Die Königin ist geschockt von dieser Antwort, sie wird „gelb und grün vor
Neid" und das Drama nimmt seinen Lauf. Ein schmerzvoller Wettbewerb.
Nur im Märchen?

Wer kennt das leidvolle Sichvergleichen nicht? Willst auch du diese Disziplin
beherrschen, dann beobachte vor allem diejenigen, die alles haben, was du
nicht hast, alles sind, was du nicht bist, und alles können, was du nicht kannst.
Lass diese Gedanken sich von deinem Verstand ausgehend im ganzen Körper
ausbreiten. Lege sie am besten für immer in einem Archiv deines Gehirns an.
Für alle Fälle. Taucht eine ähnliche Situation in deinem Leben wieder auf,
sind auch sie – wie von selbst – wieder da: „Weißt du noch? Du bist nichts,
du kannst nichts, du schaffst das nie…" Fühlst du dich schlussendlich klein
und unbedeutend, dann hast du alles richtig gemacht.

Am besten kannst du überprüfen, ob sich diese Strategie schon gut in dir
verankert hat, wenn du zum Beispiel einen Saal mit – sagen wir – hundert
Menschen betrittst. Findest du auf Anhieb die eine Person, die in deinen
Augen „perfekt" ist? Die, die all das verkörpert, was du nicht bist? Die du
nach der Veranstaltung im Geiste mit nach Hause nimmst, damit sie dich
auch dort noch unterhält? Kannst du alle Fragen mit „Ja" beantworten, hast
du die Meisterschaft in dieser Disziplin erlangt. Ein ganz speziell trainierter
Verstand hat dich dabei unterstützt. Einer, der dich erst gar nicht auf die Idee

bringt, dass zusätzlich zu der einen Person noch 99 Menschen im Raum sind, die in seinen Augen offensichtlich nichts Besonderes sind.

Was steckt hinter dieser Disziplin? Was macht sie für viele so attraktiv? Psychologisch gesehen gibt es dazu viel zu sagen. Wenn du an diesem Wissen interessiert bist, dann liest du am besten in einschlägigen Werken nach. Besteht dein vorrangiges Interesse jedoch darin, dieses Hindernis zu wandeln, dann geht das umso schneller, je weniger du darüber weißt. Alles, was du wissen musst, um es zu verändern, ist, dass es dafür einen guten Grund gibt. So bestätigst du, dass es ist, wie es ist, und dass du daran nicht mehr festhalten musst, um zu dem zu kommen, was du wirklich willst: einen guten Platz in einer neuen Welt, eine frei gewählte Identität, tiefes Vertrauen in DICH, Lebensfreude pur.

Das, worum es – sachlich gesehen – beim Vergleichen geht, ist die Wahrnehmung von Unterschieden. Unterschiede beleben die Sinne. Sie machen das Leben bunt und reich. Sie unterstützen uns dabei, uns bewusstzumachen, was wir wollen. Deine Wünsche bestimmen den Fokus deiner Aufmerksamkeit und du bestimmst, was du aus deinen Beobachtungen machst. Daher bestimmst auch du, was du aus einem Vergleich machst: Lässt du zu, dass er dir weh tut, oder nützt du ihn, um eine erwünschte Veränderung herbeizuführen? Dieser Unterschied macht den Unterschied und er ist wesentlich.

Du bist etwas ganz Besonderes, einzigartig und unvergleichlich. Der Versuch, so sein zu wollen wie ein anderer oder wie eine andere, muss daher unweigerlich scheitern. Das geht ganz einfach nicht. Du bist DU. Du wählst. Du wählst, wo du deine Aufmerksamkeit hingibst und womit sich dein Verstand beschäftigt. Selbstverständlich interessieren wir uns für andere Menschen und selbstverständlich beobachten wir, was sie tun und wie sie aussehen. Freudvolles Miteinander trägt einen wesentlichen Teil zur Lebensfreude bei.

Wenn du dich zum Beispiel für jemanden interessierst und wenn diese Begegnung deinem Wachstum dienen soll, dann gehe davon aus, dass das Beobachtete zuallererst etwas mit dir selbst zu tun hat. Was genau weckt dein Interesse an dieser Person? Was gefällt dir? Was gefällt dir nicht? Suche dann – unabhängig von deiner Bewertung – nach dem, was diese Beobachtung mit dir zu tun hat. Was willst du? Was willst du nicht? Sei sicher, dass immer ein Wunsch dahinter steckt. Zum Beispiel: „Der Mann hat schöne lange Haare. Das gefällt mir. Vielleicht sollte ich meine Haare auch wieder wachsen lassen." Oder: „Mein Gott, diese Frau kann reden. Hört die denn gar nicht mehr auf? Bin ich froh, dass ich nicht mehr so viel rede. Das ist ja ganz schön anstrengend." Oder: „Susi hat ihr Studium abgeschlossen und hat jetzt einen tollen Job. Ja, genau, das ist es: Ich will auch mein Studium abschließen."

Sollte dir jetzt bewusst geworden sein, dass du eine Meisterin oder ein Meister in der schmerzvoll vergleichenden Lebensgestaltung bist, dann fehlt dir mit hoher Wahrscheinlichkeit etwas sehr Wesentliches: die Liebe. Die Liebe zu dir selbst. Es ist eine sehr gute Idee, dich rundum satt zu machen mit Liebe, von Liebe, aus Liebe. Und das Beste daran: Du nimmst körperlich nicht zu. Wie immer geht auch hier der schnellste Weg über den Atem: ein paar Atemzüge in dein Herz, die du mit dieser Qualität oder mit Worten wie „Ich liebe mich" verbindest. Auch die Dankbarkeit für dich selbst, für das, was du dank deiner Fähigkeiten riechst, schmeckst, siehst, hörst, fühlst, ist wunderbar sättigend. Liebe dich in guten wie in schlechten Zeiten so, wie du es mit einem geliebten Menschen machst. Diese Beziehung herzustellen erfordert meist eine Art Training. Und wie bei einem Training gelingt es immer besser, je öfter wir trainieren. Du kannst dieses Training auch noch mit Erlebnissen verstärken, die du ausschließlich dir zuliebe herbeiführst: ein Kinobesuch, ein Tanz, ein Lied, eine Meditation, ein warmes Bad, eine Rose, ein Rendezvous mit der Sonne,…

MACHTLOS FROH

„Kämpfe um dein Leben! Kämpfe für deine Überzeugung! Kämpfe für dein „Vaterland"! Kämpfe um deinen Partner oder um deine Partnerin! Kämpfe, kämpfe, kämpfe!" Denn schließlich ist das Leben ja „keine gemähte Wiese", sondern „wie eine Achterbahn", bei der „nur die Härtesten durchkommen und von denen auch nur 10%".

Die Vorstellung, dass es den Kampf braucht, um etwas zu erreichen, ist in dieser Welt so stark verankert, dass man sich ihr kaum entziehen kann. Die Ziele, die damit verfolgt werden, sind oft sehr unklar und verwirrend. Das Interessanteste für mich daran ist die Illusion, dass Kämpfen frei macht. Kampf bindet. Wenn du etwas bekämpfen willst, dann musst du dem Etwas deine Aufmerksamkeit schenken, du musst es an dich heranlassen und es festhalten – ob körperlich oder in Gedanken, macht dabei keinen Unterschied. Kämpfst du, willst du Recht haben, du willst dich verteidigen, du willst gewinnen, du willst dich „behaupten" (ein interessantes Wort). Jeder Kampf beginnt und endet in uns. Willst du frei sein, solltest du andere Wege wählen.

Meine Kindheit und Jugendzeit habe ich in einem Land verbracht, in dem die Erde getränkt war vom Blut eines sogenannten „Abwehrkampfes" und die Hirne voll von Begriffen wie „Ehre", „Vaterland", „Deutsch". Parolen und Denkmuster, die keine Unterschiede gelten ließen und immer wieder zum Kampf einluden, auch wenn die Zusammenhänge und der Sinn schon längst abhanden gekommen waren. Und wozu das Ganze?

Im Sudan gibt es Paviane, die in Großfamilien organisiert sind. Je ein männlicher Pavian steht einer großen Familie von weiblichen Pavianen vor. Wenn eine „Leitungsfunktion" frei wird, kämpfen die Männchen um den freigewordenen Posten, so lange, bis einer gewinnt. Dieses Ergebnis hat jedoch keinerlei Einfluss auf die „Jobvergabe". Wer tatsächlich Vorstand der Großfamilie wird, bestimmen die Weibchen, indem sie ganz einfach denjenigen in ihre Familie einlassen, den sie dort haben möchten.

Es ist eine Illusion, zu glauben, dass der Kampf ein sinnvoller und nützlicher Akt ist. Kämpfen ist eine Aktion für sich. Sie erfüllt einen Selbstzweck: gewinnen. Sieger sein! Der Inhalt tritt dabei oft in den Hintergrund. Der Kampf hat seine eigene Dynamik und seine eigenen Regeln. Er ist ein „Spiel", das grundsätzlich nichts mit dem, was erreicht werden soll, zu tun hat. Auch dass manche Menschen dieses Motto zu ihrem Lebensmotto machen, ändert nichts daran. Mit dem Kämpfen verhält es sich so wie in dem Witz: Ein Mann steigt in ein Taxi und antwortet auf die Frage des Chauffeurs „Wohin soll es denn gehen?" mit „Das weiß ich nicht, aber fahren Sie bitte schnell. Ich habe es eilig."

Wählst du den Kampf, wählst du eine Geschichte, die dich immer wieder beschäftigt und dein Leben in einem Ausmaß bestimmt, das weit über die Bedeutung eines Vorfalls hinausgeht. Warst du zum Beispiel in einen Unfall verwickelt, bei dem dir durch eine andere Person Schaden zugefügt wurde, dann wirst du vermutlich zuerst die rechtlichen Möglichkeiten ausschöpfen, die dir zur Verfügung stehen. Stellt sich dabei jedoch heraus, dass du einen langen Weg mit großem finanziellen Risiko gehen müsstest, um – vielleicht – zu gewinnen, dann solltest du innehalten und dir bewusstmachen, was du wirklich willst: kämpfen oder frei sein.

Wie kommst du heraus aus dieser Dynamik? Indem du zuallererst die Verantwortung für das, was dir geschehen ist, übernimmst. Nicht dafür, dass du einen Unfall herbeigeführt hast, aber dafür, dass du Teil dieser Geschichte bist, dass du zu dem Zeitpunkt an dem Ort warst. Ohne Bewertung. So war es. Punkt. Schau dann auf das Dahinter, auf das, was du dir wünschst. Entscheide dich für das, was dir dein Herz sagt, was immer es auch ist. Verzichte auf alles, was dein Verstand unter „Recht" und „Gerechtigkeit" eingespeichert hat für solche und ähnliche Vorkommnisse. Stellst du DICH und dein Wohlgefühl an die erste Stelle in deinem Leben, dann gibt es nichts, das wichtiger ist als deine Freiheit. „Verzeihen" ist in diesem Zusammenhang ein gutes Wort.

Verzeihen bedeutet loslassen in Liebe. Indem du dir oder jemand anderem verzeihst, lässt du die – meist schmerzvolle – Erfahrung los und stellst den Kontakt zur heilenden Energie der Liebe her. Dir ist dann auch bewusst, dass du damit in erster Linie dir selbst ein Geschenk machst.

Warum ist das Kämpfen so „beliebt", wo es doch so weh tun kann? Der Kampfdynamik zugrunde liegt ein Denken in Gegensätzen. Wenn nicht das eine, dann das andere. Entweder reich oder arm. Entweder gut oder böse. Entweder stark oder schwach. Will jemand also nicht als „schwach" gelten, muss er sich bemühen, „stark" zu sein. Er muss dann gegen seine Schwächen ankämpfen, um zumindest nach außen als stark wahrgenommen zu werden.

Eines Tages kam in meine psychotherapeutische Praxis eine ältere Dame. Es war das erste Mal, dass sie in ihrem mittlerweile fünfundsiebzigjährigen Leben eine Beratung aufsuchte. „Wissen Sie, ich habe mein Leben lang nach außen hin die Starke gespielt und da hat sich einiges angesammelt, worüber ich mit niemandem bis jetzt sprechen konnte. Ich möchte fünfmal zu Ihnen kommen und alles loswerden. Hören Sie mir einfach zu."

Das, was ein Gefühl der Stärke vermittelt, ist das Gefühl der Macht. Um sich selbst mächtig zu erleben, muss jedoch laufend die lauernde Angst vor der Ohnmacht „besiegt" werden. Das Spiel „Macht und Ohnmacht" funktioniert ähnlich wie das Schaukeln auf einer Wippe. An jedem der zwei Enden des Brettes sitzt eine Person. Gewicht und Krafteinsatz bewegen das Brett, das in der Mitte auf einem Ständer aufliegt. Ist einer oben, ist der andere unten. Ist der andere oben, ist der eine unten. Nur selten befinden sich beide im Gleichgewicht, was das Spiel allerdings auf Dauer langweilig werden lässt.

Die Macht lebt davon, dass es die Ohnmacht gibt. Das Eine lebt davon, dass es das Andere gibt. Aussprüche wie „Kein König ohne Volk" und „Stell dir vor, es ist Krieg und keiner geht hin." machen es deutlich. Das Gegenteil von etwas ist die zweite Seite derselben Medaille. Schön zu sehen ist das in der sogenannten „Entwicklungsphase der Pubertät". Der Weg hinaus aus der Familie in ein eigenständiges Leben führt vorbei am Sich-Distanzieren und am In-Frage-Stellen der elterlichen Lebensweise. Ein kategorisches Nein lässt über Nacht Grenzen entstehen, wo sich zuvor noch ein weites Land liebevoller

Zuwendung und kindlicher Bewunderung befand. Nichts geht mehr. Alles ist uncool und peinlich. Sinn und Zweck dieser menschlichen Übung ist das Sich-selbst-(Er)Finden. Und das in einem – noch – sicheren Rahmen.

Die Dynamik des Macht-Ohnmacht-Spieles kann hier sehr schön beobachtet werden, zumal es in dieser Lebensphase noch nicht darum geht, sich selbst vollkommen zu befreien. Das „So tun als ob" steht im Vordergrund. Die Pubertierenden wählen das Andere (Ablehnung, Revolution, Anderssein) und bleiben gebunden an das Eine (Eltern, das Herkömmliche). Sie brauchen das Eine, um das Andere zu leben. Das Gegenteil. Nur: Das Gegenteil ist noch nicht das Neue, es ist ein Mehr desselben. „Ich werde meine Kinder sicher ganz anders erziehen als meine Eltern. Bei mir bekommen sie täglich eine Tafel Schokolade und dürfen alles tun, was ihnen Freude macht." Und die Kinder dieser Kinder vertreten dann: „Meine Kinder bekommen keine Süßigkeiten. Sie bekommen meine Liebe. Ob sie wollen oder nicht."

Gegensätze bestimmen unser Leben: Ist das richtig oder falsch? Bin ich schön oder hässlich? Bin ich krank oder gesund? So entsteht der Eindruck, dass sich das Leben zwischen zwei Polen abspielt, ein Darüber-hinaus ist nicht vorstellbar und ein Dazwischen scheint keine Bedeutung zu haben. Das Spiel von Macht und Ohnmacht hat zwei Rollen zu vergeben: „Täter" und „Opfer". Du darfst raten, welche Rolle für welche Aufgaben zuständig ist. Im Grunde ist jedoch die Zuteilung der Rollen nicht wirklich zuverlässig. Denn unabhängig davon, auf welcher Seite man im Augenblick gerade steht, immer ist auch die gegenteilige Rolle präsent. Und das führt oft zu einem verwirrenden Verhaltensmix.

Vor einiger Zeit habe ich in einer Talkshow des österreichischen Fernsehens ein „Opfer" erlebt, dessen Verhalten mir kalte Angstschauer über den Rücken gejagt hat. Eine Frau, frisch getrennt von ihrem aus Afrika stammenden Ehemann auf der Suche nach Trost im öffentlich rechtlichen Raum. Die Ehe wurde wegen Lieblosigkeit des Mannes seit Beziehungsbeginn nach zehn Jahren geschieden. Die Frau schrie förmlich ihre Enttäuschung und die Vernachlässigung ihrer Person hinaus in die Welt und warf dabei mit vernichtenden Urteilen für ähnlich geartete Partnerschaften nur so um sich. Das Zuhören und Zuschauen tat weh, so heftig teilte diese Frau aus, so gewaltsam verteidigte sie ihre „Opferrolle".

Kein Täter ohne Opfer, kein Opfer ohne Täter. Das gilt für zwischenmenschliche Beziehungen genauso wie für innermenschliche. In deinem sogenannten „inneren Team" sind immer beide Rollen präsent, solange du dem Thema „Macht" in deinem Leben noch Raum gibst. Daher sind auch immer beide in Aktion, eine im Vordergrund und eine im Hintergrund, je nach Situation.

Willst du machtlos froh sein, akzeptiere, dass du alles sein kannst und nichts sein musst. Denn erst, wenn du beide Seiten der Medaille annimmst, nimmst du dich ganz an und kommst in Kontakt mit dem kreativen Potential in dir, das tief in dir schlummert und kein Gegenteil mehr hat. Es ist, was es ist. Dein Potential. Bereit, dir die Welt mit neuen Augen zu zeigen. Bereit, dich dabei zu unterstützen, alle Medaillen hinter dir zu lassen und so frei zu sein, dass du weder das eine noch das andere „brauchst". So frei, dass du alle Gegensätze und alle unbewussten Spiele sein lassen kannst.

Um die Gegensätze zu überwinden und neue, originelle Schöpfungen in dein Leben zu bringen, ist es unumgänglich, anzunehmen, dass du beide Rollen beherrschst. Als Opfer kannst du und darfst du nicht aktiv für dich eintreten. Das gehört nicht zur Rolle. Wirst du aktiv, wirst du zum Täter oder zur Täterin. Du setzt eine Tat. Schon richtig wütend zu werden, wenn dir jemand etwas angetan hat, weckt die Täterin in dir. Dies ist auch der erste Schritt zur Überwindung der Gegensätze, der erste Schritt zur Heilung. Genauso heilsam ist es, wenn ein Täter mit dem Opfer in sich in Kontakt kommt. Wer akzeptiert, dass beides in ihm oder in ihr ist, ist in der Lage, weiterzugehen. Solltest du aus diesem Spiel ganz aussteigen wollen, dann triff eine Entscheidung: „Danke, ich will nicht mehr. Ich stehe der Welt in keiner dieser Rollen mehr zur Verfügung. Mich gibt es nur mehr ganz oder gar nicht."

Und jetzt der ultimative Test zum Thema „Macht": Wie geht es dir mit der Vorstellung, dass du einmal sterben wirst? Was löst „der Tod" in dir aus? Wie viel Macht gibst du „ihm" noch über dein Leben? Ist er der Täter und bist du das Opfer? Schon alleine, indem du ihn ignorierst, gibst du ihm Macht über dich. Verdrängst du den Tod, musst du dich nicht wundern, dass dir das Leben abhandenkommt. Als mächtiges Wesen bist du auch Chef und Chefin über deinen Tod. Du hast dein Leben gewählt. Du hast den Körper und somit Materie gewählt. Materie hat einen Anfang und ein Ende. Die Geburt steht am Anfang und der Tod markiert das Ende der Materie. Er ist nicht das Gegenteil von „Leben". Energie kann sich nicht auflösen, sie kann sich nur wandeln. Der Tod ist als das Ende deines Aufenthaltes in diesem Körper auch ein kreativer Akt und daher auch von dir bestimmt. Dass du stirbst, ist also schon entschieden. Wie und wann – das gestaltest du entscheidend mit. Je bewusster du das machst, desto mehr wird dein Ende davon getragen sein, was du dir wünschst. Du bist ein mächtiges Wesen.

Gibst du niemandem mehr Macht über dich und lässt du alles ziehen, löst du das Hängenbleiben an jemandem oder an etwas auf. Das ist die Energie des Verzeihens. Wenn du verzeihst, kommst du in Kontakt mit deiner Mächtigkeit. Du befreist DICH und vertraust DIR. Dieses Verzeihen hat jedoch nichts damit zu tun, dass du vergisst oder verdrängst, was dir angetan wurde. Es hat vielmehr damit zu tun, dass du dich vom Geschehenen distanzierst und einverstanden bist damit, dass dir jede Erfahrung dazu dient, ganz DU zu werden und frei.

Frei zu sein, indem du alle Gegensätze in dir überwunden hast – das zu erfahren ist das größte Wunder, das dich erwartet. Hast du dich von den einengenden „Spielen" des Menschseins befreit, kommst du bewusst in Kontakt mit deiner Mächtigkeit. Diese Mächtigkeit hat kein Gegenteil mehr. Sie ist einfach. Mächtig bist du dann, wenn du DU bist, aus DIR schöpfst und aus niemandem sonst. Die ganze Kraft, die in dir ist, steht dir und deinem – sich laufend entfaltenden – Potential zur Verfügung, ausgerichtet auf dein Wohlsein und somit auch auf das Wohlsein deiner Umwelt. Machtlos froh. Halleluja.

ZUTIEFST ERLEICHTERT

„Ich leide, also bin ich." Darf ich es wagen, auch dieses Thema mit Leichtigkeit und Humor zu betrachten? Ist es erlaubt? „Selbstverständlich" ist die schnelle Antwort. Sie kommt so schnell, damit ich es mir nicht mehr anders überlegen kann.

Anfang der Neunzigerjahre war ich mit einigen anderen erfahrenen PsychotherapeutInnen Teil eines Leitungsteams für die Ausbildung von BeraterInnen. An einem Abend besuchten wir gemeinsam die Sauna des Seminarhotels. Dort begannen wir, aus unserem Leben zu erzählen. Eine nach der anderen. Schnell zeigte sich, dass die einzelnen Lebenswege von dramatischen und tragischen Ereignissen gepflastert waren. Die Geschichten beeindruckten uns tief, die eigene eingeschlossen. Als eine Kollegin aus Salzburg mit ihrer Geschichte an der Reihe war, wurde es ganz still im Raum und uns allen war sofort klar, dass diesen Inhalt niemand mehr toppen konnte. Aus tiefstem Herzen und voller Anerkennung sagten wir zu ihr: „Du hast gewonnen."

Als mir dann Anfang des neuen Jahrtausends der Respekt vor dem Leiden völlig abhanden gekommen war, beendete ich meine Tätigkeit als Psychotherapeutin. Hatte ich viele Jahre mit Leidenschaft den Geschichten gelauscht, so wurde mir eines Tages bewusst, dass ich ein Leben aus zweiter Hand führte. Das, was ich für mein Leben hielt, kam nicht mehr aus MIR, es wurde vielmehr von den Geschichten anderer Menschen gespeist. Indem mir täglich bewiesen wurde, wie viele Spielarten von Leiden es auf dieser Welt gibt, hatte ich fälschlicherweise den Eindruck, dass mein Leben „gut" und „in Ordnung" sei, denn schließlich ging es mir ja nicht soo schlecht.

Bis zu dem Moment, als ich während einer Autofahrt einer CD mit Arien lauschte. Plötzlich drang ein Ton bis in mein tiefstes Innere vor. Die Tränen schossen mir aus den Augen und ein einziger Gedanke füllte meinen Verstand vollkommen aus: „Wann hast du das letzte Mal dieses tiefe Gefühl von Freude und Berührtsein erlebt?" Ohne zu zögern, zog ich daraus die Konsequenzen: Ich beendete meine psychotherapeutische Karriere und begab mich auf die Reise zu MIR.

Schon bald nach dieser Entscheidung machte ich eine Erfahrung, die mich tief und nachhaltig beeindruckte: Kaum hatte ich aufgehört, anderen zuzuhören und sie bei den erwünschten Veränderungen zu unterstützen, begann etwas in mir ganz selbstverständlich und von alleine zu arbeiten. Monatelang. Nur für mich. In meiner Vorstellung lag ich damals oft in einem komfortablen Liegestuhl unter einer Palme am Strand, ganz dem hingegeben, was sich in mir tat, ohne zu verstehen: keine Gedanken, keine Absicht, ganz im Vertrauen zu meinen heilenden Fähigkeiten. Eines Tages war dann dieser ganz spezielle Urlaub plötzlich vorbei, die Bewegung in mir war zum Stillstand gekommen. Angenehme Leere machte sich breit und meine Aufmerksamkeit richtete sich wieder mit großer Neugierde in die Außenwelt.

Offensichtlich hatte etwas in mir laufend die Impulse, die ich in all den Jahren anderen Menschen zur Verfügung gestellt hatte, für mich gespeichert. Wie bei einem Tier, das sich auf seinen Winterschlaf vorbereitet. Meine eigenen Leidensgeschichten lösten sich während meines „Winterschlafes" auf und der Zugang zu MIR war (wieder) frei.

Lange danach hatte ich ein Erlebnis, das mich in meiner Entscheidung, den Respekt vor dem Leid aufzulösen, eindrucksvoll bestätigte. Eine frühere Kollegin hatte an einem meiner neuen Angebote, die Menschen dabei zu unterstützen, eigenverantwortlich ihr Potential zu leben, teilgenommen. Sie kam dabei – ähnlich wie ich mit Hilfe der Arie – mit SICH in Kontakt. Dem alten Verstand gefiel das jedoch ganz und gar nicht. Er mobilisierte alle Kräfte, um den Wunsch – in Freude und Leichtigkeit zu leben – zum Schweigen zu bringen. Da sie mich immer wieder darum bat, begleitete ich sie eine Zeitlang, bis mir eines Tages bewusst wurde, dass sie sich für das Gewohnte entschieden hatte. Im Kontext dieser Entscheidung war meine Unterstützung, die sie als eigenverantwortliches Wesen ansprach, offensichtlich ein einziger Affront.

Wenn ich von „Leid" spreche, dann meine ich damit das subjektive Empfinden körperlicher und seelischer Belastung, erzeugt und am Leben erhalten durch bestimmte Gedankenmuster: „So muss es sein." „Nichts geht mehr." „Ich kann es nicht ändern." Punkt. Leiden ist eine aktive Leistung. Willst du es darin zur Perfektion bringen, musst du dich nur an das kollektive Leid in dieser Welt anschließen. Wie ein Radio an die Steckdose. Du bekommst dann alles hautnah ins Haus geliefert. Stimmst du einer Welt des Leidens zu, stehen dir schwerwiegende, bestätigende Argumente dafür jederzeit zur Verfügung.

Ein kleines Training dazu: Konzentriere dich auf die große Zehe an deinem linken Fuß. Schenke ihr deine gesamte Aufmerksamkeit und stelle dir vor, dass es ihr nicht gut geht. Irgendetwas hat sie, irgendetwas stört sie. Ihr geht es gut? Nein, das kann nicht sein. Spür noch einmal hin. Konzentriere dich auf sie. Ganz. Nur auf sie. Sei bereit, ihr Unwohlsein wahrzunehmen, auch wenn es nur ein kleiner Stich ist oder eine leichte Verkrampfung. Bemühe dich. Da muss etwas sein. Sei offen dafür, ein unangenehmes Gefühl wahrzunehmen. Je länger du dran bleibst und je mehr deine Gedanken darum kreisen, desto größer ist die Chance, dass du etwas entdeckst, denn es ist da. Vertraue darauf. Hat es jetzt geklappt?

Bei genauerer Betrachtung wirkt das Leiden wie eine Art „Lebensversicherung": Ich spüre mich. Es gibt mich. Ich lebe (noch). Deine Aufmerksamkeit ist auf dich gerichtet, alles andere tritt in den Hintergrund. Menschen schenken dir ihre Aufmerksamkeit, möglicherweise wirst du auch dafür wertgeschätzt, wie viel du aushalten kannst. Außerdem: Wenn du wach bleibst für Schmerzen aller Art, dann verhinderst du damit möglicherweise Schlimmeres, wie zum Beispiel den Tod. Irgendwann sind dann diese Abläufe zu einem festen Bestandteil deines Lebens geworden und du kommst gar nicht mehr auf die Idee, dem Schrecken ein Ende zu bereiten, so vertraut ist er dir. Und er ist durchaus in der Lage, deine gesamte Aufmerksamkeit in Anspruch zu nehmen, indem er sich immer wieder in den Vordergrund schiebt. Es ist ganz leicht, sich das Leben schwerzumachen. Schau dich um in deiner Welt. Du bist von unzähligen Beispielen umgeben.

So wie schon in dem Kapitel „Wo ist das Problem?" beschrieben, ist ein Ereignis ein Ereignis. Erst das, was du daraus machst, kann es zu einem sogenannten „Problem" machen. Vertraue deiner Mächtigkeit. So kreativ wie du bei der Hingabe an das Leiden sein kannst, so kreativ kannst du auch bei der Hingabe an die Freude sein. Vorausgesetzt, deine Gedanken geben dir den Weg dorthin frei. Willst du frei sein für die Freude in dir, dann glaube nicht, was du denkst. Vertraue darauf, dass dein Körper nichts anderes vorhat, als dir im besten Sinne zu dienen. Auf allen Ebenen. Also auch im Verstand. Wir sind gut trainiert darin, mit Hilfe der Gedanken alles unter Kontrolle zu bekommen und gehen fälschlicherweise davon aus, dass uns dann nichts passieren kann. Kontrolle vermittelt den Eindruck, dass wir bestimmen. Auf einer bestimmten Ebene ist es auch so, aber für diese Form von „Selbstbestimmung" zahlen wir einen hohen Preis: Wir opfern die Freude am Leben für eine scheinbare Sicherheit und verzichten so auf den wahren Sinn des Lebens.

Selbstverständlich erlebst du immer wieder Situationen, die dir unangenehm sind und die dich manchmal auch am Sinn des Lebens zweifeln lassen. Selbstverständlich tut das weh und fühlt sich schwer an. Willst du aus dieser Sicht der Welt wieder herauskommen, dann entziehe ihr genauso selbstverständlich deine Aufmerksamkeit und richte dich auf das aus, was dir gut tut. Und sofort verändert sich deine Wahrnehmung, Wandel setzt ein. Du sagst dann zu dir selbst so etwas wie: „Nein danke, ich habe kein Interesse an einer Dauermiete in diesem schmerzvollen Raum. Ich bin nur kurz auf Besuch und bereits dabei, mich wieder zu verabschieden." Wenn du diesen Raum wieder verlässt, dann sag bitte nicht: „Auf Wiedersehen", sondern ganz einfach „Tschüss".

Eine besonders wirksame Form des Leidens ist das Selbstmitleid in seiner Funktion als eine Art „treuer Begleiter". Wenn gar nichts mehr ging oder niemand da war für dich, hat dich dieser Begleiter getröstet und versorgt. Er war immer für dich da. Willst du dich auch davon verabschieden, dann würdige zuerst diese alte Form, dich zu lieben. Lass zu, dass sich das Mitleid in Mitgefühl wandelt. Mitgefühl als Ausdruck der Liebe zu DIR ist wunderbar. So für dich da zu sein ist wesentlich. Du achtest deine Gefühle und du fühlst deinen Wert. Mitleid macht dich klein und arm, Mitgefühl verbindet dich mit deiner Mächtigkeit.

Mitleid entsteht oft daraus, dass wir uns mit unseren Sehnsüchten an die Welt wenden und dann enttäuscht sind, wenn diese sie nicht erfüllen kann.

Erwarte dein Heil daher nicht von anderen Menschen, denn die sind wie du damit beschäftigt, glücklich zu sein. Hole die Liebe aus dir selbst und somit aus der universellen Fülle. Diese Liebe ist immer da, höchst heilsam und sie stellt dir keine Bedingungen.

Wenn du willst, dass sich die Schwere in Leichtigkeit wandelt, dann mache dir Folgendes bewusst: Wesentlich ist nicht, was geschieht, sondern wie du das, was geschieht, interpretierst und was du daraus ableitest. Selbstverständlich leidest du nicht aus Jux und Tollerei, sondern weil es sich irgendwann irgendwie ergeben hat. Mach dir – wieder einmal – bewusst, dass deine Wahrnehmungen von deinen Gedanken gesteuert werden. Deine Psyche und dein Körper folgen dem, was du dir vorstellst. Triff eine bewusste Entscheidung, wenn du eine Veränderung willst. Vertraue darauf, dass diese Entscheidung bereits eine Veränderung in Gang setzt, weil die Absicht bereits die Richtung vorgibt. Lass dich nicht davon irritieren, wenn nicht sofort ein Wohlgefühl da ist, denn die Materie braucht manchmal Zeit. Erinnere dich daran, dass die Energie der Aufmerksamkeit folgt, und stoppe alles, was sich nicht gut anfühlt. Tue es einfach, denke nicht darüber nach und warte auf niemanden. DU bist es.

Erlaube dir, dass überall in deinem Leben Leichtigkeit einzieht, dass du alles mit dem wohltuenden Abstand des Humors betrachten darfst. Auch den Tod. Die Qualität des Lebens hängt nicht von der Schwere ab. Gibst du der Leichtigkeit Gewicht in deinem Leben, dann löst sich die Schwere von alleine auf.

IN HÜLLE UND FÜLLE

„Das kann ich mir nicht leisten." „Das steht mir nicht zu." „Das ist für mich unerreichbar." Wenn du es bevorzugst, solche und andere Gedanken zu formulieren, dann betrachtest du dein Leben durch eine Brille, auf der „Mangel" steht. Du bist in einer Form des Scheiterns zu Hause, die dir immer und immer wieder eine Welt vorspiegelt, die voller Entbehrungen und voll von Verzicht ist. Diese Bedingungen gelten vor allem für dich, viele andere scheinen es besser getroffen zu haben: Du bekommst etwas nicht, was andere bekommen. Dir gelingt etwas nicht, was anderen gelingt. Du kannst etwas nicht, was andere können. Im Extremfall kann diese Sicht auf dein Leben zu einer alles bestimmenden Grundhaltung werden, ganz im Sinne der Aussage: „Ein Verein, der mich als Mitglied aufnimmt, kann nichts wert sein."

Angenommen, du willst dir diese Strategie aneignen, was ist zu tun? Fange damit an, dass du alles, was du denkst und tust, als nichts Besonderes siehst, und erzähle möglichst vielen Menschen von deinen Missgeschicken und von deinen Defiziten. Damit du deine – vermeintlichen – Unzulänglichkeiten besser aushalten kannst, beschwere dich zwischendurch auch über andere Menschen: über deinen neuen Freund zum Beispiel, der „nicht attraktiv genug ist, damit du dich mit ihm auf einer Party zeigen kannst", über deine Frau, „mit der du nicht mehr einkaufen gehen willst, weil du dich für ihre direkte Art, auf Menschen zuzugehen, genierst", über deinen Sohn, „der es nicht wie andere schafft, sein Studium zu beenden". Hast du dich darin ausreichend trainiert, kannst du sicher sein, dass du gut im sogenannten „Mangelbewusstsein" verankert bist. „Fülle" erscheint dir dann wie ein Fremdwort, „Reichtum und Fülle" gar wie eine Kreation von Außerirdischen mit dem einzigen Ziel, dir und deiner Welt damit das Leben schwerzumachen.

Gehen wir jetzt davon aus, dass du dich bereits ausreichend in dieser Strategie trainiert hast und wieder aussteigen willst. Beginnen könntest du damit, dass du dir bewusstmachst, dass „Fülle" nicht vorrangig mit materiellen Gütern zu tun hat, sondern vor allem eine bestimmte Qualität, das Leben wahrzunehmen, ausdrückt: ein tiefes Gefühl entspannter „Sattheit" und freudiger Erfülltheit.

Mach dir bewusst, dass „DU-Sein" gleichzusetzen ist mit „Fülle", denn in dir ist alles, Reichtum in Hülle und Fülle. Um Mangel wahrzunehmen und damit die Vorstellung einer fehlerhaften und begrenzten Welt aufrechtzuerhalten, musst du dich anstrengen. Es ist, wie wenn du in einer saftig grünen Wiese auf einem Hügel mitten in einer wundervollen Landschaft mit Blumen, Bäumen und Tieren unter einem blauen Himmel sitzend auf die eine dunkle Wolke starrst, die fernab von dir am Horizont zu sehen ist. Mit Hilfe deiner Gedanken stellst du dir vor, wie du hilflos heftigem Regen, Donner und Blitz ausgeliefert bist. Du fühlst dich schlecht und: Du sitzt mitten in einer saftig grünen Wiese auf einem Hügel mitten in einer wundervollen Landschaft mit Blumen, Bäumen und Tieren unter einem blauen Himmel.

Um dich herum und in dir sind Überfluss und unendliche Schätze, die nichts anderes vorhaben, als sich zu zeigen. Alles ist zu deiner Verfügung, du musst dich nur mehr dafür öffnen und die Gedanken ausatmen, die dir etwas anderes vorspielen. Du bist gut beraten, aus dem Mangel-Spiel auszusteigen, weil du es nie und nimmer gewinnen kannst. Deine Karten dafür sind schlecht und sie bleiben es auch. Der Mangel ist die Illusion, nicht ein Leben in Fülle.

Willst du die Energie des Mangels erfolgreich wandeln, wende den „Supertrick" an: Gib, was du geben kannst, in Liebe und in Freude. Gib, gib, gib! Und zwar völlig frei davon, wie du dein Leben im Augenblick wahrnimmst. Hast du nur einen Euro, schenke ihn her. Durchs Geben öffnest du dich der Liebe und der Fülle in dir, steigst ein in den Geldfluss und wirst anziehend für diese Energie und ihre Materialisationen.

ZWEIFELSFREI ICH

Wenn wir davon ausgehen, dass in uns so etwas wie ein „inneres Team" aktiv ist, dann nimmt vor allem ein Teammitglied bei genauerer Betrachtung seinen Job viel zu ernst. Der Zweifel. Mit einer scheinbar lebenslang gültigen Einladung – ausgestellt vom konditionierten Verstand – drängt er sich immer wieder in den Vordergrund. Er selbst würde sich wohl als „erfolgreichen Berater" bezeichnen, während wir nicht immer sicher sind, ob er uns auch wirklich dient. Sein Handwerk beherrscht er so gut, dass uns gar nicht auffällt, dass er nur eine einzige Strategie verfolgt: Angst machen. „Pass auf! Das kannst du nicht. Mach das lieber nicht!" Willst du ihn mild stimmen, solltest du ihm immer Recht geben und nie an ihm zweifeln. Du musst ihn auch nicht suchen, er findet dich schon. Meist taucht er auf, wenn du glaubst, alles sei wunderbar. Dann steht er plötzlich da und fragt dich: „Ist das wirklich das Richtige für dich? Wer sagt das? Und wenn du dich irrst, was machst du dann? Hast du daran schon gedacht? Nein? Na, schau! Du bist dir nicht sicher."

Manchmal hörst du lange Zeit nichts von ihm und plötzlich ist er wieder da. Beim Sonntagsfrühstück, während dir die Sonne auf die Nase scheint und deine Kinder vergnügt im Garten spielen, entdeckst du ihn. Er lehnt lässig in einer Ecke deines Gehirns – nicht sehr auffällig, aber unübersehbar – und schüttelt ganz leicht den Kopf, während er eine Augenbraue unmerklich anhebt. Mehr muss er nicht tun, er kennt seine Wirkung. Und schon hast du alles um dich herum vergessen und hängst an seinen Lippen: „Was willst du mir sagen? Wo ist der Fehler? Was habe ich übersehen?"

Willst du seine Arbeit erleichtern, dann stelle alles in Frage, was dir begegnet. Misstraue möglichst allen Menschen und vor allem dir selbst. Vermute hinter jeder Beobachtung einen möglichen Schaden für dich, so kann dich dann der Zweifel mühelos zur „Verzweiflung" und zu „Verzweiflungstaten" führen. Zweifelst du daran? Doch genug davon. Sollte sich an dieser Stelle dein Verstand melden und für die Notwendigkeit des Zweifels als kritische Stimme eintreten, die dich oft vor „Schlimmerem" bewahrt, dann lass uns zu dieser Funktion noch einmal genauer hinschauen.

Aus psychotherapeutischer Sicht haben natürlich alle MitarbeiterInnen unseres „inneren Teams" eine nützliche Funktion. Sie arbeiten Beobachtungen auf, stellen unterschiedliche Perspektiven zur Verfügung und – falls sie über eine erfolgreiche Entscheidungskultur verfügen – unterstützen sie die Person in ihrer Lebensführung. Nehmen wir jedoch die Lebensführung aus der Ebene des „ICH bin es" wahr, dann kommt eine wesentliche „innere Funktion" dazu: die Leitung dieses Teams. Die Leitung nimmt die Arbeit des Teams als Gesamtes wahr, hört sich das eine oder andere an und trifft die Entscheidungen. Wie die Leitung einer Organisation ist auch diese Position sowohl mit den MitarbeiterInnen als auch mit dem großen Ganzen, dem „Markt" sozusagen, verbunden.

Braucht ein Leiter oder eine Leiterin eines Unternehmens, das sich an der Freude und der Freiheit orientiert, einen Mitarbeiter, der permanent Zweifel aufwirft? Ergibt sich aus deiner Antwort die Frage, wie ein Unternehmen, das jahrzehntelang auf die Expertise einer solchen Fachkraft großen Wert gelegt hat, diesen ehrenvoll entlassen kann? Und wenn, wer oder was sollte stattdessen in das Team aufgenommen werden? Welche Funktion dient einem Unternehmen, das sich der Freiheit und der Freude widmet? Wie wäre es mit „Vertrauen"? Vertrauen in das schöpferische Potential des Unternehmens.

Aus Zweifel, der für den Wandel freigegeben wird, entsteht Vertrauen. Gemeint ist damit allerdings nicht eine Art Versicherung im Sinne von „Alles wird gut, wenn du nur fest daran glaubst." Dieser Glaube birgt ein Restrisiko in sich. Du glaubst es zwar, aber es könnte auch anders kommen, du bist DIR nicht ganz sicher. Möglicherweise soll mit diesem Satz auch nur der Zweifel beruhigt werden, doch das Paradoxe daran ist, dass er damit bestätigt wird. Glaubst du jemanden beruhigen zu müssen, dann gehst du davon aus, dass er existiert.

Was ist dann „richtiges" Vertrauen? Ein tief in dir verankertes Wissen darüber, dass DU dieses mächtige Wesen bist, das dein Leben und somit auch deine Welt gestaltet. So gesehen bist DU Vertrauen. Ist dir bewusst, dass DU es bist, dann geht es nicht mehr darum, es zu erlangen oder es zu haben. Vielmehr geht es darum, in dir den Kontakt zu dieser Qualität herzustellen und sie wahrzunehmen. Wirklich sicher wirst du darin durch das Fühlen und durch wiederholte Erfahrungen, die dich darin bestärken. Du weißt dann, dass alles schon da ist. In DIR.

Hast du DICH als Begleiter und Begleiterin gewählt und somit als „Leiterin" deines Lebens, dann spür hin zu deinem „inneren Team" und mach eine lichtvolle Ordnung. Erlaube, dass sich alles wandeln darf, was deiner Reise zu DIR nicht dient. Nimm alles aus einem wohltuenden Abstand wahr und bleib ausgerichtet auf Freiheit und Freude, frei davon, was sich in deinem Körper und in deinem Verstand so alles tut. Vertraue deinen Gefühlen. Gefühle, die dir ein Unwohlsein anzeigen, machen dir bewusst, was du nicht (mehr) willst. Mehr haben unangenehme Gefühle nicht zu tun.

FURCHTLOS GLÜCKLICH

Als Kind wurde ich von der sogenannten „Geisterbahn" magisch angezogen. Wann immer sich eine Gelegenheit dazu bot, fuhr ich eine Runde durch die Räume des Schreckens. Ich weiß jedoch bis heute nicht, was sich in diesen Räumen befindet, denn sobald der kleine Wagen in die Dunkelheit eingefahren ist, habe ich meine Augen geschlossen und erst wieder geöffnet, wenn die Reise vorbei war. Jede Reise, die ich so erfolgreich überstanden hatte, stärkte mich in meiner Überzeugung, dass mir „Geister" nichts anhaben können. Offensichtlich habe ich mir damit Erfahrungen verschafft, die mir vermittelt haben, dass es immer einen Weg heraus aus dem Schrecken gibt. Dieser Selbstheilungsübung sollten im Laufe meines Lebens noch einige folgen.

Am Fuße der Karawanken, mitten im Gebiet des sogenannten „Kärntner Abwehrkampfes" aufgewachsen, war die Angst mein ständiger Begleiter. Angst vor „den Russen", Angst vor Gewalt gegen Frauen, Angst vor einem 3. Weltkrieg, Angst vor einer tödlichen Krankheit, Angst vor der Zukunft. Die Atmosphäre war voll davon und ich brauchte nur zu wählen. Darüber hinaus gab es – Göttin sei Dank – immer eine unbeirrbare Tendenz in mir, frei zu werden. So sammelte ich Erfahrungen, die mir bestätigten, dass es nicht so sein muss und dass es an mir liegt, etwas zu verändern. Im Laufe der Jahre fiel ein Angstgebäude nach dem anderen in sich zusammen. Um alle Ängste aufzulösen, die sich in meinem Körper und in meinem Verstand eingenistet hatten und mein freudiges Niederlassen auf dieser Erde verhinderten, „verordnete" ich mir immer wieder neue Herausforderungen. Zum Beispiel reiste ich über viele Jahre alleine in Länder und Gebiete, die mir fremd waren. So ganz auf mich gestellt entdeckte ich eines Tages, dass das, was mir Angst machte, meine eigenen Gedanken waren. Diese Erkenntnis schockierte mich und plötzlich war Ich hellwach: Dafür bin ICH nicht hier!

Was ich damit ausdrücken möchte, ist, dass die Angst, die wir wahrnehmen, erlernt ist. Hast du als Kind zum Beispiel erlebt, dass deine Eltern ständig Streit gehabt und sich dann vielleicht auch noch getrennt haben, dann können dir auch als erwachsene Person ähnliche Erlebnisse Angst machen. Bestimmte Beobachtungen und Signale lösen sie aus. Leider hilft es dann gar nichts, wenn du so tust, als ob es dir nichts ausmacht. Auch wenn du dir viele Strategien erworben hast, die dir ein (Über)Leben gesichert haben, so führt doch nach wie vor die Angst vor Trennung und Gewalt Regie.

Woran erkennen wir, dass sich die Angst aufgelöst hat? Wenn wir „emotionslos" sind und wenn wir das Gefühl haben, wählen zu können. Was genau bedeutet das? Nehmen wir das Beispiel mit der Scheidung. Solange die Angst Regie führt, zieht eine Person, die unter der Scheidung ihrer Eltern gelitten hat, mit großer Wahrscheinlichkeit immer wieder Partner und Partnerinnen an, die sich an irgendeiner Stelle von ihr trennen wollen. Das Fatale daran ist, dass sie darauf schon lange gewartet hat. Die alte Angst scheint bestätigt und führt Regie bis zum bitteren Ende. Hat sich diese Angst in der Person jedoch vollkommen aufgelöst, dann kommt es mit hoher Wahrscheinlichkeit gar nicht so weit. Sie hat dann von vornherein einen anderen Partner oder eine andere Partnerin gewählt oder sie hat Neues in die „alte" Beziehung eingebracht.

Ein aufmerksamer Verstand könnte an dieser Stelle bemerken, dass die Angst als eine Art Warnsystem die Person in die Lage versetzt, unangenehmen und schmerzvollen Erfahrungen zu entkommen. Ja, sie macht das einerseits und andererseits wieder auch nicht, denn das, was als unangenehm und schmerzvoll erlebt wird, ist das Gefühl der Angst an sich. Wenn ich von „Angst" schreibe, dann meine ich damit eine Art Grundgefühl, das von unangenehmen, besitzergreifenden Gedanken erzeugt und am Leben erhalten wird. Ich meine damit nicht ein – von Respekt einflößenden Beobachtungen – ausgelöstes Gefühl, das wir üblicherweise als „Furcht" bezeichnen. Ein respektvoller Abstand zu etwas, das in uns keine stimmige Resonanz findet, macht bewusst, was uns gut tut und was nicht. Angst geht weit darüber hinaus.

Trennst du dich mit Hilfe deiner Gedanken von DIR, entsteht Angst. Du errichtest eine Mauer zwischen dir und DIR. Erfahrungen wie „Ich fühle mich gespalten", „Ich fühle mich klein" und „Ich fühle mich schwach" geben dies wieder. Du befindest dich in einem Niemandsland, in dem die Angst der Präsident ist. Es fühlt sich fremd an, weil du DIR fremd bleibst. Das Fremde macht Angst. Bleibst du DIR fremd, macht ES dir Angst.

Die ultimative Herausforderung, vor die uns die Angst stellt, ist die Angst vor dem Tod. Viele menschliche Strategien gibt es, ihr zu entfliehen. Besonders interessant finde ich in diesem Zusammenhang, dass es uns in der westlichen Welt scheinbar leichter fällt, komplizierte Angstvermeidungsstrategien zu entwerfen, als sich dem Thema „Tod" zu stellen. Wir verhalten uns dann oft wie Kinder beim Versteckspiel: Wir verstecken unsere Augen hinter unserer Hand und gehen davon aus, dass wir nicht gesehen werden.

Willst du frei sein von dieser und anderen Ängsten, dann hol sie zuerst aus den verstaubten Kammern deines alten Verstandes ans Licht. Hab den Mut, ihnen in die Augen zu blicken und sie anzunehmen. Sie zeigen sich ohnehin erst dann, wenn du in der Lage bist, ihnen zu begegnen. Nichts Schlimmes kann dir mehr passieren, wenn du das tust. Du bestimmst und alles steht dir für den Wandel zur Verfügung. Das Zulassen kann sich durchaus heftig zeigen. Lässt du Zorn, Trauer und ähnliche Emotionen, die oft mit Angst verbunden sind, einfach sein, ohne zu bewerten, dann geschieht die Reinigung von alleine. Organisiere dir eine Hilfestellung. Du musst nichts alleine durchstehen, du darfst es dir leichtmachen. Du wählst. Es ist egal, ob du ein Buch, einen Wutanfall, einen Spaziergang im Wald, ein Medikament, ein Achtel Rotwein, einen Psychotherapeuten, eine Ärztin oder eine Lichtarbei- terin wählst. Tust du es in dem Bewusstsein, dass du bestimmst, dann gibt es kein Richtig und kein Falsch, kein Gut und kein Schlecht. Alles, was zählt, ist, dass du es so willst, weil es für dich im Augenblick das Beste ist. Du wählst und du wählst aus dem Augenblick.

Du kannst jede Angst aus deinem Leben verabschieden. Jede. Wenn du es wirklich willst, wenn du es dir erlaubst. Bist du mit DIR verbunden, bist du hellwach in jedem Augenblick und weißt, was zu tun ist und was nicht zu tun ist. DU selbst, dein reines Bewusstsein, hat die Angst in ihrer beschützenden Funktion abgelöst.

Das war eine kleine Auswahl aus einer großen Menge möglicher Scheiterstrategien. An ihrer Vielfalt lässt sich auch erkennen, wie viel Einfallsreichtum wir in Abläufe stecken, die das verhindern, wonach wir uns am meisten sehnen: Freiheit und Freude. Kreativität ist, sie unterscheidet nicht zwischen gut oder schlecht, richtig oder falsch. Sie steht uns ganz einfach zur Verfügung. Wir entscheiden, ob wir sie nutzen und wozu sie uns dient. Machst du dir jetzt bewusst, wie viel Energie in deinen Scheiterstrategien (noch) steckt, dann wird dir auch bewusst, wie viel Zeit du zur Verfügung hast, Neues zu entdecken und das zu tun, was du wirklich tun willst. Du bist frei. Du entscheidest. Du wählst.

3.

ICH BIN ICH

Wenn ich vom „ICH" schreibe, meine ich damit nicht das psychologische Ich und auch nicht das, was „Ego" genannt wird. Mit „ICH" bezeichne ich das einzigartige, ursprüngliche und authentische Wesen, den wahren Kern unserer Existenz. Befreit und erwacht auf einer Reise des Herzens durch dieses Leben, entfaltet es sich täglich neu in der irdischen Dimension von Zeit und Raum, unmittelbar mit dem, was wir „Person" nennen, verbunden. Als Teil eines großen Ganzen ist es mit allem vereint, es ist eins mit der Einheit und zugleich einmalig. Aufgehoben in einer Art universeller Gesetzmäßigkeit ist es bereit, sich selbst der Welt zum Geschenk zu machen, leicht und frei.

Stell dir vor, du hast dich entschieden, ein Handwerk zu erlernen. Du wählst eines aus, das dich fasziniert. Deine Lehre beginnt und du erwirbst von Tag zu Tag mehr Kenntnisse und Fertigkeiten. Deine Motivation, zu üben und alles auszuprobieren, ist sehr hoch. Immer wieder kommen neue Herausforderungen auf dich zu, die du dankbar annimmst, weil du an ihnen wächst. Du nimmst Kontakt mit Personen auf, die in diesem Bereich erfahren sind, und bekommst viele neue Impulse. Staunend wird dir bewusst, dass jeder Augenblick eine Momentaufnahme eines unendlichen „Darüber-hinaus" ist.

Manchmal treten vielleicht Zweifel auf, ob du auch wirklich den richtigen Weg eingeschlagen hast, dann fragst du dich, ob es etwas anderes gibt, das dich mehr interessiert; ob es einen anderen Weg gibt, den du noch attraktiver findest. Ist deine Antwort darauf ein Nein, bleibst du bei dem, was gerade ist. Vielleicht ist dann ganz einfach Zeit für eine Pause oder ein „Laufen lassen" oder ein Stoppen der Gedanken. Ein anderes Mal kommt es dir so vor, als ob du wieder am Start wärest. Doch das kommt dir nur so vor. Dein Wachstum ist nicht aufzuhalten. Jede Erfahrung erhöht deine Kompetenz und deine Sicherheit. Kontinuierlich gehst du deinen Weg weiter und eines Tages ist es dann so weit: Du bist Meister. Du bist Meisterin.

Um Meister und Meisterin deines Lebens zu werden, gehst du am besten immer der Freude nach. So lange, bis du gewiss bist, dass DU die Freude bist. Diese Gewissheit vermittelt dir, dass du angekommen bist. Angekommen bei DIR und frei, dein Leben aus DIR zu gestalten. Du weißt, dass du ein mächtiges Wesen bist und hochwirksam. Das, was du wählst, materialisiert sich laufend im Außen. Du lässt es geschehen und staunst über die Wunder und die Leichtigkeit, in der sich alles materialisiert, worum du gebeten hast. Du bist gewiss, dass du hier bist, um DICH zu genießen, die Liebe zu leben und deine Freude an dieser Erde und am Wandel der Welt zu teilen. Jetzt. Ganz DU – ein Fest der Sinne. DU bist dein Meisterstück.

Für diese Meisterschaft brauchst du keine Zeugnisse, keine Bestätigungen von anderen Menschen, keine Belohnungen und keinen Pokal. Du musst dafür nichts leisten. Du bist, was du bist und du lässt DICH sein. Vielleicht hast du ja Lust, dir selbst Zeugnisse auszustellen in Disziplinen wie „authentisches Sein" oder „Manifestieren leicht gemacht". Du bestimmst, du wählst. Du hast DICH ent-deckt und gestaltest dein Leben in einer vollkommen neuen Dimension.

Ganz DU sein ist im Grunde einfach. Die vielen Erfahrungen jedoch, die wir im Laufe unseres Lebens machen, ergeben ein sehr kompliziertes Bild von uns und dieser Welt. Stelle dir zum Beispiel einen Obstbaum auf einer Wiese vor. Er steht einfach da und macht, was er kann: Er trägt Früchte. Und jetzt stelle dir eine Gruppe Menschen vor, die um diesen Baum herum steht. Jede Person hat einen eigenen Standplatz und daher eine spezielle Perspektive. Sie reden über den Baum: Wie lange steht er wohl schon da? Was hat er schon alles erlebt? Wie hat es hier früher ausgesehen? Wann ist die beste Zeit der Ernte? Wie wird es mit dem Baum weitergehen, wenn sich die Umweltbelastungen weiter verschlechtern? Wem schmeckt das Obst, wem nicht? Wer findet den Baum schön? Was kann man bei genauerer Betrachtung sehen? Wer ist der Besitzer dieses Baumes? Eine Menge Fragen und viel Stoff für Diskussionen. Belebend und informativ. Und der Baum? Er steht einfach da. Er ist.

Was hat der Baum mit DIR zu tun? Wozu ist Einfachheit gut, wenn uns Diskussionen und Meinungen so herrlich unterhalten können? Der Baum repräsentiert DICH und die Gruppe deine Gedanken und die Gedanken deiner Umwelt. Damit sich die Gruppe über den Baum unterhalten kann, ist es gut, dass er da ist und bleibt, was er ist. Für den Baum an sich sind die Fragen bedeutungslos (davon gehe ich zumindest aus). Sie führen – wie es scheint – nicht dazu, dass er sein Wesen verändert. Er bleibt der Baum und wird nicht eine Blume oder ein Hund. Bist du DU, bist du wie der Baum mit deinem Wesen(tlichen) verbunden. Dein Verstand und dein Körper sorgen wie die diskutierenden Menschen für Unterhaltung, für den lebendigen Ausdruck deines Wesens. Wenn das Team – DU, Verstand und Körper – gut miteinander zusammenarbeitet, dann bist du – die Person – glücklich und zufrieden.

Willst du es einfach haben, orientiere dich an der Freude. Bist du mit ihr verbunden, bist du mit DIR verbunden. Angenommen, du machst nur mehr das, was dir Freude bereitet. Was sagt dein Gefühl dazu? Was dein Verstand? Wem auch immer ich diese Fragen gestellt habe, die Antworten waren zwiespältig. Das Gefühl sagte „ja, bitte!" und der Verstand „ja, aber...". Wie ist es mit dir? Darfst du dich an der Freude orientieren? „Ja schon", sagst du vielleicht, „wenn da nicht die anderen wären, die darunter leiden, wenn ich nur mehr das mache, was ich machen will." Stimmt, das kann passieren, zumindest auf den ersten Blick. Aber ändern sich deswegen deine Herzenswünsche und kannst du so das Leiden der anderen für immer aus der Welt schaffen? Ist es nicht vielmehr so, dass du dich – bei genauerer Betrachtung dieses Phänomens – irrst?

Überprüfe bitte, wie sich folgende Aussagen anfühlen: „Mein Mann will immer, dass ich..." „Meine Mutter sagt, das Beste für mich sei..." „Wenn es nur den anderen gut geht, dann geht es mir auch gut." Lösen diese Sätze ein Gefühl der tiefen Freude in dir aus wie seinerzeit, als dir das Christkind deinen sehnlichsten Wunsch erfüllt hat? „Nicht ganz so, aber fast. Manchmal.", sagst du vielleicht. Und wenn niemand da ist und du alleine in deiner Wohnung bist, fühlst du dich auch gut damit? Der Irrtum beruht darauf, dass wir glauben, einander zu „brauchen", und dass das dauerhafte Wohlbefinden der anderen davon abhängt, was wir tun oder eben nicht tun. Machst du etwas aus diesem Glauben heraus, dann ist das so, wie wenn du die Verpackung verschenkst und den Inhalt behältst. Machst du hingegen etwas, weil du es wirklich willst, dann bist du das Geschenk.

Dauerhaftes Wohlbefinden kommt durch uns selbst in unser Leben. Der Umweg über andere Menschen lohnt sich nicht wirklich. Vor allem, wenn du dir bewusstmachst, dass fast alle denselben Umweg gehen, weil fast alle ähnlich denken. Während du damit beschäftigt bist, Aufmerksamkeit und Liebe von einer Person zu bekommen, ist diese auch damit beschäftigt, Aufmerksamkeit und Liebe von dir oder einer anderen Person zu bekommen. Wie soll das für alle Beteiligten ausgehen? Es ist wie beim Fangenspiel. Das Nachlaufen hat kein Ende, außer man beendet das Spiel.

Du beendest dieses Spiel, indem du dich nicht mit dem Vordergründigen zufrieden gibst. Das – vordergründige – Verhaltensmuster „Ich bin ein guter Mensch, weil ich zuallererst darauf achte, was andere sich von mir wünschen." wird von deiner Umgebung bestätigt und ist daher „richtig". So richtig, dass jeder, der das in Frage stellt, automatisch zum schlechten Menschen wird. Schaust du auf das Dahinter, kannst du erkennen, was dein Festhalten an diesem Glaubenssatz über dich aussagt. Was genau hast du davon, wenn du alles „richtig" machst und darauf wartest, dass andere dich wertvoll finden? Sicherheit? Anerkennung? Liebe? Eine wichtige Funktion? Sind die Sicherheit und die Anerkennung von Dauer? Lieben dich dann alle immer? Fühlt sich das gut an? Immer?

Willst du frei sein, dann kapp die Seile, die dich mit diesen Gewohnheiten verbinden, und frage dich stattdessen: „Was tut mir gut?". Wenn du dich nicht mehr so viel um die anderen kümmern und sorgen musst, kannst du dich in Ruhe und mit Neugierde DIR und deinem inneren Reichtum zuwenden. Anstatt nach dem idealen Partner oder der idealen Partnerin zu suchen, beginnst du eine erfüllende Liebesgeschichte mit dir selbst. Dies führt in der Folge dazu, dass du gar nicht mehr verhindern kannst, geliebt zu werden. Die Menschen kommen auf dich zu, weil es sich gut anfühlt, mit dir zu sein.

Was macht also dein Leben – und das aller Menschen – einfach und leicht? Zuallererst die Entscheidung, dass es einfach und leicht sein darf. Auch wenn sich diese Worte einfach und leicht lesen lassen, so ist ihre Bedeutung keineswegs selbstverständlich. Viele Menschen entscheiden sich lieber für die Kompliziertheit, weil dann immer etwas los ist und sie beschäftigt sind. Sie sind es so gewohnt. Viele Dramen vermitteln den Eindruck von einem Leben, das Gewicht hat, bedeutsam ist und etwas Besonderes.

Immer wieder habe ich mich gefragt, warum wir freiwillig unangenehme Erfahrungen wiederholen. Erfahrungen, die uns klein machen und die Schmerzen verursachen. Wie kommt es dazu, dass wir uns lieber in Problemen wälzen, als uns daran zu erfreuen, dass die Sonne scheint, die Vögel zwitschern und die Blumen blühen? Warum gehst du zum Beispiel an dem wunderschönen roten Kleid im Schaufenster vorbei und bedauerst, dass „du es dir nicht leisten kannst", um dann dein wohlverdientes Geld zähneknirschend in Nachhilfestunden für deinen Sohn zu stecken? Warum erscheinst du Sonntag für Sonntag mit deiner Partnerin um 12 Uhr zum Mittagessen bei deinen Eltern, wo dir doch dieses Ritual bereits eine Gänsehaut beschert, wenn du nur daran denkst? Wir tun das in der Regel, weil wir davon ausgehen, dass „es so richtig ist" und dass es – wenn schon nicht für uns – gut für die anderen ist. So haben wir es gelernt und verinnerlicht, und wir kommen gar nicht mehr auf die Idee, es zu überprüfen. Sehr oft sind Gewohnheiten für alle Beteiligten ermüdend, und niemand löst sie auf, weil alle dieselben Gedanken dazu haben. Hast du Lust, Erfahrungen zu machen, die wie Champagnerperlen in jeder Zelle deines Körpers prickeln und die dir einen ganz neuen Zugang zu deinem Leben vermitteln? Dann nimm die So-ist-es-richtig-Brille von deinen Augen und lass dich von deiner neuen Sehkraft überraschen.

Entscheide, dass du es so willst. Das ist das Wichtigste. Mit deiner Entscheidung richtest du deine Aufmerksamkeit auf das Erwünschte. Du hebst damit die Energie in dir an, was so viel bedeutet wie: Jede Zelle tanzt vor Freude. Und das, was du willst, kommt auf dich zu, weil Gleiches Gleiches anzieht. Deine tanzenden Zellen führen dich dann in ein Rockkonzert, in einen Ballsaal, zu einem inspirierenden Event oder zu einem kuscheligen Wohlfühlabend mit dir selbst.

Rundum wohl fühlst du dich dann, wenn du aus deinem kreativen Potential schöpfst. Dein kreatives Potential ist wie ein ausgezeichneter Wein, der mit seinem sonnengereiften, qualitätsvollen Bouquet im Eichenfass ruht. Entnimmst du dem Fass eine Kostprobe, verbreitet sich ein einzigartiger Duft, dessen reichhaltige Geschmacksvielfalt an deinem Gaumen Gestalt annimmt. Schluck für Schluck ein Hochgenuss. So wie du einen Wein dann öffnest, wenn du Lust darauf hast, so zeigt sich auch dein Potential in der Lust. Frage dich: „Worauf habe ich gerade Lust?", und du wirst direkt dorthin geführt, wo sich die Energie und mit ihr der höchste Gewinn für alle im Augenblick befinden.

Es gibt keine sogenannte „objektive" Realität. Höre ruhig auf, nach dem Richtigen und dem Guten in der Welt zu suchen. Es existiert nicht, zumindest nicht so, wie es sich dein Verstand vorstellt. Jeder Mensch hat eine ganz eigene Vorstellung von Wirklichkeit und somit von der Welt. Es gibt so viele Wirklichkeiten, wie es Menschen gibt, und darüber hinaus. Was so viel heißt wie: Du bist frei, deine Welt, dein Leben zu wählen. Du hast einen grenzenlosen Raum zur Verfügung, den du mit deinen Erfahrungen füllen kannst. Der Raum ist leer und du bist frei. Alles, was du zu tun hast, ist, dich von dem zu befreien, was du nicht bist.

Und wenn sich jetzt dein Verstand meldet und fragt: „Und was ist mit der Gewalt und dem vielen Leid in dieser Welt? Was ist mit gesellschaftlicher Ungerechtigkeit? Ich kann mich doch nicht einfach zurückziehen in ein Biedermeierdasein, in mein persönliches kleines Glück." Mit diesen Fragen befindet sich dein Verstand in guter Gesellschaft. Jeder Mensch, der „bei Verstand ist" und dem das Wohl der Welt ein Anliegen ist, stellt zu Recht diese Fragen. Was er allerdings üblicherweise nicht macht, ist, diese Gedanken zu Ende zu denken. Nehmen wir an, du nimmst diese leidvolle und ungerechte Welt-Wirklichkeit als objektive Realität an. Gestern war es der Völkermord in Ruanda, heute ist es der Tsunami in Thailand und morgen ist es eine Epidemie, von der du auch persönlich betroffen sein könntest. Darüber hast du dir gestern Sorgen gemacht, darüber machst du dir heute Sorgen, und du dehnst diese Sorgen auch gleich auf morgen und überübermorgen aus. Mach dir bewusst, was sich in der Welt verändert, wenn du dir Sorgen um sie machst? Was passiert, wenn du für und mit anderen leidest? Was haben die Menschen, die Tiere, die Pflanzen davon? Nichts. Im Gegenteil.

Indem du dir Sorgen um die Welt machst, bestätigst du die Sorgen und verstärkst das Leid. Willst du, dass die Menschen leiden? Nein? Dann mach du doch den ersten Schritt und hör damit auf. Du bist dazu in der Lage, hier und jetzt. Bring Freude und Leichtigkeit, Liebe und Lachen in die Welt, indem du dich freust, liebst und lachst. Und wenn du einen Impuls in dir spürst, dass du etwas Bestimmtes für jemand Bestimmten auf dieser Erde machen möchtest, dann tue es ganz einfach. Auflösen, was niemand wirklich will, das ist es, womit du die Welt „rettest". Willst du neue und freudvolle Wege gehen? Wann hast du dich das letzte Mal frei gefühlt und wie ist es dir gelungen? Wo taucht tiefe Freude auf und wie ist sie in dein Leben gekommen? Was wird dir bewusst, wenn du durch eine „Ich-liebe-mich-Brille" auf dein bisheriges Leben schaust?

Am Weg zu DIR bist du auf einer Reise, auf der du nach und nach alle Hindernisse auflöst und in kraftvolle, lichtvolle Energie umwandelst. Und mit jedem erfolgreichen Projekt stärkst du dich selbst in dem Bewusstsein „ICH bin es. Ich bin dieses mächtige Wesen, das mich selbst in meinen Himmel auf Erden führt." Was genau ist wichtig und wesentlich für diese Reise? Was solltest du wissen, beachten und tun und was solltest du vor allem nicht mehr tun? Womit solltest du rechnen und was wird dich unterstützen, damit deine Reise erfolgreich ist? Lass uns dem in den folgenden Kapiteln nachgehen.

GURU IN EIGENER SACHE

Wir sind es gewohnt, ein Gegenüber zu fragen, was wir tun sollen, oder – im Gegenteil – Ratschläge von außen tunlichst zu vermeiden. Beides sind Seiten einer Medaille. In jedem Fall orientieren wir uns so an einer Autorität im Außen. Diese Autorität kann ein Mensch sein, eine wissenschaftliche Erkenntnis, die Natur: „Der November macht mich depressiv", die Sterne: „Kein Wunder, der Saturn beherrscht ja gerade mein drittes Haus", persönliche Erfahrungen: „Wenn ich mich zu sehr freue, dann passiert sicher wieder etwas Schreckliches.", eine Methode: „Wenn ich nicht täglich meditiere, dann komme ich ganz aus meiner Mitte.", eine Religion: „Bei dem Karma war wohl nichts anderes zu erwarten." und dergleichen mehr. Eines haben alle diese Glaubenssätze gemeinsam: Sie blenden uns als Meisterin und Meister unseres Lebens aus.

Das Bewusstsein darüber, wozu wir Menschen in der Lage sind, wenn wir aus unserem kreativen Potential schöpfen, wird immer transparenter und erfahrbarer. Die „Erleuchtung" ist nicht mehr ein anzustrebendes Ziel an sich, sondern sie ist die Basis für ein licht- und freudvolles Leben hier auf dieser Erde. Und wie es bereits ein Buchtitel vor einigen Jahren ausgedrückt hat, macht die Erleuchtung auch vor Kettenrauchern nicht Halt. Bewusst unseren Alltag mit Hilfe unseres Körpers und seinen wunderbaren Fähigkeiten so zu gestalten, dass sich jeder Tag neu und wie „Himmel auf Erden" anfühlt, darum geht es zurzeit. Was danach kommt? Wer weiß es?

Das bedeutet auch, dass es nicht mehr nur darum geht, das Wissen über dich selbst von „Außen" zu holen. Alle Experten und Expertinnen im Bereich der „psychologischen und geistigen Führung" sowie alle Techniken und Methoden haben eine Brückenfunktion. Sie sind Übergangshilfen von einer Welt in eine andere. Die Menschheit ist auf einer Bewusstseinsebene angekommen, die bestätigt, dass nicht nur die Welt, wie wir sie derzeit vorfinden, sondern auch die Welt, wie wir sie haben wollen, aus uns selbst entsteht. Wir sind in der Lage, die Energien auf der Welt zu wandeln. Wir wissen, dass Kriege und Katastrophen nicht mehr zwingend notwendig sind, um Veränderungen herbeizuführen. Wir wissen, dass das Leid nicht unser natürlicher Zustand ist. Wir wissen viel. Wir können dieses Wissen auch umsetzen. Wenn wir wollen. Es ist also höchste Zeit, „Guru in eigener Sache" zu werden. Mein Verstand ist damit einverstanden und ich wünsche mir und dir, dass auch deiner „ja" dazu sagt.

Was genau bedeutet „Guru in eigener Sache"? Es bedeutet vor allem, dass du dir deiner Mächtigkeit bewusst bist. „Mächtigkeit" im Sinne einer machtvollen Kraft, die kein Gegenteil mehr kennt, keinen „Täter" und kein „Opfer", nur deine kraftvolle Einzigartigkeit. Deine Mächtigkeit zeigt sich in allem, was dein Leben betrifft. Wenn du zum Beispiel Hilfe – einen Arzt, eine Beraterin oder einen indischen Meister – in Anspruch nimmst, bestimmst du, ob diese Hilfe wirksam ist. Machst du dies in dem Bewusstsein „ICH bin es", dann dient dir alles, was du wählst. Vertraust du DIR und deiner schöpferischen Kraft, wird dich alles unterstützen: eine Tablette, ein Achtel Rotwein, ein Buch, eine Ärztin, eine Reise. Alles, was sich in diesem Augenblick gut anfühlt. Am nächsten Tag kann es schon wieder ganz anders sein. Du wirst es wissen, du wirst es spüren.

Der Hauptschlüssel zum „Guru" in dir ist die Eigenverantwortung. Bist du bereit, die Zuständigkeit für alle deine Erfahrungen anzunehmen, dann öffnest du den Zugang zu deinem Himmel auf Erden. Die Antworten auf alle deine Fragen sind in dir. Die großen und die kleinen, wie „Was soll ich heute anziehen?" „Ist dieser Job gut für mich?" „Soll ich diesen Mann heiraten?" „Wie werde ich glücklich?"

Üblicherweise richten wir Fragen an unseren Verstand, sodass sich dieser dann mit dem Für und Wider beschäftigen kann. Je nach Bedeutsamkeit der Frage und nach Entschlusskraft braucht er dafür mehr oder weniger Zeit. Er ruft alte Erfahrungen ab und projiziert diese in die Zukunft. Seine Antworten sind von dem gefärbt, was du bereits erlebt hast. Da der Verstand alleine nicht schöpferisch ist, ist er auf diese und andere Quellen angewiesen. Willst du darüber hinausgehen, dann richte deine Fragen an DICH, an dein kreatives Potential. Verlass dich darauf, dass alle Antworten in dir sind, und übe die Kunst, an sie heranzukommen. Mach dir dabei auch bewusst, dass viele Fragen ausschließlich Unterhaltungswert haben. Ein großer Teil der Fragen entsteht aus Beobachtungen des alten Verstandes, und die Antworten darauf haben keinerlei Bedeutung für deine Reise zu DIR.

Gute Möglichkeiten, das bedeutungsvolle Fragen zu üben, bieten Situationen, in denen das übliche Denken in den Hintergrund tritt, wie beim Gehen, Laufen und in jeder Form der Entspannung. Die Türe zu deinem Potential öffnet sich und geistreiche Impulse werden freigesetzt. Bevor du zum Beispiel eine Runde durch den Wald machst, stellst du dich auf eine Frage ein und bittest um Antworten. Anschließend lässt du alles wieder los und konzentrierst dich auf das Gehen und die Umgebung. Ganz von selbst tauchen dann die Informationen aus dir auf, die dir im Augenblick dienen. Dasselbe kannst du auch am Abend im Bett machen, bevor du einschläfst. Das Loslassen ist dabei besonders wichtig, um den Platz frei zu machen für Neues. Richtest du deine Aufmerksamkeit auf etwas aus, beginnt alles in dir von alleine in diese Richtung zu arbeiten. Vertraue darauf. Je mehr erfolgreiche Erfahrungen du damit machst, desto sicherer wirst du.

Während meiner Zeit als Ausbilderin von Beraterinnen und Beratern musste ich sehr viele themenbezogene Seminare abhalten. Da ich sonst auch viel zu tun hatte, entwickelte ich eine Form der Seminarvorbereitung, die mir viel Zeit ersparte. Einige Tage vor Beginn stellte ich mich zwei bis drei Minuten auf den Ort, die Zielgruppe, den Zeitrahmen und das Thema ein. Anschließend ließ ich alles wieder los. Am Weg zum jeweiligen Seminar konzentrierte ich mich wieder auf meine Aufgabe und wie von selbst gestaltete sich vor meinem geistigen Auge der Ablauf. Immer wieder neu und immer wieder so, dass ich mich darauf freute. Zeitgerecht und zuverlässig wurde mir ein einzigartiges Design geliefert. Meine Aufgabe war es, präsent zu sein und der Materialisation den Weg frei zu halten. Ganz ICH, ganz frei.

Willst du deine Meisterschaft trainieren, dann mach dir zum Beispiel einen Wunsch bewusst. Was wünschst du dir im Augenblick ganz besonders? Atme alles aus, was gerade in deinem Verstand und in deinem Körper herumschwirrt, sodass Stille in dir einkehrt. Stell dir jetzt die Frage: „Was ist zu tun, damit sich mein Wunsch erfüllt?" Bleib still in deinem Verstand und entspannt im Körper und vertraue darauf, dass die Antwort aus dir auftaucht. Lass dich überraschen, wie sie sich zeigt. Willst du das Antworten-Bekommen üben, stelle dir zuerst „leise" Fragen, eine nach der anderen, klar und liebevoll. Zum Beispiel „Was wird mir jetzt guttun? Welchen Film möchte ich mir heute gerne ansehen? In welchem Gewand fühle ich mich gerade wohl?" Bitte dann um die Antworten und stelle dich darauf ein. Alles, was sich zeigt, ist eine Antwort. Antworten, die aus deinem Herzfeld kommen, haben keine feste Form. Sie können auf vielerlei Art und Weise in dir auftauchen: als Handlungsimpuls, als Bild, als Stimme, als ein Gefühl, als kleiner „Vortrag" oder einfach nur als ein Lächeln. Richtest du deine Aufmerksamkeit auf die Antwort, dehnt sich ihre Qualität zuerst in deinem Körper aus und kommt dann in deinem Verstand an.

Du hast morgen zum Beispiel eine wichtige Verhandlung und fragst dich: „Was kann ich tun, damit dieses Vorhaben gelingt?" Richtest du diese Frage nur an deinen Verstand, dann könnte dieser antworten: „Lies dir vorsichtshalber die Unterlagen noch einmal durch. Achte darauf, dass du der Gesprächsleiterin genau gegenübersitzt. Versuch aus der Mimik der anderen Gesprächsteilnehmer abzulesen, wer für und wer gegen dich ist, damit du dich entsprechend verhalten kannst. Pass auf, dass du deine Arme nicht verschränkst, damit deine Haltung nicht als ablehnend interpretiert werden kann." Richtest du diese Frage an den „Guru" in dir, dann taucht als Antwort möglicherweise ein Gesicht vor deinem geistigen Auge auf, das einfach nur lächelt. Lässt du zu, dass sich dieses Lächeln in deinem Körper ausdehnt, fühlst du dich angenehm und sicher und der Gedanke, den dein Verstand dazu formuliert, könnte lauten „Du bist o.k. so, wie du bist. Alles wird gut. Du wirst es schon machen."

Versuche, den Unterschied zu erspüren, und denke nicht wie gewohnt darüber nach. Wie fühlt sich die Antwort aus dem Verstand an und wie die aus deinem Herzfeld? Dein Gefühl ist die Basis für deinen Erfolg. Einen Unterschied empfindest du in deiner jeweiligen Grundstimmung. Bist du dir deiner selbst sicher und vertraust auf deine kreative Kraft, dann werden deine Handlungen immer in diesem Sinne erfolgen. Jede Handlung wird so von deiner kraftvollen Ausrichtung gelenkt. Gehst du allerdings davon aus, dass dich nur die „richtigen" Handlungen erfolgreich machen, fehlt dir die Verbindung zu DIR und somit zu deinen einzigartigen Fähigkeiten. Du gehst dann auf dünnem Eis spazieren.

Hast du dich selbst als mächtiges und schöpferisches Wesen angenommen, bist du in der Lage, dich bewusst und punktgenau durchs Leben zu führen. Zweifelst du allerdings daran, setzt du – unbewusst – deine Fähigkeiten dazu ein, es zu verhindern. Am besten funktioniert das Verhindern, indem du denkst und denkst und denkst. Dem „alten" Verstand mehr zu vertrauen als DIR ist naheliegend, weil gewohnt und unterhaltsam, auch wenn der Preis dafür oft hoch ist. Die Auflösung des „alten" Verstandes ist immerhin das Herzstück deiner Reise zu DIR, die größte Herausforderung, ein Training, das du im gelebten Alltag bewusst gestaltest – vollkommen unabhängig davon, worum es gerade geht. Hingegeben an den Wandel, der radikale Veränderung mit sich bringt.

Vielleicht fragst du dich gerade, was du davon hast, wenn du dich so radikal veränderst? Wozu du diese Anstrengung auf dich nehmen solltest? Jemand anderer hält diese Frage möglicherweise für überflüssig. Ob so oder so, damit wir motiviert sind, Veränderungen zuzulassen, braucht es einen Gewinn, den wir wahrnehmen können. Und dieser erreicht uns über Gefühle. Ohne Wohlgefühle kein Genuss. Um jedoch zu Wohlgefühlen zu kommen, gibt es einiges zu „tun". Das Wahrnehmen von Gefühlen ist für viele Menschen eine große Herausforderung und muss vielfach (wieder) erlernt werden. Schon früh wurden wir darin trainiert, mehr auf das Verhalten der Menschen in unserer Umgebung zu achten und weniger auf unsere Gefühle. Allzu oft wurden wir enttäuscht und verletzt, wenn wir den Menschen mitteilten, was wir gerne gehabt hätten. Bei einem Teil von uns führten traumatisierende Erfahrungen letztlich sogar dazu, alle Gefühle zu verdrängen. Auf meine Frage „Welche Gefühle löst das bei Ihnen aus?" antwortete mir einmal ein Klient ganz erschrocken mit einer Gegenfrage: „Gefühle? Was meinen Sie damit?", um dann anschließend – nachdem er sich wieder etwas erholt hatte – mit Nachdruck festzustellen, dass meine Frage absurd sei und ich ihn damit nicht mehr belästigen soll.

Wenn wir von Gefühlen sprechen, erleben wir im Wesentlichen zwei unterschiedliche Arten davon. Diejenigen, die an Gedanken geknüpft sind, und diejenigen, die sich im Körper und darüber hinaus ausdehnen, aus der Tiefe in uns kommen und nur dann ganz und kraftvoll wahrnehmbar sind, wenn der Verstand still ist. Letztere sind ein Ausdruck von UNS, von der Essenz, und ich nenne sie „Wohlgefühle" im Unterschied zu den „Emotionen". Emotionen sind Gefühlswahrnehmungen, die von Gedanken bestimmt und gefärbt werden, wie zum Beispiel die Trauer oder der Ärger, aber auch die Freude, die von etwas oder jemandem abhängig sind. „Das macht mich traurig." „Darüber ärgere ich mich." „Über Lob freue ich mich sehr." Schon die Formulierung weist auf diesen Zusammenhang hin. Ich wähle diese Unterscheidung, weil so aus meiner Erfahrung Veränderungen bewusster herbeigeführt werden können und weil es sehr unterschiedliche Wahrnehmungsqualitäten sind, die die Auflösung alter Gedanken und somit den Zugang zu UNS ermöglichen.

Die größte Aufgabe, die wir auf dem Weg zu uns selbst bewältigen müssen, ist der Wechsel unserer Aufmerksamkeit weg vom Verstand hin zu unserem Herzfeld und somit zu einer Dimension, die um ein Vielfaches kraftvoller und schöpferischer ist, als es Gedanken alleine sein können. Dies „machen" wir, indem wir das vom Verstand gesteuerte Kontrollieren loslassen, sogenanntes „Chaos" zulassen und uns dem „Außergewöhnlichen" hingeben. Viele erleben diesen Wandel wie einen freiwilligen Tod, und es ist auch so ähnlich. Das kann Angst machen. Deine alte Identität, Vertrautheiten und Gewohnheiten lösen sich auf. Sie sterben. Leere macht sich breit, wo bis dahin geschäftiges Treiben geherrscht hat. Was unterstützt dich – speziell in stürmischen Zeiten – darin, deine Reise zu DIR fortzusetzen? Zum einen dein Humor, indem er dir einen wohltuenden Abstand zu den Höhen und Tiefen des Menschseins verschafft. Und zum anderen dein Mut. Mut, dich auf etwas einzulassen, das du noch nicht kennst und dessen Gewinn du erst wahrnehmen kannst, wenn du dort angekommen bist. Mut, weil du das alte Kleid ausziehen musst, bevor du dir das neue anziehen kannst. Mut, weil du deine Nacktheit lieben musst, damit dir die neuen Kleider Freude bereiten.

Mut ist wie ein erfrischender Wind, der dir die alten Wenns und Abers aus den Segeln nimmt und dich schwungvoll dabei begleitet, den ersten Schritt zu tun. „Aus dem Bauch heraus" mit einem klaren „ja, ich lasse mich darauf ein" gehst du los, einen Schritt nach dem anderen. So wie du als Kind das Gehen gelernt hast und mit jedem Schritt sicherer geworden bist, so ist es auch auf diesem Weg. Und so wie du damals mutig begonnen hast, die Welt auf eigenen Füßen zu erkunden, so ist es auch jetzt, wenn du dich dabei begleitest, Neuland zu betreten. Dein Mut lässt dich über – scheinbare – Abgründe springen und er hilft dir, deine Energien zu bündeln, deine Aufmerksamkeit auf das Wesentliche zu fokussieren. Das alles macht dein Mut für dich. Du selbst brauchst dich nur darauf zu konzentrieren, was du willst. Hast du dich einmal entschieden, ergeben sich die weiteren Schritte – konkrete Handlungen – wie von alleine. Achte auf Impulse, die aus DIR kommen. Sie kommen mit der Energie und der Qualität eines Springbrunnens in dir hoch und bringen eine Idee, eine Erkenntnis, ein Wohlgefühl, eine Handlungsanleitung mit.

Hast du Lust auf ein kurzes Experiment, das dir deine Mächtigkeit bewusstmacht? Erinnere dich an eine Situation, in der du dich sehr unwohl gefühlt hast. Stell dir diese Situation noch einmal vor, nimm wahr, wie sich diese Erinnerung auf deinen Körper auswirkt und was du fühlst. Lass dann Gedanken auftauchen, die mit diesen Emotionen verbunden sind, und mach sie dir bewusst. Nimm jetzt eine Erinnerung an ein angenehmes Ereignis. Stell dir auch diese Situation genau vor und nimm wahr, was sich jetzt in dir tut. Welche Gefühle tauchen auf? Mit welchen Gedanken sind sie verbunden? Auch wenn du in dieser Vorstellung noch länger verweilen könntest, lass sie wieder los. Auch das ist vorbei.

Atme ein- bis zweimal kräftig aus und stell dir vor, dass sich alle Erinnerungen aus deinem Körper lösen und mit dem Atem abfließen. Mach deinen Kopf ganz leer. Entspanne deinen Körper, indem du besonders beim Ausatmen alle Muskeln weich werden lässt. Atme ein paarmal sanft in dein Herz und bestätige, dass du dich liebst, so wie du bist. Nimm noch einen tiefen Atemzug und verbinde damit: „Ich bin frei". Lass dieses Gefühl von Freiheit sich ganz in dir ausbreiten. Nimm dir die Zeit dafür, die du dir nehmen willst. Wiederhole, wenn du willst, den letzten Teil dieses Experimentes ein paarmal und erwarte dir dabei nichts Bestimmtes. Es ist alles eine Sache der Übung.

Wie geht es dir jetzt? Hast du Unterschiede wahrgenommen? Wunderbar. Was hast du erlebt? Was ist dir bewusst geworden? Was auch immer du konkret erfahren hast, in jedem Fall hast du dir damit bewiesen, dass DU bestimmst, worauf du deine Aufmerksamkeit lenkst – na gut, diesmal habe ich etwas vorgegeben – und dass du damit dein Befinden und somit dein Leben veränderst. Und das ohne Veränderungen im Außen, „nur" durch dich selbst. Ein weiteres Beispiel dafür, dass DU es bist.

Du bist in der Lage, Emotionen und die dahinter liegenden Gedanken, wie „Das Wetter macht mich müde", „Unberechenbare Menschen machen mir Angst", „Wichtigtuer machen mich wütend", wahrzunehmen und aufzulösen. In dem Bewusstsein, dass es immer DU bist, DU warst und DU sein wirst, der und die das Erlebte bewertet und verändern kann. Jetzt. Genauso kannst du dich auch den tiefen Wohlgefühlen hingeben, die aus dir kommen. Lässt du das zu, öffnest du einen unendlichen Raum in dir, der weit über deinen Körper und deinen Verstand hinausgeht und durchflutet ist von angenehmen Qualitäten wie Freude, Frieden, Freiheit. In diesem Raum bist du alles und nichts, unendlich ausgedehnt und zugleich höchst zentriert. Alles, was du in diesem Zustand wahrnimmst, entspricht deinem Wesen, deiner Essenz und macht dich nicht nur glücklich, sondern mehr noch: Du badest in Glückseligkeit.

Bist du ganz bei DIR, kannst du gut unterscheiden, was aus dir kommt und was du von außen aufnimmst. Das ist eine wichtige Unterscheidung. So lernst du immer mehr zu erkennen, was du nicht (mehr) willst und was du nicht (mehr) bist. Du kannst jederzeit Wohlgefühle in deinen Körper holen, indem du sie mit dem Atmen verbindest. Beim Einatmen ziehst du sie an und stellst dir dann vor, wie sie sich in deinem Körper und darüber hinaus ausdehnen. Die Vorstellung von einem Darüber-hinaus ist wichtig, weil du damit dein Bewusstsein ausdehnst. Wohlgefühle verbinden dich mit den heilsamen und lichtvollen Energien. Alles, was aus dieser Ebene kommt, dient dir und der Erde und unterstützt dich in deiner inneren Führung.

Um den „Guru" in dir wahrnehmen zu können, solltest du – zumindest zeitweise – frei von „alten" Gedanken sein. Woran erkennst du, dass ein Gedanke „alt" ist, und wie befreist du dich von ihm?

ICH BEFREIE MICH

Wenn wir lebensentscheidende Veränderungen zulassen, sprechen wir üblicherweise von „Selbstheilung". Mir gefällt dafür der Begriff „Befreiung" viel besser. Der Motor für Veränderung ist das Bewusstsein. Ist uns bewusst, was wir wollen, erkennen wir, was wir nicht wollen, und sind in der Lage, uns davon zu befreien. So gesehen ist der unerwünschte Zustand nicht ein „kranker", sondern ein „unbewusster", auch wenn dieser oft mit sogenannten „Symptomen" verbunden ist. Würde ich von Selbstheilung sprechen, dann ginge ich davon aus, dass es einen Zustand gibt, der unabhängig von dem, was wir denken und was wir wollen, existiert. Für mich sind „Krankheit" und „Gesundheit" Konstrukte wie alles, was wir Menschen erschaffen, um uns auf der Erde zurechtzufinden. Wie sehr Konstrukte das Leben von Menschen bestimmen können, zeigt ein Beispiel aus der Geschichte der „Internationalen Statistischen Klassifikation der Krankheiten und verwandter Gesundheitsprobleme" (ICD): ein Diagnoseschema der WHO, das seit seiner Entstehung immer wieder den neuesten Ergebnissen wissenschaftlicher Forschung angeglichen wird und als Basis für Heilberufe dient. Als vor vielen Jahren eine alte Version durch eine neue ersetzt wurde, fand eine der größten Spontanheilungen der Menschheit statt, indem die Diagnose „Homosexualität" aus dem Diagnoseschema gestrichen wurde.

Aus meiner Sicht bieten medizinische und psychologische Diagnosen vor allem eine Chance: die Akzeptanz dessen, was sich zeigt. Wenn wir erkennen und akzeptieren, dass wir einen Zustand erreicht haben, der gravierend davon abweicht, was wir wirklich wollen, kommen wir mit unseren Herzenswünschen in Kontakt. Manchmal brauchen wir einen starken Impuls, damit uns bewusst wird, dass wir so wie bisher nicht (mehr) leben wollen. Damit die Befreiung erfolgreich und nachhaltig ist, „mussen" wir – wenn wir bereit dazu sind – akzeptieren, dass jeder Zustand von uns selbst herbeigeführt worden ist. Selbstverständlich unbewusst, denn wer wünscht sich schon freiwillig eine „Krankheit" oder eine andere Form der „Krise"?

Als mir selbst bewusst geworden war, wie mächtig WIR sind, staunte ich oft darüber, wozu Menschen in der Lage sind, wenn sie wirklich wollen. Abgesehen von meinen eigenen Erfahrungen begleitete ich Personen mit Diagnosen wie „Alkoholsucht", „Zwangsneurose" und dergleichen, die aus eigener Kraft diese resistenten Muster auflösten. Diagnosen sind sehr hilfreich, um spezifische Interventionen für die (Auf)Lösung gewohnter Muster hervorbringen zu können. Mit jeder Diagnose werden spezielle Denk- und Verhaltensmuster sowie sogenannte „Symptome" verbunden. Ist sich eine Person dessen bewusst, weiß sie, wo sie ansetzen kann, um die unerwünschten Auswirkungen aufzulösen. Je öfter und je länger dieser Automatismus – ein programmiertes Zusammenspiel von bestimmten Gedanken, Gefühlen und Handlungen – unterbrochen werden kann, um so mehr zeigt sich das kraft- und energievolle Dahinter: das einzigartige Potential. Bleibt die Person an sich selbst dran, lösen sich Schritt für Schritt die automatisierten Denk- und Verhaltensmuster auf und sie befreit sich schlussendlich von allen unerwünschten Erfahrungen.

So leicht und schlüssig das auch klingt, so ist dieser Prozess streckenweise ein sehr heftiger. Sich zu befreien ist ein einfacher Gedanke und an sich auch eine leicht zu treffende Entscheidung, geht es doch „nur" darum, alles loszulassen. Doch der Haken liegt wie so oft im Detail. Da wir mit dem Gewohnten meist schon ein Leben lang vertraut sind, erscheint es uns leichter, dabei zu bleiben, als eine Veränderung herbeizuführen. Auch wenn wir viel Kraft dafür aufwenden müssen, den Zugang zu unserem Potential verschlossen zu halten, fürchten wir uns vor einer Öffnung. Nicht selten geschieht das, weil das Dahinter als undefinierbares „Monster" wahrgenommen wird, das nicht freigelassen werden darf, weil es sonst alles zerstören könnte.

Auch wenn dir dieses Bild jetzt vielleicht übertrieben erscheint, so entspricht es doch der Vorstellung vieler Menschen und es ist zugleich ein gutes Beispiel dafür, wie wir uns selbst mit Hilfe von angstvollen Gedanken daran hindern, frei zu sein. Unser wahres Selbst ist kraftvoll und energiegeladen und es drängt danach, gelebt zu werden. Das kann schon Angst machen, wenn wir diese Dynamik in uns erleben, vor allem dann, wenn das Drumherum damit (noch) nicht übereinstimmt. Als ich selbst auf meiner Reise an dieser Stelle angekommen war, hatte ich folgendes Bild: Ich war eine wunderschöne Hochseeyacht, festgebunden an einem Holzsteg in einem winzig kleinen Fischteich. Diese Vorstellung setzte mir körperlich so zu, dass ich Angst hatte, sie könnte mich zerreißen. Eines Tages nahm ich die Herausforderung an und ließ mich ganz darauf ein, indem ich „mit Haut und Haar" in dieses Bild eintauchte. Sogleich wurde der Fischteich größer und größer und mit einem Mal fuhr ich mit der Yacht über das weite, offene Meer. Die Hochspannung in mir löste sich augenblicklich auf und machte einem sehr angenehmen Gefühl von unendlicher Freiheit Platz. Ich hatte wieder einmal eine persönliche Schallmauer durchbrochen.

Mit dem vermeintlichen „Monster" in uns ist es wie mit dem Geist aus der Flasche, den man am besten dann freilässt, wenn man weiß, was man sich wünscht, und bereit ist, die Rolle des Meisters zu übernehmen. Wenn du dir ein Haus baust, wirst du auch zuerst Mauern aufstellen und ein Dach installieren, bevor du die Küche einrichtest. Du kannst es natürlich auch umgekehrt machen, aber dann solltest du dich nicht darüber aufregen, wenn dich der Regen nass macht oder dir der Wind den Strudelteig davonbläst.

Es gibt für alles den richtigen Zeitpunkt. Wenn es so weit ist, fürchte dich nicht und lass dich darauf ein. Geh geradeaus weiter, mitten hinein in das, was sich vor dir zeigt. Kennst du die Aussage „Da musst du durch!"? Wie ist es, wenn du zu dir sagst: „Da will ich durch!" oder noch besser, wenn du einfach weitergehst, ohne viel darüber nachzudenken? Als ich noch sogenannte „Outdoor-Trainings" mit Gruppen machte, gab es unter anderem auch eine Übung mit einem langen Holzbalken, der an seinen Enden auf dicken Pflöcken ruhte. Die Teilnehmer und Teilnehmerinnen wurden aufgefordert, auf diesem Balken entlangzugehen und darauf zu achten, dass sie nicht hinunterfielen. Der Trick dabei war, den Blick geradeaus auf das Ziel zu richten. Alle, die sich so verhielten, kamen mühelos am Ende des Balkens an. Diejenigen, die sich fürchteten und den Blick auf ihre Beine richteten, kamen ins Wanken und fielen herunter.

Dieses Beispiel macht auch deutlich, wie wichtig es ist, dich auf das zu konzentrieren, was du willst. Willst du den Balken leichtfüßig abschreiten, dann richte dich danach aus. Tauchen Gedanken auf, die dich davon ablenken, kommst du in Kontakt mit Emotionen wie Zweifel oder Angst. Sie machen dich auf ein Hindernis in dir aufmerksam. Ihre bewusste Wahrnehmung kann dir helfen, dich von altem Ballast zu befreien. Emotionaler Ballast, den du wie einen Rucksack voller leidvoller Erfahrungen mit dir herumträgst. Erinnere dich: Solange du diesen nicht wahrnimmst, kannst du ihn auch nicht loswerden. Erst wenn du sein Gewicht registrierst, ist die Voraussetzung dafür gegeben. Kannst du die Auswirkungen einer Erfahrung wahrnehmen, bist du in der Lage, dich bei Bedarf davon zu befreien.

Eines solltest du auf jeden Fall wissen, wenn du dich entschieden hast, dich selbst zu befreien: Es werden alte Geschichten in dir hochkommen, die du bis dahin gut verstecken konntest. Lass dich davon nicht erschrecken. Das gehört dazu. Wie eine Kamelkarawane werden sie an dir vorbeiziehen. Bleibst du in der beobachtenden Position, wird es nicht lange dauern und du hast die Stille der Wüste bald wieder für dich allein. Glaubst du jedoch, dass du (immer noch) ein Teil dieser Karawane bist, dann wirst du wieder und wieder versuchen, dich einzureihen. Du drehst sogenannte „Ehrenrunden" mit deinen alten Mustern: Hat dir doch glatt der Briefträger wieder einmal einen eingeschriebenen Brief nicht persönlich zugestellt, obwohl du den ganzen Tag zu Hause warst. Nicht schon wieder! Alte Emotionen kommen hoch und schon bist du mitten drinnen in einer neuen Geschichte zum Thema „Keiner nimmt mich ernst". Das Drama ist perfekt.

Damit die alten Geschichten aus deinem Körper und aus deinem Verstand ausziehen können, ist es wichtig, dass du die Emotionen, die sie mitbringen, zulässt, denn erst über diese kann die Entlastung stattfinden. Hast du schon Übung im Zulassen, kannst du mit den unterschiedlichen Auswirkungen deiner Emotionen bewusst umgehen und deine Befreiung beschleunigen. Nimm zum Beispiel Trauer und Zorn. Wie fühlt sich Trauer an? Wie Zorn? Stell sie dir vor und mach dir ihre Auswirkungen bewusst. Nimmst du die Trauer als Energie wahr, die sich wie eine Katze an deine Brust schmiegt, und den Zorn wie ein wildes Pferd, das aus seinem dunklen Stall heraus will? Welche Bilder tauchen in dir dazu auf?

Aristoteles bezeichnete die Auswirkung griechischer Tragödien als „Katharsis", weil diese den Zuschauern die Möglichkeit böten, sich körperlich, geistig, emotional und auch „religiös" zu reinigen. Durch die Emotionen, die so lebendig werden, befreien sich der menschliche Körper und die menschliche Psyche von Ballast. Du kennst dieses Phänomen möglicherweise aus dem Kino. Bei bestimmten Szenen kannst du gerade noch deine Tränen zurückhalten, bei manchen anderen musst du hemmungslos weinen. Im Film „Schlaflos in Seattle" gibt es eine Szene, in der sich zwei Frauen und zwei Männer über ihre Gefühle beim Betrachten von Filmen unterhalten. Die beiden Frauen müssen immer dann weinen, wenn Liebende große Prüfungen bestehen, die Männer hingegen rühren die Schicksale von Kriegshelden zu Tränen.

Kommst du zum Beispiel darauf, dass du zornig wirst, weil du „ja" sagst, wenn du „nein" fühlst, dann ärgere dich ruhig so, dass du es auch loswirst. Schimpfe, springe, schreibe, schreie, erzähle, lass es heraus. Werte dich dabei bitte nicht ab, indem du dich für „schuldig, blöd oder lebensunfähig" hältst. Gefühle wie „Schuld" dienen nicht dazu, etwas loszuwerden. Im Gegenteil, damit verfestigst du das Unerwünschte in dir. Genauso ist es, wenn du den Ärger „in dich hineinfrisst". Das macht alles nur noch schlimmer. Das, was du nicht mehr willst, muss heraus aus deinem Kopf, heraus aus deinem Körper. So wie du dir eine Waschmaschine kaufst, damit diese den Schmutz aus deiner Wäsche herauslöst, so weckst du – unbewusst – auch Emotionen in dir, damit dich diese reinigen. Du kaufst dir ja auch nicht eine Waschmaschine, damit diese den Schmutz in deiner Wäsche noch besser verteilt.

Besonders wichtig dabei ist es, dass du die Verantwortung für deine Emotionen übernimmst. Sie kommen aus dir und du nimmst sie wahr. Wenn du dich zum Beispiel über deinen Mann ärgerst oder über deine Frau, dann ärgerst du dich genau genommen darüber, wie dir dein Mann oder deine Frau erscheint; darüber, dass du zulässt, dass etwas gemacht oder gesagt wird, was du so nicht willst; darüber, dass du das in dir aufnimmst. Ärger, Trauer und dergleichen mehr wirst du daher am schnellsten wieder los, wenn du sie ziehen lässt, ohne damit jemand anderen konkret einzubeziehen. Selbstverständlich kannst du dabei auf jeden und alles schimpfen, aber bitte nur in deiner Vorstellung. Projizierst du zum Beispiel deinen Ärger auf jemand anderen, dann wird diese Emotion nicht kleiner, sondern immer größer, weil du davon ausgehst, dass diese Person für deine Befreiung zuständig ist. So wie diese dir nicht nehmen kann, was zu dir gehört, kann sie dir auch nicht geben, was DU bist. Das gilt für alle Emotionen und ihre Auflösung. Natürlich haben viele Menschen eine Rolle dabei gespielt, dass du dich verletzt gefühlt hast. Besonders in deiner Kindheit. Doch völlig unabhängig davon, was du erlebt hast und wie, nur du kannst es auflösen. Es sind deine Erfahrungen, die in deinem Kopf und in deinem Körper gespeichert sind.

Wenn ich von Befreiung spreche, beziehe ich diese auf die körperliche, die sogenannte „seelische" und die mentale Ebene. Alle Erfahrungen sind auf allen Ebenen gespeichert. Verwaltet werden sie von einem faszinierenden Gebilde, unserem Gehirn. Das Gehirn an sich ist ein hochkreatives System, das unendliche Möglichkeiten beinhaltet. So wie unser Herz(feld) steht es für die Manifestation unserer Wünsche zur Verfügung. Mit „Verstand" bezeichne ich den tatsächlich aktivierten Bereich aller möglichen Gehirnleistungen. Der Verstand gibt wieder, was wir aus den unendlichen Möglichkeiten ausgewählt und trainiert haben: bewusst und unbewusst. Aus unserer Wahl geht letztlich auch das, was wir „Identität" nennen, hervor: „Ich bin eine durchschnittlich intelligente Frau, neugierig, anpassungsfähig, erfolgreich im Beruf, mäßig erfolgreich in Männerbeziehungen, selbstbewusst, und ich stehe gerne im Mittelpunkt." Wenn man oder frau zu wissen glaubt, wer er oder sie ist, dann ist das – zumindest zeitweise – sehr beruhigend. Unangenehm wird es, wenn sich dieses Bild einzuengen beginnt. Besonders dann, wenn uns jemand anderer erzählt, wer wir sind. So wie eine bestimmte Identität eine nützliche Form für uns selbst sein kann, so hat eine solche auch für andere Menschen im Umgang mit uns durchaus Vorteile. In jedem Fall ist sie jedoch nicht mehr als eine Form und als solche jederzeit veränderbar. Als ein Produkt dessen, was wir im Laufe unseres Lebens aus den unendlichen Möglichkeiten gewählt haben, besteht sie vorrangig aus Gedanken.

Willst du dich von unerwünschten Aspekten deiner Identität befreien, tust du dies am besten, indem du eine sogenannte „Metaebene" in dir aufbaust. So schaust du dir dann selbst aus einer höheren, distanzierten Ebene – einer Art Vogelperspektive – dabei zu, wie du denkst, wonach du handelst und wie es dir dabei ergeht. Du bewertest dabei nicht nach „gut" und „schlecht" und „richtig" und „falsch". So neutral wie möglich betrachtest du dich wie in einem Film, neugierig und staunend. Dann entdeckst du zum Beispiel, dass es bestimmte Themen gibt, an denen du immer wieder hängen bleibst. Sogenannte „Muster", immer wiederkehrende, zusammenhängende Gedanken, Emotionen und Verhaltensweisen, die nach einem bestimmten Schema ablaufen. Es wird dir zum Beispiel auch bewusst, dass du dich viel zu oft an Vergangenem festhältst und zu sehr damit beschäftigt bist, was dir in Zukunft alles passieren könnte. Du erkennst, wie wenig Zeit du letztlich im Jetzt verbringst, und du wunderst dich nicht mehr darüber, wie oft du dich schlecht fühlst. Du weißt jetzt, dass du deine Gedanken denkst, und dir ist bewusst, dass bestimmte Gedanken bestimmte Emotionen auslösen und umgekehrt. Du weißt jetzt auch, dass daraus bestimmte Handlungen entstehen und dass du jederzeit deinen Verstand in die von dir gewünschte Richtung verändern kannst.

Wie machst du das am besten? Indem du deine Aufmerksamkeit deinen Wünschen schenkst und sie von allem abziehst, was du nicht (mehr) willst. Zum Beispiel: „Ich wünsche mir einen leichten Körper, in dem ich mich rundum wohlfühle und mit dem ich Schifahren, wandern, klettern und bis in die frühen Morgenstunden tanzen kann." Jede Beschreibung, die deine Wünsche in sinnlichen Erfahrungen wiedergibt, lenkt deine Aufmerksamkeit zu 100% auf das Wünschenswerte und lässt keinen Raum mehr für unerwünschte Nebenwirkungen. Anstatt dir zu wünschen, dass sich dein Magenschmerz auflösen soll, machst du dir bewusst, wie sich dein Magen anfühlen soll: leicht, warm, weich…

Befreiung geschieht, du kannst sie nicht machen, du kannst sie nur zulassen und immer wieder deine Bereitschaft bestätigen, dass sich alles auflösen darf. Um frei zu werden von alten Gedanken, musst du dich nicht täglich dreimal nach Osten und viermal nach Süden verneigen und dabei eine bestimmte Formel sprechen. Du musst auch nicht die einzig wahre Diät einhalten und diverse Tests machen, die dir zeigen, ob mit dir alles in Ordnung ist. Im Gegenteil, wenn du deinen Verstand damit beschäftigst, legst du erst recht die Aufmerksamkeit auf etwas, was du nicht willst. Indem du dich jeden Augenblick für das entscheidest, was du wirklich willst, geschieht alles ganz in deinem Sinne.

Befreist du DICH, solltest du bereit sein, alles loszulassen. Alles bedeutet wirklich alles, das sogenannte „Gute" wie das sogenannte „Schlechte". Denn auch das sogenannte „Gute" oder „Schöne" hindert dich daran, neue und noch schönere Erfahrungen zu machen. Als ich noch ein Kind war, lebte in unserem Ort eine alte Frau, die Mühe hatte, sich auf der Straße fortzubewegen, weil sie immer einen sogenannten „Bußkorb", der um ihren Bauch gebunden war, mit sich herumschleppte. In diesem Korb aus Holz befanden sich alte Fetzen und Tücher. Sie hatte sich diese lebenslange Buße selbst auferlegt, weil sie als junge Frau den Heiratsantrag eines Mannes abgelehnt hatte, der kurz danach im ersten Weltkrieg starb. Sie ist nie wieder eine Beziehung zu einem anderen Mann eingegangen, da sie aus ihrer Sicht mit keinem anderen Mann jemals so glücklich hätte werden können wie mit ihrem verschmähten, toten Geliebten.

Hältst du das sogenannte „Gute und Schöne" fest, entsteht in dir die Überzeugung, dass nichts Besseres und Schöneres nachkommen kann, und du blockierst den Platz für neue Erfahrungen. Hältst du das „Schlechte" fest, bestätigst du damit, dass dir nichts Besseres zusteht, dass du nichts Besseres verdient hast als Schmerz und Leid. Willst du frei sein, lass alles los. Getraue dich. Alles, was war, alles, was du glaubst zu sein, und alles, was dir bis jetzt wichtig und richtig erschienen ist. Schlicht und einfach alles. Tue es, atme es aus. Jetzt. Wenn du willst. Mach es so, wie du eine Artischocke isst. Schicht für Schicht entfernst du ihre Blätter, bis sie dir die köstliche Frucht in ihrem Inneren frei gibt.

Lass die Vergangenheit Vergangenheit sein. Oder besser: Lass das, was du für deine Vergangenheit hältst, vergangen sein. Es ist vorbei. Lass die Zukunft Zukunft sein. Oder besser: Lass das, was du für deine Zukunft hältst, sein. Deine Zukunft entsteht aus dem Augenblick. Sie entsteht aus dem, was du jetzt willst, jetzt denkst, jetzt fühlst und jetzt tust. Die Kraft liegt im Augenblick und du bist frei, zu wählen.

ICH LIEBE MICH

Zeitgleich mit der Jahrtausendwende vollzog sich in meinem Körper und in meinem Verstand eine entscheidende Wende. Zu dieser Zeit besuchte ich unter anderem eine Ausbildung in „Systemischer Strukturaufstellung" bei Matthias Varga von Kibed. Eines Tages wollte er anhand eines konkreten Beispiels und einer Aufstellung mit Zahlen demonstrieren, dass man das Thema – beziehungsweise das Problem – gar nicht kennen muss, um eine Veränderung herbeizuführen. Da ich damals keine Ahnung hatte, warum ich mich so schlecht fühlte, meldete ich mich. Matthias bat mich, eine Zahl zu nennen. Ich sagte spontan: „Halb", ohne damit etwas Konkretes zu verbinden. Anschließend begann er mit der Aufstellung, indem er erklärte: „Wenn es eine Position 'halb' gibt, dann gibt es auch eine Position 'ganz'. Also brauchen wir eine Person, die 'halb' darstellt, und eine, die 'ganz' darstellt, und eine für 'Maria'." Ich stellte die einzelnen Positionen im Raum auf. Diese begannen anschließend, sich in Richtung Wohlgefühl zu verändern, und lösten auf, was sie daran hinderte. Beim Zusehen spielten sich in mir unvorstellbare Prozesse ab, und als die Aufstellung zu Ende war, fiel mir ein Stein oder besser ein Fels vom Herzen. Ich fühlte mich wunderbar frei, und ich hatte absolut keine Ahnung, wie es dazu gekommen war. Sehr bald wurde mir bewusst, dass ich „ganz" geworden und dass dies „hinter den Themen" geschehen war. Auf einer Ebene, auf der es keine Sprache mehr braucht. Dass ich nichts verstanden hatte, weil es nichts zu verstehen gab, hat diesen Wandel möglich gemacht. Hätte ich es mit meinem Verstand begreifen wollen, wäre die Veränderung nicht so radikal erfolgt.

Das Gefühl des „Ganzseins" war verbunden mit dem Gefühl der Freiheit und mit einer wohligen Sattheit. Wie ein duftendes warmes Bad nahm mich dieses Gefühl in sich auf. Ich fand mich wunderbar, so wie ich war. Ich liebte mich.

Eine Wahrnehmung, die neu war für mich und zugleich unendlich vertraut. Hatte ich bis dahin das Wort „Liebe" kaum aussprechen können, ohne mir dabei „kindlich" oder „kitschig" vorzukommen, so war es mit einem Mal ganz selbstverständlich, mich auf dieser Ebene wahrzunehmen.

Sehe ich mich in der Welt um, dann stehe ich mit dieser Erfahrung wohl nicht alleine da. Die Sehnsucht nach Liebe liegt in der Luft, und die Suche nach ihr zieht sich nicht nur durch die Literatur und durch andere kreative Werke, sondern ist auch ein Auslöser für viele Spielarten von Gewalt auf diesem Planeten. Besonders Letzteres hat nichts mit dem zu tun, was die Liebe zur Liebe macht: ihre Bedingungslosigkeit. In ihrer energetischen Qualität ist sie reinste Heilungsenergie, nährend, schöpferisch, ausgedehnt und frei. Solange wir die Liebe nur außerhalb von uns suchen, müssen wir unweigerlich scheitern. Sind wir in der Lage, sie in uns zu fühlen, nehmen wir sie auch um uns herum wahr und erfahren, dass und wie wir durch sie mit allem verbunden sind.

Wahre Liebe bedeutet Hingabe, Sein und Ausdehnung. Alle Wesen dieser Erde und der gesamte Planet befinden sich in ihrem Feld. In diesem unendlichen und alles einschließenden Reich der Liebe ist alles da, ganz selbstverständlich und ohne Bedingungen. Auf der Reise zu DIR nimmst du die Liebe immer stärker wahr und du erkennst, dass sie deine wahre Heimat ist. Über dein Herzfeld bist du unmittelbar mit ihr vereint. Es ist wie ein Tor zum Himmel und somit zu deinem Himmel auf Erden.

„Love is in the air", sang John Paul Young in den 70er Jahren und so ist es. Auch du kannst dich jederzeit an das Energiefeld der Liebe anschließen, indem du dich mit deinem Herzen verbindest, und bist damit von niemandem abhängig. Um dich geliebt zu fühlen, brauchst du keinen Mann, keine Frau, keine Mutter und keinen Vater. Vielen Menschen fällt es schwer, Liebe auszudrücken. Keine Mutter und kein Vater dieser Welt waren und sind perfekt. Machst du dein Wohlbefinden von einem Liebesbeweis ihrerseits abhängig, dann ist es oft so, wie wenn ein hungriges Kind ein anderes hungriges Kind darum bittet, dass es – nur für es allein – eine riesige Geburtstagstorte backen soll, wann immer ein Bedürfnis danach entsteht. Wendest du dich stattdessen an die allumfassende Liebesenergie, wirst nicht nur du leicht satt, sondern du bist „ansteckend" und trägst dazu bei, dass sich diese Energie auf der Erde ausbreitet.

Willst du bewusst Liebesenergie in dir aufnehmen, dann atme ein paar Mal sanft in dein Herz mit der Vorstellung „ich liebe mich" und nimm wahr, wie sich die Energie dieses Satzes in dir ausdehnt. Es gibt keine bestimmte Form, die du finden musst, und es gibt auch keine bestimmte Regel, die es einzuhalten gilt. Finde deinen eigenen Weg und nimm ihn als den besten aller Wege für dich an. Tauchen ablenkende Gedanken auf, lass sie einfach ziehen. Am besten gelingt dir das, indem du deine gesamte Aufmerksamkeit aufs Atmen lenkst, sodass nichts anderes mehr Platz hat. Sollte dir diese Übung schwerfallen, dann erinnere dich daran, wie leicht es dir zum Beispiel gefallen ist, zu jemand anderem „Ich liebe dich." zu sagen oder es zu denken. Es ist derselbe Vorgang. Damals wie heute hast du dich dieser Energie geöffnet. Tust du dasselbe für dich, gibt es energetisch keinen Unterschied. Der Unterschied ist nur im Verstand, zum Beispiel als Gedanke: „Ich will aber von meinem Vater hören, dass er mich liebt. Darauf warte ich schließlich schon so lange." Dieser Gedanke bewertet das Verhalten deines Vaters viel höher als dein eigenes. Mit dieser Bewertung und dem Warten darauf verhinderst du, dich DIR zu öffnen. Passt es für dich, dann probiere es jetzt noch einmal, indem du den Satz „Ich liebe mich." sanft und ganz selbstverständlich einatmest, ohne darüber nachzudenken. Wie fühlt es sich jetzt an? Solltest du nichts Bestimmtes spüren, dann kümmere dich nicht darum. Mach es einfach und vertraue darauf, dass schon deine Absicht wirksam ist und dass das Fühlen immer stärker wird. Schnell kann sich ein Gedanke zwischen dich und die Liebe schieben. Das macht nichts. Bleib dran an deiner Ausrichtung, bleib dran am Atmen.

Du kannst diese Übung auch ausdehnen, indem du in dem Bewusstsein der bedingungslosen Liebe zu dir selbst machst, worauf du Lust hast. Je außergewöhnlicher, desto besser: Du kaufst dir ein Glasperlenhalsband, du liegst in der Wiese und lässt dich von der Sonne wärmen, du machst eine Probefahrt in einem roten Cabrio, du singst ein Lied, du schaust dir deinen Lieblingsfilm an, schenkst dir einen Blumenstrauß,….

Fällt es dir schwer, die Liebe in dein Leben aufzunehmen, dann kritisiere dich nicht dafür und gib nicht auf. Manchmal braucht es einfach Zeit. Möglicherweise hast du unter dem Vorwand der „Liebe" Erfahrungen gemacht, die sehr schmerzvoll für dich waren. Nicht selten werden Menschen, vor allem Kinder, im Namen der „Liebe" missbraucht. Es braucht Zeit, dass sich diese alten

Vorstellungen wandeln können. Liebe ist auch nicht immer schmeichelweich. Sie sagt manchmal auch „Stopp", „aus", „nein",…. In der Liebe zu dir bist du frei, alles abzulehnen, was du nicht (mehr) willst. Dafür hast du alle Hilfen vom Himmel und der Erde. Bitte nur darum. Tust du, was du liebst, wirst du immer erfolgreich sein: „Ich bin einverstanden, es geschieht, ich bin da."

Die Liebe zu dir selbst ist die Basis für alles in deinem Leben. Liebst du dich, kommen deine Wünsche aus dem Herzen und ihre Materialisationen geben punktgenau wieder, was DU bist. Aus der Liebe zu dir erblüht deine Liebe zu den Mitmenschen, zu den Tieren, zu den Pflanzen und zum gesamten Planeten Erde. Alles, was du liebst, kann dir nie schaden. Nicht einmal eine sogenannte „Panikattacke". Eine sogenannte „Panikattacke" zu lieben bedeutet, dass du sie als deine unbewusste Schöpfung annimmst. Als einen Versuch, dich darauf aufmerksam zu machen, dass an dem, wie du mit dir und deinem Leben umgehst, etwas nicht passt. Bist du bereit, dich ganz dem heilsamen und hochwirksamen Liebesfeld hinzugeben, dann liebe alles, egal, ob es ein Mensch ist oder ein körperliches Symptom, egal, ob du es als angenehm oder unangenehm, erwünscht oder unerwünscht wahrnimmst. Nimm alles hinein in die Liebe, die du bist. „Lieben" bedeutet in diesem Zusammenhang annehmen und nicht wegstoßen, verdrängen, abspalten und dergleichen. Es bedeutet jedoch ganz und gar nicht, etwas aushalten zu müssen, was du nicht willst. Es bedeutet auch nicht, dass die Gestaltung deines Lebens damit vollständig ist. Nein. Damit sich etwas wandeln, etwas verändern kann, muss es zuerst gesehen und anerkannt werden. Wird dir in einer bestimmten Situation bewusst, dass du etwas so nicht haben willst, dann ist es gut, dies einmal zu bestätigen, ohne groß darüber nachzudenken. „Das will ich nicht. Das tut mir nicht gut." Punkt. Daraus leitest du dann das ab, was du stattdessen willst. Punkt.

Wie kannst du die Liebe zu dir ausdehnen und stärken? Indem du dich zum Beispiel so annimmst, wie du bist, ohne Wenn und Aber und mit allen sogenannten „Fehlern". Du gehst dabei am besten davon aus, dass du für alles, was du getan hast, einen guten Grund gehabt hast, auch wenn dir der mittlerweile abhanden gekommen ist. Wir alle haben die Tendenz, uns so zu verhalten, wie es uns im Augenblick am sinnvollsten und möglich erscheint. Auch wenn wir es später vielleicht besser wissen, so war es doch im Augenblick das Bestmögliche. Dich in „guten wie in schlechten Zeiten" und darüber hinaus zu lieben, versöhnt dich mit dir und macht dich ganz. Gehst du so eine neue Beziehung mit dir ein, heilen alle Wunden wie von selbst. Nimmst du dich an mit diesem Körper, mit diesem Verstand und mit allem, was dich ausmacht, dann ist es, wie wenn du dich selbst in die Arme nimmst, dich wiegst wie ein Baby und dir versprichst, dass alles gut ist, weil DU jetzt da bist. Die Liebe zu dir selbst, zu allen Wesen und somit zum Leben auf der Erde ist die Voraussetzung dafür, dass du Liebe erfährst, weil du dann nur mehr das Beste für dich und alle willst und zulässt. Du bestimmst, wer dir begegnet und von welcher Qualität diese Begegnungen sind. Vertraue dieser Energiequalität und darauf, dass sie nur das Beste will.

Liebst du dich selbst, dann verändert sich auch deine Sprache. In dem, was du sagst und nicht sagst, wie du es ausdrückst und welche Bedeutung du den Worten gibst, liegt ein wichtiger Schlüssel für die Qualität deines Lebens. Dabei macht es keinen großen Unterschied, ob du etwas aussprichst oder es dir einfach nur denkst. Auch deine Gedanken bedienen sich der Sprache. „Sprachlos" zu sein ist daher ein sehr befreiender Zustand und unterstützt deine mentale Heilung. Platz für neue Perspektiven und Kreationen wird frei. Eine liebevolle, staunende und freudvolle Kommunikation mit dir und der Welt zieht in dein Leben ein.

Worte sind Energieträger. Sie erzeugen Stimmungen. Mit ihnen transportierst du die Energiequalität, die in dir ist, nach außen. Es ist daher nicht so bedeutsam, welches Wort genau du für etwas verwendest. Wesentlich ist vielmehr, aus welcher Quelle in dir die Worte kommen und welche Qualität mit ihnen mitschwingt. Du kannst zum Beispiel zu jemandem sagen: „Ich liebe dich", und die Energie, die du damit transportierst, hat die Bedeutung und Wirkung von „Ich brauche dich. Ohne dich fühle ich mich einsam und verlassen und wertlos." Kannst du „ich liebe mich" so sagen, dass es dir warm ums Herz wird und du die Schmetterlinge in deinem Bauch aus Freude tanzen fühlst, dann sind der Inhalt der Aussage und die Energiequalität in dir eins. Sagst du dann zu jemand „Ich liebe dich." und kommt auch dieser Satz aus derselben Quelle in dir, hat er eine vollkommen andere Bedeutung: „Es ist so schön, mit dir zusammen zu sein. Wir sind zwei supertolle Menschen. Du bringst mich immer wieder zum Staunen und zum Lachen und dafür bin ich dir sehr dankbar."

Sprache dient dazu, zu teilen, und sie schafft Wirklichkeiten. Das sollte dir bewusst sein. Du kannst darauf achten, welche Worte du verwendest und ob sie mit dem übereinstimmen, was du fühlst. Um dir das bewusstzumachen, spür deinen Worten oder denen eines anderen nach. Was lösen zum Beispiel Worte wie „Harmonie", „Kampf", „Liebe", „Angst", „Pflicht" in dir aus?

So wie in deinem Körper und in deinem Verstand ist auch in deiner Sprache gespeichert, was du dir bis jetzt erschaffen hast, welche Bedeutung du dir und deinem Leben gibst. Bist du immer davon ausgegangen, dass andere klüger und schöner sind als du, dann hat sich das auch in deinem sprachlichen Ausdruck niedergeschlagen. Du wirst dann vermutlich nicht mit einer klaren und kräftigen Stimme, die aus deiner Mitte kommt, sagen: „Ja, gerne mache ich das. Ich kann das sehr gut." Oder: „Dieses Kleid steht mir hervorragend. Es macht mich wunderschön." Hältst du selbst nicht viel von dir, kommunizierst du das auch. Entweder drückst du es direkt aus wie zum Beispiel: „Das schaffe ich nie, es war schon immer so", oder du versuchst es zu verbergen und preschst nach vorn mit Worten wie „ja, ja, kein Problem, das mache ich mit links" oder du lenkst davon ab, indem du einen Witz erzählst. Was immer du auch tust oder sagst, wenn es nicht dem entspricht, was du im Augenblick wirklich willst, dann bestätigst du mit Hilfe der Sprache alte Muster und machst dir dein Leben schwer. Fühl dich frei, neue Worte für dein Neues zu finden.

Gedanken und ihre Worte sind auch oft voller Gewalt, wie zum Beispiel: „Ich bin eine blöde Kuh" oder „Ich bin schuld" oder „Ich fresse und fresse in mich hinein und kann mich dann nicht mehr im Spiegel anschauen" oder „Ich muss endlich meinen inneren Schweinehund bekämpfen." Welche Energie transportieren diese Sätze für dich? Was lösen sie in dir aus? Vergleiche die Wirkung folgender Aussagen miteinander: „Nie und nimmer schaffe ich mein Studium. Dafür bin ich zu blöd." Oder „Ich habe die Matura geschafft, super. Jetzt lasse ich mich überraschen, was noch alles in mir steckt." Vielleicht hast du ja Lust, jetzt ein paar Sätze, die in dir sind, aufzuschreiben und neue Worte dafür zu finden.

In uns allen stecken viele Glaubenssätze, an denen wir – meist unbewusst – unser Handeln orientieren und die hochwirksam sind. Viele davon appellieren an unsere selbstkritischen Fähigkeiten und schneiden uns von der Liebe ab, indem sie Bedingungen stellen. Vor vielen Jahren kam ein arbeitsloser Mann Mitte vierzig zu mir in die Beratung und wollte, dass ich ihm helfe, einen neuen Job zu finden, einen, in dem er mehr gefordert sei als im alten. Seine Wünsche kreisten alle um Aufgaben, für die er jedoch aus seiner Sicht nicht ausreichend qualifiziert war. Was auch immer ich ihm an Möglichkeiten, dorthin zu kommen, anbot, er antwortete jedes Mal mit: „Das schaffe ich nicht, dafür bin ich schon zu alt." Diese Aussage wirkte so stark, dass sie auch mich immer wieder mit hineinnahm in den Strudel der Aussichtslosigkeit. Manchmal ertappte ich mich sogar dabei, dass ich dachte: „Stimmt, er ist wirklich zu alt für alles. Der hat ja wirklich keine Chance am Arbeitsmarkt. Streng dich an und hilf ihm wenigstens, sein Schicksal zu ertragen." Bis eines Tages seine Frau mitkam. Als er wieder mit seinem Lieblingsthema begann, lachte sie auf und sagte zu mir: „Lassen Sie sich von seiner Aussage „ich bin zu alt" nicht einschüchtern. Das hat er schon gesagt, als wir uns kennen lernten. Damals war er gerade erst siebzehn Jahre alt." Ab dem Moment ließ ich mich davon nicht mehr beeindrucken und brachte ihn dazu, sich seinen Idealjob in allen Details vorzustellen. Nach einem halben Jahr kam er überraschend bei mir vorbei, um mir mitzuteilen, dass er einige Wochen nach unserem letzten Gespräch seinen Wunschjob erhalten hatte.

Dieses Beispiel zeigt auch sehr deutlich, wie weit uns Gedanken von dem entfernen können, was möglich ist und wer wir wirklich sind, und dass es keinen Sinn macht, an ihnen festzuhalten. Die Liebe zu dir und das Vertrauen darauf, dass viel mehr möglich ist, als du denkst, reicht aus, um den Weg zu DIR erfolgreich weiterzugehen. Was unterstützt dich noch auf deiner Reise? Woran kannst du dich im Alltag orientieren, um sicher zu sein, dass du auf dem richtigen Weg bist? Wie bringst du mehr und mehr Freude in dein Leben?

ICH BIN AUTHENTISCH

Es gab eine Zeit in meinem Leben, in der es mir sehr unangenehm war, Clowns zu begegnen. Manchmal hatte ich sogar regelrecht Angst vor ihnen, ähnlich wie vor Kindern. Was das eine mit dem anderen zu tun hat, willst du wissen? Kennst du das Sprichwort „Kinder und Narren sprechen die Wahrheit"? Wenn man – so wie ich damals – penibel darauf achtet, keine Fehler zu machen, dann ist die Authentizität von Clowns und Kindern eine große Herausforderung. Heute bin ich sehr froh darüber, dass ich mich in ihrer Umgebung sehr wohlfühle.

Dass sich diese Angst in mir vollständig gewandelt hat, verdanke ich unter anderem einer Reihe von Clown-Workshops, die ich eine Zeit lang organisiert und an denen ich auch selbst teilgenommen habe. Sie trugen den Titel „Entdecke deinen Clown" und unterstützten die Teilnehmenden dabei, spielerisch und humorvoll ihr authentisches Ich „herauszuarbeiten". Das Auftreten vor Publikum war dabei ein hervorragendes Training, wie der Blick in einen klaren Spiegel. Sobald wir uns danach ausrichteten, die Menschen zum Lachen zu bringen, ernteten wir beklemmendes Schweigen. Vergaßen wir hingegen alles um uns herum und gingen den Impulsen, die aus uns kamen, nach, wurden wir von schallendem Gelächter überrascht.

Was bedeutet dieses Beispiel für den sogenannten „Alltag"? Bist du DU und drückst aus, was aus dir kommt, bist du erfrischend wie eine Zitronenlimonade an einem heißen Sommertag und die Energie wandelt sich im Augenblick. Sind deine Motive rein und klar und übernimmst du dafür die Verantwortung, musst du deine Kommunikation mit anderen auch nicht filtern. Indem du dich für etwaige Reaktionen nicht (mehr) verantwortlich fühlst und sie daher auch nicht persönlich nimmst, ziehst du fremde Emotionen auch nicht mehr an. Was dein Gegenüber aus deinen Mitteilungen macht, entscheidet dein Gegenüber. Darauf hast du keinen direkten Einfluss und dafür bist du auch nicht zuständig.

Was genau machst du, wenn du dich „authentisch" verhältst, und was hast du davon? Ein Beispiel: Du bist bei einem Geschäftskollegen zum Abendessen eingeladen. Das Haus, in dem er wohnt, ist wunderschön. Du bist überwältigt. So ein Haus wünschst du dir schon lange. Plötzlich kommt ein unangenehmes Gefühl in dir hoch und legt sich wie ein schwerer Teppich über alles: Neid? So gut kann das Abendessen gar nicht sein, dass es den Geschmack und den Geruch dieser Emotion übertünchen könnte. Dein Versuch, dieses unangenehme Gefühl loszuwerden mit den Gedanken „Das konnten sie sich auch nur leisten, indem sie einen Kredit aufgenommen haben. Sie geben es ja nicht zu, aber bei diesen Belastungen haben sie sicher Schlafstörungen und wer weiß, was sonst noch..." scheitert. Mit ein paar Gläsern des qualitätsvollen Rotweins könnte dir dies schon eher gelingen. Zumindest für ein paar Stunden.

So weit die Geschichte in der alten Version und jetzt die neue, ausgehend von dem Moment, in dem neidvolle Gefühle in dir hochkommen: Du nimmst diese gelassen wahr und ganz selbstverständlich an. Dann fragst du dich, welcher Wunsch wohl hinter dieser Emotion steckt, und du entdeckst deine Sehnsucht nach einem (so) schönen Haus. Indem du deine Emotion als Wegweiser akzeptierst, beginnt sie sich zu wandeln und steht dir als kraftvolle, kreative Energie zur Verfügung. Und schon bist du mitten im Entstehenlassen. Von einem Moment auf den anderen wirst du zur „Hausbesitzerin". Jetzt genießt du das hervorragende Abendessen und den herrlichen Wein in diesem wunderbaren Haus deines Geschäftsfreundes, wie wenn es bereits deines ist. Der Rest ist nur mehr eine Frage der Zeit.

Über deine Authentizität bist du unmittelbar mit DIR und somit mit deiner Ursprünglichkeit verbunden. Du lässt zu, dass du das denkst und tust, was du denken und tun willst. Du vertraust darauf, dass alles in dir ist, um den Augenblick nach deinen Wünschen zu gestalten. Kinder können das noch wunderbar. Du kannst viel von ihnen lernen, ganz besonders in diesem Zusammenhang. Als ich ungefähr vier Jahre alt war, traf ich am Gang des Gasthauses meiner Eltern einen betrunkenen Mann. Er hatte Mühe, aufrecht zu gehen. Ich stellte mich vor ihn hin, sah zu ihm auf und sagte: „Du Bsuff!" (du Besoffener). Plötzlich und für mich vollkommen überraschend gab er mir eine kräftige Ohrfeige. Ich fiel hin und war vollkommen verstört: Warum werde ich für etwas bestraft, das so offensichtlich ist? Was ist falsch daran, das Offensichtliche in Worte zu fassen?

Einige Jahre später stand ich mit meiner Mutter vor unserem Haus, als eine „Sommerfrischlerin" – so nannten wir damals die Gäste, die in unserer Pension Urlaub machten – vom Sonnenbaden kam. Meine Mutter empfing sie mit den Worten „Sie sehen aber toll aus. So schön braun." Schon fast perfekt trainiert im Denken und Handeln „der Gast ist König" vervollständigte ich das Kompliment meiner Mutter mit „Ja, wirklich, wie eine Tomate." Der Blick der Frau und ihr abruptes Abwenden machten mir klar, dass ich einen Fehler gemacht hatte. Und im Unterschied zu dem Ereignis einige Jahre zuvor, gab es diesmal bereits eine Stimme in mir, die sagte „So etwas sagt man nicht." Ich hatte dazugelernt und nahm mich zurück. Zu sehr. Erst viele, viele Jahre später erlaubte ich mir wieder, meiner Wahrnehmung zu vertrauen und meine Gedanken und Gefühle authentisch auszudrücken.

Authentisch zu sein und unsere wahre Größe zu leben, erleben wir Erwachsenen oft als große Herausforderung. Wir fürchten uns vor dem, was in uns steckt, weil wir gelernt haben, diese Kraft negativ zu bewerten. Haben wir den Mut, uns mit dieser Kraft zu vereinen, wandelt sich Angst in Lebensenergie. Die Energie kann (wieder) fließen und die vielen Puzzlesteine unseres vorangegangenen Lebens ergeben ein stimmiges Ganzes. Alles, was du aus der Liebe in dir und zu dieser Erde ausdrückst, dient dem Wandel und kann nie „falsch" sein. Willst du dich frei fühlen und ausdrücken, wer DU bist, übernimm die volle Verantwortung dafür und bewerte es nicht. Deine Wahrhaftigkeit ist höchst heilsam. Alles auszudrücken, was du ausdrücken willst, bedeutet Heilung pur. An deinem „alten" Verstand vorbei und darüber hinausgehend löst dein authentischer Selbstausdruck alle alten Vorstellungen auf.

Dabei geht es immer nur um den Augenblick, um das Jetzt. Was heute für dich wahr ist, kann morgen schon wieder ganz anders sein. Du bist ständig im Fluss und entdeckst immer wieder neue Wahrheiten in dir, immer „tiefer" führst du dich zu DIR und zugleich in die Freiheit. Bist du frei, drückst du aus der Liebe zu dir und dieser Erde aus, was im Augenblick da ist. Zum Beispiel Personen gegenüber: „Tut mir leid (genau genommen tut es dir nicht mehr „leid", aber es bietet sich noch manchmal als Einleitung an), aber ich sehe das nicht so." So schaffst du einen Abstand zu deinen Gewohnheiten und probierst Neues aus. Und falls du noch etwas zur Ermutigung brauchst: So wie dir geht es den meisten Menschen mit diesem Thema. Steigst du aus alten Gewohnheiten aus, wird dies allen Menschen in deiner Umgebung möglich, sofern sie bereit dazu sind.

Deine Wahrheit im Augenblick zu leben, ist, wie wenn du neu sehen lernst. Du gibst dich nicht mehr mit dem Vordergrund zufrieden, sondern du blickst auf das Dahinter. Wie bei einer Röntgenaufnahme. Der Unterschied ist nur, dass deine Strahlen heilsam sind. Blickst du auf das Wesentliche und gibst dem Vordergründigen keine Bedeutung mehr, bist du hochwirksam. Abgesehen davon wird es einfacher für dich, denn das alltägliche, menschliche Verhalten ist so kompliziert, dass du es ohnehin nicht im Laufe eines Lebens enträtseln kannst.

Lebst du authentisch und ursprünglich, ziehst du daraus den höchsten Gewinn für dich selbst. Es ist unendlich befreiend und genussvoll, nichts mehr verbergen oder verdrehen zu müssen, um vermuteten Erwartungen zu entsprechen. Direkt und einfach drückst du aus, was ist, oder du schweigst ganz einfach, weil du nichts Wesentliches zu sagen hast. Du zeigst dich so, wie du gerade bist. Keine stundenlangen Diskussionen mehr mit dir selbst, keine Vorwürfe mehr bis spät in die Nacht. Nichts mehr davon. In dir ist sprühendes Leben und du hast große Freude mit dem, was aus dir kommt. Du begegnest dir selbst und anderen in der Haltung von „ICH bin es. Na und?"

Immer wieder wegzukommen von alten Gewohnheiten und dir immer schneller bewusst zu werden, ob etwas gut für dich ist oder nicht, darin trainiert dich dein Alltag. Du bist herausgefordert, mitten im gelebten Leben Veränderungen herbeizuführen. Das ist nicht ganz so kompliziert, wie es vielleicht gerade klingt, denn im Grunde ist die Ausrichtung auf deine Wünsche das, was wirkt. In der Eile ist jedoch oft schnelles Handeln gefragt und da springen dann alte Muster ein. Wie beim Autofahren. Die Abläufe werden im Laufe der Zeit so selbstverständlich, dass dein Körper sie von alleine ausführt. Willst du die automatisierten Abläufe unterbrechen, braucht es deine Wachheit und ein bewusstes Stoppen. Wie machst du das? Was unterstützt dich dabei, in konkreten Situationen aus alten Mustern auszusteigen und mit dem Gewünschten in Verbindung zu treten?

ICH ATME BEWUSST

Du hast diese Erde mit einem ersten Atemzug betreten und du wirst sie mit einem letzten Atemzug wieder verlassen. In der Zeit dazwischen begleitet dein Atem dein Leben. Genau genommen atmet deine Lunge und versorgt deine Körperzellen mit dem lebensnotwendigen Sauerstoff. Im Internetlexikon Wikipedia findet sich dazu folgende Erklärung: „Die Atmung ist die Oxidation eines energiereichen Substrates unter Reduktion eines externen, Elektronen akzeptierenden Substrates (z. B. Sauerstoff), wobei ein (großer) Teil der Energie dieser Redoxreaktion chemisch auf andere Moleküle übertragen und chemisch gespeichert wird." Alles klar? Nein? Das macht nichts. Je weniger du davon verstehst, umso besser, denn dann kann dein Körper weiterhin in Ruhe seine Arbeit machen.

So weit zur körperlichen Funktion des Atmens. Ist es nicht phantastisch, was unser Körper so ganz von alleine macht? Ich bin immer wieder tief beeindruckt davon. Alles ist darauf ausgerichtet, Leben zu spenden und zu erhalten. Ein Meisterwerk der Schöpfung. Erlebst du das auch so, dann weißt du oder ahnst du, dass es eine Intelligenz gibt, die weit über unseren Verstand hinaus existiert. Wenn du dankbar bist für dieses wundervolle System „Körper", bist du frei, dich deinen Wünschen zuzuwenden. Du hast dann nicht das Gefühl, dich ständig um etwas kümmern zu müssen, das ohnehin viel zu komplex ist, um es kontrollieren zu können. Wenn du willst, dann nimm jetzt einen tiefen Atemzug und verbinde damit den Dank an deinen Körper. DU und er, ihr seid ein geniales Team und unzertrennlich in diesem Leben.

Lenkst du deine Aufmerksamkeit auf das Atmen, dann gehst du bewusst eine Verbindung mit diesem wunderbaren System ein. Eine sehr zentrale Verbindung. Sie ist die direkteste und schnellste Möglichkeit, dich mit DIR zu vereinen. Willst du das praktisch überprüfen, gib deine ganze Aufmerksamkeit zum Atmen: „Ich atme ein. Ich atme aus. Ich atme ein. Ich atme aus…" So begleitest und verstärkst du bewusst etwas, was ohnehin geschieht. Kannst du spüren, wie sich dabei deine Aufmerksamkeit auf deine Mitte konzentriert und wie still es im Verstand wird? Je öfter es dir gelingt, den gewohnten Gedankenfluss zu unterbrechen, desto leichter wird es, zu bestimmen, ob und was du denken willst. Das ist der Kern deines Trainings auf der Reise zu DIR. So kannst du den Wandel im Detail herbeiführen, denn auf Details kommt es an, wenn du mitten im Leben stehst und ständig eingeladen wirst, von DIR Abstand zu nehmen. Viele dieser kleinen Puzzlesteine führen dann letztlich zum großen Ganzen: deiner dauerhaften und tiefen Freude am Leben.

Diese Form des bewussten Atmens hat nichts mit einer Technik oder einer Methode zu tun. Es ist mehr als eine Methode und zugleich auch weniger, denn das Atmen bist DU. DU bist der Atem. Kannst du das nachvollziehen? Diese Vorstellung bringt dich ganz an das „ICH bin es" heran. Nimm jetzt, wenn du Lust hast, ein paar Atemzüge im Bewusstsein „ICH bin es" und „ich BIN der Atem" und fühle deine Ausdehnung.

Mit deinem Atem kannst du wirklich Erstaunliches machen. Du kannst seufzen, singen, lachen, springen. Du kannst dich selbst beruhigen und du kannst dich aktivieren, du kannst damit schwimmen, reiten, tanzen, staunen. Du kannst dir deiner selbst bewusst werden, dich entspannen und alles loslassen. Du kannst dich damit an jeden Ort dieser Welt beamen und du kannst dir damit jeden Wunsch erfüllen. Hier und jetzt. Indem du deine Wunschvorstellungen beatmest, nimmst du sie in jede Zelle deines Körpers auf und sie nehmen so – im wahrsten Sinne des Wortes – Gestalt an. Sie manifestieren sich in dir. Willst du das jetzt ausprobieren, frage dich, was du dir gerade wünschst. Stell dir das Willkommene in Form von Bildern, Tönen und Gerüchen so sinnlich wie möglich vor und verbinde jede dieser Vorstellungen mit einem bewussten Atemzug. Kannst du sie so wahrnehmen wie in der sogenannten „wirklichen Wirklichkeit"? Deine Vorstellungskraft und dein Körper machen es möglich, Feste zu feiern, wann immer dir danach ist, und der Atem unterstützt dich dabei. Er verbindet die Vorstellung mit dem Erlebnis und macht so aus der Idee eine gefühlte Erfahrung.

Wenn ich zum Beispiel will, dass die Worte aus mir fließen und sich zu einer Aussage formen, die mich selbst überrascht, dann gehe ich in Kontakt mit meiner Atmung und stelle mich auf diesen Wunsch ein. Mein Atem holt dann wie die Schaufel eines Baggers den Inhalt aus der Tiefe oder, wie ein Winzer den Wein mit einem einfachen Schlauch dazu bringt, aus dem Fass zu fließen. Und so überraschend, wie sich gerade die Metaphern „Bagger" und „Weinfass" am Bildschirm meines Laptops materialisieren, entsteht Schritt für Schritt der gesamte Text. Dass ich mich darüber freue wie ein Kind, das vorsichtig die Form hochhebt, unter der ein kunstvoller Sandkuchen zum Vorschein kommt, ist für mich der größte Gewinn.

Deine Atmung ist dein machtvollstes „Instrument" auf der Reise zu DIR und darüber hinaus. Du findest in diesem Buch immer wieder Beispiele, die dich dazu einladen, sie bewusst zu nutzen. Wie genau du etwas machst, bestimmst du selbst. Probiere aus, experimentiere damit. Im Grunde begleitet das bewusste Atmen die Beziehung zwischen dir und DIR. Es verbindet euch in jedem Augenblick, schnell und unspektakulär.

Vor vielen Jahren befasste ich mich mit einer bestimmten Methode des Mentaltrainings. Ich hatte sie aus Amerika direkt vom „Erfinder" übernommen und für den deutschsprachigen Raum übersetzt und aufbereitet. Die Seminare, die ich anschließend durchführte, trainierten auch mich selbst. Der Inhalt führte die Teilnehmenden zu SICH und dabei vor allem in ihren Körper. Man wurde praktisch „gezwungen", in ein „Land" zu reisen, das den meisten Menschen fremder ist als Italien oder die Malediven: der eigene Körper. Ich war eine von denen. Meine psychosomatische Geschichte hatte mir bis dahin immer verboten, mich mit Freude meinem Körper und meinem Geist zuzuwenden. Ich fürchtete mich regelrecht vor dem, was sich in meinem Körper abspielte. Als Seminarleiterin erlebte ich jedoch „gezwungenermaßen" die Reisen immer wieder, und irgendwann war jeglicher Widerstand in mir aufgelöst. Das Ergebnis war berauschend. Ich verbrachte Wochen und Monate damit, mich bei jeder Gelegenheit zurückzuziehen und durch meinen Körper zu reisen. Die Gestaltung der Reisen wurde immer freier und machte mir viel Freude. Während ich damit spielte, die Energien durch meinen Körper fließen zu lassen, wurde mir immer bewusster, was für ein herrlicher Spielkamerad der Atem ist.

Bewusstes Atmen setzt – so gesehen – voraus, dass du mit deinem Körper in einer guten Beziehung bist. Über das Atmen kannst du diese Beziehung aber auch herstellen. Am leichtesten geht das, wenn du spielerisch damit umgehst. Beatme zum Beispiel einzelne Körperteile oder schicke deinen Atem ins Nachbarhaus, auf einen anderen Kontinent. Hole damit Freude in deinen Körper oder Licht oder Freiheit. Bist du einverstanden, dass diese Energiequalitäten deinen Körper durchfließen dürfen, dehnen sie sich immer mehr in dir und um dich herum aus und bescheren dir die wundervollsten Wohlgefühle. Warum ist es so wichtig, dass du dich wohlfühlst in deinem Körper? Zum einen nimmst du durch ihn DICH wahr und gestaltest so ein langes und freudvolles Leben, und zum anderen ist das Wohlgefühl die Basis für alle deine bewussten Kreationen. Fühlt es sich gut an, mit DIR zu sein, entstehen um dich herum laufend Situationen von derselben Qualität. Indem du über die Atmung mit DIR in Kontakt bleibst, materialisiert sich nur mehr, was DU bist.

Welche Rolle spielt das Atmen beim Erzeugen von Wirklichkeiten? Ein Beispiel dazu: Du gehst gerade an einem sonnigen Tag durch die Fußgängerzone deines Wohnortes. Am Hauptplatz unter der alten Linde sind Tische und Sessel des angrenzenden Kaffeehauses aufgestellt, die dich zum Verweilen einladen. Es tut dir sehr leid, dass du dieser verlockenden Einladung im Augenblick nicht nachkommen kannst. Du nimmst diesen Impuls jedoch auf, indem du einen tiefen Atemzug machst und bestätigst: „Ich will in der Sonne sitzen, einen Kaffee genießen und dem Treiben am Platz zusehen." Indem du diesen Wunsch im Augenblick bestätigst, wandelt sich die Energie in dir, und du bleibst nicht bei dem Gedanken „Ich bin so arm. Alle dürfen in der Sonne sitzen, nur ich nicht." hängen. Du bist gewiss, dass du bei der nächsten Gelegenheit geradewegs auf dieses Kaffeehaus zugehen und das genießen wirst, worüber du dich jetzt schon freust. Zusätzlich hast du damit deine Aufmerksamkeit für alle Situationen, die diese Qualität aufweisen, geschärft und dich für entsprechende Erfahrungen geöffnet.

Die wirksamste Art, dich mit Hilfe deines Atems mit DIR zu verbinden, ist das Einatmen von reinem Licht. Die Vorstellung von reinem Licht ist so etwas wie „neutrale" Energie. Der Verstand kann sich leichter zurücknehmen und funkt nicht wertend dazwischen. Verbindest du die Vorstellung von reinem Licht mit dem Sonnenlicht, verbindest du dich mit der Energie, die das Leben auf der Erde ermöglicht. Dafür sollte doch jeder Verstand dieser Welt zu gewinnen sein, oder?

Frei atmen ist für viele Menschen keine Selbstverständlichkeit. Blockaden im Körper und im Verstand hindern sie daran. Körperliche Blockaden weisen auf einen Energiestau hin und werden als Enge, Anspannung oder Schmerz wahrgenommen. Willst du einen Energiestau auflösen, vertraue vor allem darauf, dass du es kannst und dass dies die Basis für dein Wohlbefinden darstellt. Du brauchst deinen Körper für deine Schöpfungen und dein Körper braucht dich. Solltest du das bewusste Atmen intensiver üben wollen, dann bietet dir zum Beispiel Yoga gute Möglichkeiten dazu.

Ich könnte mir vorstellen, dass der eine oder die andere bei diesem Kapitel ein wenig erstaunt darüber ist, was am Atmen Besonderes sein soll. Als ich selbst vor vielen Jahren durch Gretas Arbeit das erste Mal damit konfrontiert wurde, hatte mein Verstand nur ein müdes Lächeln dafür übrig. Er konnte sich nicht vorstellen, wie so etwas Selbstverständliches eine große Bedeutung haben sollte. Nichtsdestotrotz blieb ich dran und jetzt ist das bewusste Atmen so in mein Denken und Handeln integriert, als wäre es nie anders gewesen. Wann immer ich eine angenehme Erfahrung, einen Wunsch, ein Wohlgefühl wahrnehme, verbinde ich diese mit einem tiefen Atemzug. Wann immer ich etwas loslasse, nehme ich einen tiefen Atemzug. Willst du dich über deinen Atem zum Beispiel von etwas befreien, stell dir vor, dass du beim Einatmen helles Licht über deinen Scheitel in deinen Körper holst und beim Ausatmen alles über die Füße in den Boden abfließt. Du kannst dabei ruhig alles loslassen, denn das, was DU bist, bleibt ohnehin. Was abfließt, sind alte Gedanken und Emotionen, alte Energien, die sich durchs Atmen wandeln.

Es ist eine gute Idee, das bewusste Atmen zu deinem ständigen Begleiter zu machen. Nimm zum Beispiel – wann immer es dir in den Sinn kommt – ein, zwei Atemzüge und verbinde sie mit „ICH bin es". Vor dem Einschlafen am Abend und vor dem Aufstehen am Morgen ist die Licht-Reinigungsübung sehr hilfreich. Ein paar Atemzüge genügen. Du kannst dann auch einen Atemzug mit einem Wunsch verbinden, wie den nach einem guten und tiefen Schlaf oder nach einem erfüllten und erfolgreichen Tag. Fühlt sich während des Tages etwas komisch an, denke nicht darüber nach, sondern atme es einfach aus, immer wieder. Mache es einfach und vertraue darauf, dass das bewusste Atmen das einfachste und wirksamste Instrument ist, dich selbst hervorragend durch dein Leben zu führen. Hast du es als fixen Bestandteil in dein Leben aufgenommen, kommst du immer mehr in eine neue Wahrnehmung von dir selbst und dieser Erde. Freude breitet sich aus, weil du gut mit deinen Gefühlen verbunden bist.

Um den Augenblick genießen und DICH ihm öffnen zu können, ist es wichtig, dass du präsent bist. Deine Präsenz ist geerdetes Sein: Mit beiden Beinen stehst du auf dieser Erde, bist zugleich tief in dir ruhend und sprühend vor Lebenslust. Du genießt deinen vollkommenen Selbstausdruck im Vertrauen darauf, dass es für alles den passenden Zeitpunkt gibt. Auf der Bühne deines Lebens stehst du gelassen und nimmst dankbar mit allen Sinnen auf, was gerade dargeboten wird. Du wechselst mühelos von der Regisseurin zur Hauptdarstellerin, vom Intendanten zum Bühnenbildner, während du im Zuschauerraum sitzt und mit Begeisterung das Spiel verfolgst. Lustvoll gelebte, wunder-volle Mächtigkeit. Hier und jetzt. Alles erlebst du in dieser Qualität: Geschirr waschen, Steuererklärung abgeben, Auto fahren, Konferenzen abhalten, Kredit aufnehmen, Radio hören, schlafen, einkaufen, essen,…

Wenn du DU bist, bist du ganz sicher, dass du hier bist, um den höchsten Gewinn zu erfahren, und du bist dir auch ganz sicher, dass er dir zusteht. Dir und allen, die bereit sind für eine neue Welt. Dein neues Wissen kreiert sich jeden Augenblick aus der Präsenz, die DU bist, indem du ganz da bist mit frohem Herzen und dich ausdehnst in dem, was ist. Die Ausdehnung deines Herzens ist Präsenz pur und gelebte Meisterschaft. Die Freude und die Liebe, die DU bist, sind ein großes Geschenk für die alte Welt und eine hervorragende Basis für die neue Welt.

ICH WÜNSCHE UND ES GESCHIEHT

„Unsere Wünsche sind die Vorboten der Fähigkeiten, die in uns liegen." Dieses Zitat von Johann Wolfgang von Goethe drückt sehr klar aus, was in Wünschen steckt und warum sie so wichtig sind. Über das Wünschen wurde schon sehr viel geschrieben, daher beschränke ich mich darauf, was aus meiner Sicht wesentlich ist für das „DU bist es".

Deine Wünsche zeigen dir, wie du leben willst. Sie bringen dein Wesentliches ans Licht und sie spiegeln deine Essenz, dein Potential. Orientierst du dich an ihnen, bist du punktgenau an DIR dran. DU bist, was du wünschst. Wünsche haben die Kraft, Hindernisse zu wandeln und dich zur Glückseligkeit zu führen. Erfolgreiches Wünschen braucht deine Entschiedenheit und dein Vertrauen darauf, dass dir alles zusteht, was du willst. Entdecke deine Wünsche, nimm sie an und schöpfe so aus deinem unendlichen und einzigartigen Potential.

An dieser Stelle antworten mir oft die Menschen: „Und wenn ich nicht weiß, was meine Wünsche sind, wenn ich nicht weiß, was ich will?" Keine Angst, irgendwo in dir sind sie, deine Wünsche. Du bist nur nicht mit ihnen in Kontakt. Vieles, das scheinbar wichtiger war, hat sie zugedeckt. Am schnellsten entdeckst du sie, wenn du dir bewusstmachst, was du nicht (mehr) willst. Mach eine Liste davon. Schau dir diese Liste anschließend an und schreib zu jedem „ich will nicht" dazu, was du stattdessen willst. Achte darauf, dass der Wunsch frei formuliert ist, also nicht abhängig von jemand anderem, und so, dass sich jede Zelle in dir darüber freut. Ein Beispiel: „Ich will nicht mehr mit meinem Mann streiten." Als Wunsch könnte jetzt auftauchen „Ich will, dass mein Mann endlich erkennt, was für eine tolle Frau ich bin." Hüpft bei dieser Formulierung schon jede deiner Zellen vor Freude? Bei mir nicht. Also noch einmal: „Ich will rundum zufrieden mit mir sein und inspirierende Gespräche mit meinem Mann führen." Wie fühlt sich diese Formulierung an? Wenn es noch kraftvoller sein soll: „Ich bin rundum zufrieden mit mir und führe inspirierende Gespräche mit meinem Mann." Sollte sich dein Verstand jetzt über diese „kleinen" Details und Unterschiede wundern, dann lass ihn ruhig. Es ist tatsächlich wichtig, diese Unterscheidungen zu treffen, denn dein Geist ist da sehr genau. Deine Sprache transportiert die erwünschten Energien, und wenn du nicht aufpasst, dann bestätigst du aus Gewohnheit alte Muster, wie in obigem Beispiel in der Aussage „Ich will, dass mein Mann (jemand anderer ist also für mein Wohlbefinden zuständig) endlich erkennt (er war bis jetzt nicht in der Lage, von alleine draufzukommen, worauf ich schon ewig warte), was für eine tolle Frau ich bin (ich koche, putze und kümmere mich um die Kinder – ich mache eh alles, was man von mir erwartet)."

Auf deine Wünsche aufmerksam zu werden, kannst du auch gut im Alltag üben. Gehst du hellwach durch dein Leben, bietet sich an jeder Ecke eine Gelegenheit dazu. Immer wenn sich etwas unangenehm anfühlt, ist es etwas, das du so nicht willst. Du brauchst es dir in diesem Moment nur bewusstzumachen. Fühlst du dich zum Beispiel zu Hause unwohl, weil draußen die Sonne scheint, dann wird möglicherweise der Wunsch dahinterstecken, hinauszugehen zu wollen. Schon alleine das Wissen darüber hebt die Energie in dir an und du bleibst nicht in einer stumpfen Unzufriedenheit hängen. Ob und wann du deinen Wunsch in die Tat umsetzt, ist wieder ein eigener Schritt.

In meiner Familie war ich die erste, die ein Gymnasium besuchte. Meine Volksschullehrerin hatte mich dafür vorgesehen und ich war dafür, weil ich damit der „großen, weiten Welt" ein gutes Stück näher kommen konnte. Dafür musste ich mich allerdings selbst motivieren, und dies ging ungefähr so: „Ich kann mir zwar überhaupt nicht vorstellen, es bis zur Matura zu schaffen, aber ich kann mir gut vorstellen, es mit der ersten Klasse zu versuchen." Die ersten vier Jahre im Gymnasium gingen schnell vorbei, meine Leistungen waren guter Durchschnitt. Dann stand wieder eine Entscheidung an: Sollte ich weiterhin im Gymnasium bleiben oder in eine berufsbildende Schule wechseln? Meine Eltern berieten sich dazu mit einem Freund, dem sie als Fachschulabsolvent Kompetenzen in Ausbildungsfragen zuschrieben: „Für eine Frau ist es besser, sie lernt möglichst bald einen Beruf, damit sie arbeiten und Geld verdienen kann." Er schlug daher die Handelsakademie vor und ich war damit einverstanden. Noch vor den Ferien machte ich die Aufnahmeprüfung und meldete mich mit Ende des Schuljahres von meiner alten Schule ab. Alles schien in Ordnung. Bis zum ersten Schultag. Mein neuer Schulweg führte mich an meiner alten Schule vorbei und ich spürte beim Anblick des Gebäudes einen Stich in meiner Brust. Beim Betreten der neuen Schule fühlte ich mich sehr unwohl: die Eingangshalle viel zu groß, die Treppen viel zu flach, die Schüler und Schülerinnen viel zu laut, die Lehrer und Lehrerinnen viel zu ernst. Als ich auf meinem Platz in der neuen Klasse saß, konnte ich die anderen Schüler und Schülerinnen nur wie durch Watte wahrnehmen. In meinem Kopf hämmerte immer wieder ein Gedanke: „Was mache ich da? Was mache ich da? Das will ich nicht." Die erste Stunde ging so recht und schlecht an mir vorüber. Als in der zweiten Stunde eine Lehrerin darüber zu sprechen begann, was uns in „Buchhaltung" in diesem Jahr erwartet, stand ich abrupt auf, nahm meine Tasche und verabschiedete mich. Die Treppen hinunter lief ich fast und als ich beim Tor draußen war, fühlte ich mich unendlich erleichtert. Ich ging zurück ins Gymnasium, in „meine" Klasse. Mein früherer Klassenvorstand saß am Lehrerpult und sagte erstaunt: „Singer, du kannst hier nicht bleiben. Du bist abgemeldet." Das war der einzige Moment an diesem Tag, der mich irritierte, und mit einem Mal war ich ganz sicher: Ich wollte in dieser Schule maturieren und dann studieren. „Gut", meinte der Klassenvorstand, „wenn du dir so sicher bist, dann besprich das mit dem Herrn Direktor, denn nur der kann dich wieder aufnehmen." Der Direktor nahm mich wieder auf und den Rest des Schultages verbrachte ich bereits überglücklich in meiner neuen alten Klasse. Zu Hause teilte ich dann meinen Eltern meine Entscheidung mit und auch, dass ich alles dazu bereits erledigt hätte. Ich kann mich nicht erinnern, ob ich mir damals dankbar war für diese mutige Aktion, heute bin ich es. Sehr. Meine Dankbarkeit lässt mich erfahren, dass ICH es war und ICH es bin.

Willst du, dass sich deine Wünsche materialisieren, beachte dazu die „Formel": Ich bitte darum, ich danke dafür und es geschieht. Indem du bittest, gibst du entschieden und kraftvoll die Aufmerksamkeit zu deinem Wunsch im Sinne von „ja, ich will!" Indem du dankst, verbindest du den Wunsch mit DIR. Indem du freigibst, wie sich dieser Wunsch manifestiert, öffnest du dich für die Wunder und somit für den höchsten Gewinn.

Das Wünschen will gelernt sein. Vor allem dann, wenn du einverstanden bist, dass es zum lustvollen Motor für die Gestaltung deines Lebens werden darf. Viele Menschen gehen immer noch davon aus, dass sie bei der Gestaltung ihres Lebens darauf achten sollten, sich von unliebsamen Einflüssen abzugrenzen. Daher waren eine Zeitlang auch Seminare mit dem Thema „Wie lerne ich ‚nein' zu sagen?" sehr beliebt. Aber was bedeutet dieses Modell bei genauerer Betrachtung? Willst du dich abgrenzen, dann akzeptierst du, dass es ein Etwas oder einen Jemand gibt, der dir Vorgaben machen darf, auf die du dann reagieren musst. So, wie wenn dein Einkauf in einem Supermarkt daraus bestünde, dass einige Verkäuferinnen dir laufend Waren anbieten, die du so lange ablehnst, bis dir endlich das angeboten wird, was du wirklich brauchst. Willst du es einfach und leicht haben, konzentriere dich auf das, was du willst, und alles, was du nicht willst, rückt von alleine in den Hintergrund und löst sich schlussendlich auf. So wie du in den Supermarkt gehst, um dir etwas ganz Bestimmtes zu holen. Heute dies und morgen das.

Indem du „ja" sagst zu dem, was du willst, legst du den Fokus deiner Aufmerksamkeit auf DICH und deine Wünsche und gehst eine kraftvolle Verbindung mit ihnen ein. Was du nicht willst, fällt automatisch von dir ab, weil du keine Aufmerksamkeit mehr dorthin gibst. Lebst du ein klares Ja, vermittelst du mit jeder Zelle deines Körpers, wofür du stehst, und niemand sieht sich veranlasst, dich mit etwas anderem zu konfrontieren. So entstehen erst gar keine Situationen, in denen du glaubst, dich abgrenzen zu müssen. Und wenn doch, dann nimmst du diese nicht mehr wahr. Du bist frei.

Entwickelt sich dein Leben aus deinen Wünschen, nimmst du DICH wichtig. Du gibst DIR den höchsten Wert, weil es dir gut gehen darf und somit allen anderen, die dein Leben teilen. Du machst Platz für DICH, du lebst, was DU bist, und dein Potential kann sich entfalten. Nur wenn du Frieden in dir hast, kannst du Frieden weitergeben. Nur wenn du Freude empfindest, kannst du andere damit „anstecken". Nur wenn du die Liebe lebst, die DU bist, kann sie sich in deinem Umfeld ausdehnen. Wie kannst du etwas geben, wenn du es gar nicht hast? Wie kannst du Menschen und die Welt bei etwas unterstützen, das du selbst nicht kennst? Wie kannst du ganz DU sein, wenn du es dir nicht gönnst? Wie willst du Glückseligkeit erlangen, wenn es DICH nicht gibt?

„Egoistisch" bist du dann, wenn deine Wünsche aus dem Verstand kommen und nicht aus deinem Herzen. Bist du hungrig nach Liebe und Anerkennung und getrieben von Gedanken und Vorstellungen, diese Bedürfnisse unter allen Umständen zu befriedigen, dann trifft die Bezeichnung „Egoist" schon eher auf dich zu. Diese Energie ist uralt und hat nichts mit der Energie des Herzens zu tun. Menschen, die nicht in Kontakt mit sich und ihrem Herzen sind, müssen sich auf das verlassen, was sie denken. Ein Verstand, der ohne Herz auskommen muss, bemüht sich, dich mit allerlei Vorstellungen von dem, was dich glücklich machen wird, zufrieden zu stellen: ein noch schnelleres Auto? Eine neue Frau? Ein neuer Chef? Ein neuer Körper? Ewige Jugend? Äußere Zeichen, die dich mächtig, schön und reich erscheinen lassen. Und um das zu erreichen, sind dann alle Mittel recht, „koste es, was es wolle".

Wünsche dir am besten immer den höchsten Gewinn für dich und alle Beteiligten und vertraue darauf, egal, was auch geschieht. Der „höchste Gewinn" hat nichts mit dem gewohnten „Gewinn" zu tun, den du berechnen und zielorientiert herbeiführen kannst. Der höchste Gewinn kommt ganz aus DIR und ist überraschend. Er ist unmittelbar mit deinen tiefen Sehnsüchten verbunden und entzieht sich jeglicher Planung. Wie genau du dorthin kommst und was alles am Weg zu ihm liegt, kannst du nicht wissen. Das musst du auch nicht wissen. Wüsstest du es, würdest du es wieder kontrollieren wollen und somit „klein" machen. Und nicht nur das, du würdest viele Ereignisse gar nicht als Bausteine deines höchsten Gewinnes wahrnehmen, im Gegenteil, du würdest diese vielleicht sogar als etwas Unangenehmes, als „Katastrophe" bezeichnen.

Im Laufe meines Lebens habe ich dazu viele sehr eindrucksvolle Erfahrungen gesammelt. Die Geschichte, die mich am stärksten gelehrt hat, wie mächtig unsere Wünsche sind und auf welch ungewöhnlichen und zuweilen auch spektakulären Wegen wir zum höchsten Gewinn geführt werden, ist die eines Freundes. Nennen wir in K. Er arbeitete schon seit vielen Jahren in einer Firma, die ihm und zwei weiteren Männern gehörte. Diese Firma wurde nach einigen Jahren in zwei Abteilungen aufgeteilt, weil sich ein neuer Geschäftszweig entwickelt hatte. K. führte die Geschäfte der neuen Abteilung und einer seiner beiden Kompagnons führte die Geschäfte der zweiten Abteilung, in der das ursprüngliche Geschäftsfeld weiter bestehen blieb. Während sich in all den Jahren davor keine der vielen innovativen Ideen wirklich erfolgreich materialisiert hatte, entwickelte sich K.s neues Geschäftsfeld sehr vielversprechend, und eines Tages wurde ihm bewusst, dass das, was er alleine mit seiner Abteilung verdiente, die andere Abteilung mit einigen MitarbeiterInnen mitfinanzierte. Er fühlte sich müde und ausgelaugt und erkannte, dass er selbst davon so gut wie gar nichts hatte, außer Sorgen und viel Arbeit. Der Wunsch, frei zu sein und eine Firma ganz alleine zu führen, wurde immer stärker. Auch als es bereits offensichtlich geworden war, dass er seine Gesundheit aufs Spiel setzte, wagte er es dennoch nicht, diesen Wunsch seinen Kompagnons mitzuteilen und entsprechende Schritte zu setzen. So ging es einige Monate dahin, bis er eines Nachts einen Anruf bekam: „Ihre Firma brennt."

Ein Kabelbrand machte in einer Nacht das komplette Gebäude dem Erdboden gleich. Als mich K. anrief, um mir das mitzuteilen, sagte er: „Und weißt du, was das Eigenartigste daran ist? Ich kann nicht sagen, ob das schlecht oder gut ist." Alles bis auf K.s Unterlagen, die sich in einem anderen Gebäude befunden hatten, war weg. Für einen neuen Aufbau fehlte das Geld. Die Firma musste in der bisherigen Form stillgelegt werden. K. erlebte in der Folge ein sehr bewegtes Jahr. Alle alten Vorstellungen und somit auch seine bisherige Identität lösten sich, teilweise sehr schmerzvoll, auf. Nichtsdestotrotz blieb er an seinen Wünschen dran. Letztlich übernahm er die alte Firma in einer neuen Form und führt sie seit damals alleine und sehr erfolgreich weiter.

Diese Geschichte macht deutlich, dass wir uns der Erfüllung unserer Wünsche gar nicht entziehen können. Sind wir einmal darauf ausgerichtet und bestätigen wir sie immer wieder, dann gehen sie ihren Weg und wir mit ihnen. Nicht immer so dramatisch wie im Beispiel von K., jedoch immer zu unserem Wohle und dem aller Beteiligten. Die „alte Welt" muss sich auflösen können, wenn eine neue entstehen soll. Kennst du den Film „Alexis Zorbas"? Zorbas und ein englischer Ingenieur bauen einen Film lang an einer Materialseilbahn. Bei der von allen Dorfbewohnern sehnsüchtig erwarteten Einweihungsfeier bricht die Seilbahn unter der Last der Baumstämme nach einigen Zitterfahrten komplett zusammen. Die Gäste verlassen daraufhin fluchtartig den Platz. Die beiden bleiben zurück und nach einigen Minuten wendet sich Zorbas an den Engländer mit der Frage: „Hast du schon einmal etwas so wunderschön zusammenkrachen gesehen, Boss?". Beide brechen daraufhin in ein schallendes Gelächter aus und feiern ausgelassen ihre neue Freiheit.

Sind dir deine Wünsche nicht bewusst, dann wünsche dir, dass du sie kennen willst. Auch das ist ein Wunsch. Stell dich auf diesen ein. Bitte darum, danke dafür und vertraue darauf, dass sie sich manifestieren. Das Zulassen der Erfüllung will gelernt sein. Der konditionierte Verstand ist auf Leistung trainiert und tut sich schwer damit, zu glauben, dass etwas ohne ihn zu deinem Besten geschehen kann. Doch tatsächlich geschieht der Großteil der Ereignisse auf dieser Erde außerhalb menschlicher Kontrolle. Es ist uns nur nicht immer bewusst, und wenn, dann reagieren wir oft mit Angst. Während wir uns über Naturereignisse wie „es regnet" und „es schneit" meist noch freuen, erleben wir in der Regel Ereignisse wie „es stürmt" und „es bebt" als „Naturkatastrophen". So gesehen ist es kein Wunder, dass wir kein gutes Gefühl dabei haben, unsere Wünsche vertrauensvoll dem „es geschieht" zu übergeben.

Was heißt das jetzt auf dich als Person bezogen? Du hast zum Beispiel den Wunsch, ganz frei zu sein. Damit sich dieser Zustand materialisieren kann, ist es notwendig, dass hinderliche Erfahrungen aus deinem Kopf und aus deinem Körper ausgeschwemmt werden: alte Gedanken, alte Schmerzen. Du bittest darum, du dankst dafür und du bist einverstanden damit, dass es geschieht. Und dann musst du vielleicht plötzlich weinen und kannst nicht mehr aufhören: „Es weint und weint und weint." Das irritiert dich, entspricht es doch so gar nicht deiner Vorstellung von Befreiung. Was machst du damit? Du lässt es einfach zu, du bewertest es nicht, du verhinderst es nicht. So lange, bis die Tränen von alleine wieder versickern. Vor vielen Jahren, während meiner ersten Reise durch die Wüste, habe ich die Landschaft nur durch einen Tränenschleier wahrgenommen. Es floss aus mir, völlig unabhängig davon, was ich gerade tat. Auch noch einige Wochen danach begann ich immer dann zu weinen, wenn ich mit MIR in Berührung kam. Irgendwann versiegte der Strom und ich fühlte mich sehr leicht und frei. Lässt du zu, dass die Tränen fließen und dich befreien von der Last und der Trauer, dann ist das nichts, was du selbst in dem Moment machst. Es geschieht. Natürlich bist du auch in der Lage, Tränen bewusst zu erzeugen, aber die Wirkung unterscheidet sich signifikant.

Statt dir Ziele zu setzen und Schritt für Schritt darauf hinzuarbeiten, lässt du dich einfach davon überraschen, was geschieht. Bist du bereit, Überraschungen zuzulassen, betrittst du die Welt der Wunder. Wunder kommen nicht über den Verstand in dein Leben, sie manifestieren sich aus deinem Herzfeld und gehen weit über das hinaus, was du dir im Augenblick vorstellen kannst. Hast du die alte Vorgehensweise der Zieldefinitionen losgelassen, trittst du ein in dieses neue Land, das voll freudvoller Überraschungen ist. Wunder wahrzunehmen ist eine Kunst, die du dir aneignen kannst. Üblicherweise bezeichnen wir etwas als Wunder, das uns unerreichbar erscheint. „Wenn nicht bald ein Wunder geschieht, dann weiß ich nicht mehr, wie das weitergehen soll." Vor allem aber bringen wir uns selbst damit nicht in Verbindung. Mit Wundern ist es wie mit dem Sternenhimmel. Hast du dein Leben bis jetzt im Nebel zugebracht, kennst du keine Sterne und bist überrascht über den Reichtum des Himmels, wenn sich dieser Nebel eines Nachts auflöst. So wie die Sterne immer schon da waren, so ist es auch mit Wundern. Sie sind da. Immer schon. Es geht nur darum, sie wahrzunehmen.

Bist du frei, kannst du in allem, was dich umgibt, die Wunder wahrnehmen. In einem Sonnenstrahl am Morgen, in einem Blick deiner Partnerin, in der hundertsten „Warum-Frage" deines Sohnes, in der Art, wie deine Katze auf der Fensterbank liegt, in den vielen Menschen, die dir begegnen, in deinem Wohlgefühl. Begegnest du der Welt mit Staunen, öffnest du dich den Wundern. Mit all deinen Sinnen nimmst du auf, was ist, und gibst dich deinem kreativen Selbstausdruck hin. Bist du bereit, dein Leben als lustvolle Performance wunder-voller Kreationen wahrzunehmen, dann schöpfst du aus dem Vollen und bist hellwach für die Fülle, die dir die Erde bietet. Alles das sind Manifestationen der Wunderenergie. Da das Wünschen unmittelbar mit Wollen verbunden ist, sind deine Wunderkreationen Ausdruck deines freien Willens.

Weißt du, was du willst, und entscheidest dich bewusst dafür, triffst du eine Wahl. Wählst du zum Beispiel, wahrhaftig zu sein, kannst du in diesem Augenblick nichts anderes sein als wahrhaftig. Wählst du, dich gut zu fühlen, fühlst du dich gut. Wichtig ist, dass die Wahl eindeutig ist und du deine gesamte Aufmerksamkeit zu dem Gewählten gibst. So wirst du anziehend für das Gewählte und für alle Hilfen auf diesem Weg und bewirkst die Materialisation. Der höchste Gewinn daraus ist dir sicher, weil die Wahl aus DIR kommt. So wird dir auch bewusst, dass DU diesen Körper gewählt hast, um sinnliche Erfahrungen zu machen, die von deinem neuen Verstand staunend aufgenommen und begeistert unterstützt werden. Dein sogenannter Alltag wandelt sich zu einem Fest der Freude und der Sinne. Alles fühlt sich wundervoll und neu an: Das Frühstücksei – von einer auf grünen Wiesen lebenden Henne zur Verfügung gestellt – zergeht dir auf der Zunge, der Kaffee erzählt dir eine Geschichte von Sonne, Palmen und einem fairen Handel. In der U-Bahn, im Bus oder auf der Straße begegnen dir zufrieden lächelnde Menschen. Auf der Arbeitsstelle wirst du schon sehnsüchtig erwartet. Indem du diese Welt wählst, entsteht sie. DU bist es.

Du stellst dir zum Beispiel die Frage: „Worauf habe ich Lust? Welche Erfahrung möchte ich heute, morgen, übermorgen gerne machen?" Genussvoll eine Tafel Schokolade verzehren und dabei zwei Kilo abnehmen? Alleine durch den Wald laufen und Bäume umarmen? Bei Schlechtwetter mit den Kindern im Bett liegen bleiben und eine Kissenschlacht machen? Eine Tätigkeit ganz neu erleben? Alte Bekannte neu kennenlernen? Was auch immer du wählst, du machst es einfach und du denkst keine Sekunde darüber nach, was die Welt dazu zu sagen hat und ob du es dir leisten kannst. Erfahrungen sind wie Theaterstücke, die du für dich schreibst, die du selbst aufführst und zu denen sich andere eingeladen fühlen. Wählst du bewusst, dann liebst du es, Stücke zu schreiben, die sich gut anfühlen, und du kannst es kaum erwarten, sie aufzuführen.

In deinem Himmel auf Erden bist du verbunden mit allem, was ist, und dem Alles ist es eine Ehre und eine Freude, mit dir verbunden zu sein. Mit deinem Lachen, deinem Frieden, deinem Dasein, deiner Liebe, deiner sprudelnden Kreativität, deiner Neugierde, deiner Dankbarkeit, deiner neuen Welt. Alles an dir ist einladend, und es fühlt sich sehr gut an, in deiner Nähe zu sein.

Du hast zum Beispiel gewählt, dass du dich in der Gegenwart von Hunden wohlfühlen willst. Das ist das, was du willst. Bei deinem nächsten Spaziergang begegnest du im Wald einem Hund und bemerkst, dass du dich in seiner Gegenwart noch immer unwohl fühlst. Indem du dieser Wahrnehmung keine Bedeutung gibst und ausgerichtet bleibst auf das Gewählte, bleibt deine Wahl wirksam und beschleunigt den Wandel. Die Angst beginnt sich aufzulösen und Schritt für Schritt verändert sich deine Beziehung zu Hunden.

Du hast immer die Wahl, auch wenn es dir oft nicht so erscheinen mag. Wesentlich ist daher nicht, was du beobachtest, sondern was du daraus machst. Wohnst du zum Beispiel an einer befahrenen Straße, dann liegt es an dir, wie du damit umgehst. Du kannst die Geräusche als störend wahrnehmen und dich Tag und Nacht darüber aufregen. Du kannst das noch verstärken, indem du dir leid tust und denkst, dass du keine Wahl hast. Du kannst dich aber auch genauso gut dafür entscheiden, die Autos nicht zu hören. Und das nicht mit Hilfe von Ohrstöpseln oder „positiv denken": „Es ist zwar eine ausweglose und echt katastrophale Situation, in der ich mich befinde, aber ich bemühe mich, das Beste daraus zu machen." Nein, bitte nicht so. Das ist eine Bumerang-Strategie. Verbinde dich vielmehr bewusst atmend ganz mit DIR und lass alle Gedanken ziehen, die auftauchen. So, dass du aus dir heraus kraftvoll und wirksam bestimmen kannst, worauf du deine Aufmerksamkeit lenken willst: auf das Kochen, auf das Lesen, auf das Spielen mit deinen Kindern und vielleicht auch auf eine neue Wohnung.

Vor vielen Jahren kam ein Mann in meine psychotherapeutische Praxis mit einem massiven „Lärmproblem". Er konnte schon seit Wochen nicht mehr richtig schlafen und sich auch während des Tages auf nichts mehr konzentrieren, weil sein Nachbar – ein Pianist – zu Hause übte. Er erzählte mir sehr ausführlich davon und es gelang mir trotz einiger Interventionen nicht, ihn von der ausführlichen Schilderung seines Leidens abzubringen. Mittendrin fiel mir auf, dass die Renovierungsarbeiten in der Wohnung über meiner Praxis eine Lautstärke erreicht hatten, die teilweise sogar die Wände zum Schwingen brachte. Völlig unbeeindruckt davon schilderte mir der Mann weiterhin sein Leiden. Als ich ihn nach einiger Zeit unterbrach und fragte: „Sagen Sie, stört Sie der Lärm hier nicht?", antwortete er mir erstaunt: „Welcher Lärm?"

Wenn wir – wie dieses Beispiel zeigt – wählen, was wir wahrnehmen, warum dann nicht gleich etwas, das uns gut tut? Das kann in diesem Fall zum Beispiel die Freude an der Musik des Nachbarn sein, die Konzentration auf das Hervorbringen eigener Fähigkeiten wie Kochen, Malen oder Schreiben oder eine klare Bitte an den Nachbarn. Du wählst, was dir im Augenblick gut tut und worauf du Lust hast, und wenn das im nächsten Augenblick etwas anderes ist, wunderbar, dann wählst du das. Du bestimmst.

Wählst du, was du willst und was dir Freude macht, dann beschenkst du dich und deine Umwelt damit. So wirst du satt und zufrieden mit dir selbst, zufrieden mit dem, was ist. Bist du zum Beispiel deinem Wunsch nachgegangen und hast die Bilder gemalt, die in dir waren, dann hast du dich selbst reich beschenkt, und es kommt wieder eine Zeit, in der es still wird in dir. Du bist satt. Eines Tages entdeckst du vielleicht, dass du große Lust hast, zu singen oder zu kochen oder ein Buch zu schreiben oder eine Organisation zu gründen oder Kinder zu begleiten. Alles das sind kreative Anteile von DIR. DU bist es, einmalig und sprühend vor Lebensfreude.

Sei wach für deine Wünsche und Sehnsüchte. Beachte dabei ganz besonders, sie als einen Teil von DIR wahrzunehmen, und nicht als etwas, das sich außerhalb von dir befindet und erreicht werden muss. Gehst du davon aus, dass deine Wünsche von DIR getrennt sind, erzeugst du ein Mangelbewusstsein. Erlebst du sie hingegen als einen Teil von DIR, schöpfst du aus einer wundervollen, sprudelnden Quelle. Bleibst du ausgerichtet auf diese Quelle, bestimmen deine Wünsche ganz selbstverständlich dein Leben, weil es keinen Unterschied mehr zwischen dir, DIR und ihnen gibt. Du bist fließende Energie und dein vollkommener Selbstausdruck wird laufend aus der Quelle gespeist: leicht, direkt, selbstverständlich und in reinster Freude. Als Meister und Meisterin deines Lebens bist du immer wieder neu. Der Wandel ist dein ständiger Begleiter, das Staunen sein dankbarer Assistent. Du bist wirksam und du kannst nichts „falsch" machen. Du nimmst das größte Geschenk, das du dir gemacht hast, mit allen Sinnen und spielerisch an: das Leben.

Orientierst du dich aus der Freiheit heraus an deinen Wünschen, kommt die Freude in dein Leben. Das, wozu sich aus meiner Sicht jeder Aufwand hundertfach lohnt. Was unterstützt dich im Alltag dabei, an DIR dranzubleiben und zu genießen, was du bist? Woran erkennst du, dass du neu bist? Welche Rolle spielt dabei dein neuer Verstand?

ICH DENKE NEU –
ICH WILL, ICH KANN, ICH TUE

Denkst du neu, dann bist du neu und deine neuen Gedanken formen deinen neuen Verstand, unendlich frei, unendlich ausgedehnt. Der neue Verstand ist Teil deines entfalteten und schöpferischen Selbstausdruckes und assistiert dir, deine Meisterschaft zu leben. Indem du deine Ängste hingegeben hast, setzt du heilendes Licht frei für dich und die Erde. Neue Energien durchströmen dich wie ein Fluss, der sich immer wieder erneuert und doch der Fluss bleibt, der er ist. Eingebettet in Liebe schöpfst du kraftvoll sprühend aus der Quelle in dir und lebst deinen Himmel auf Erden, ganz im Vertrauen darauf, dass sich das, was in dir manifest ist, im Außen materialisiert. In der Gewissheit, dass du ein Teil vom Ganzen bist, so wie das Ganze ein Teil von dir ist, entsteht eine neue Welt aus dir und aus allen, die diese Gewissheit mit dir teilen. Neue Gedanken haben dir das Tor zur Glückseligkeit geöffnet. Glückseligkeit ist die himmlische Variante des Glücklichseins, ein unendlich ausgedehntes Gefühl der Freude, des Friedens und der Liebe. Über deine Dankbarkeit bist du mit ihr verbunden und somit mit DIR. Dein Himmel auf Erden ist somit deine Kreation. DU bist der Himmel. DU bist das Leben. DU bist es.

Die Vorstellung davon, dass es eine Kraft in uns gibt, die uns durch unser Leben führt, taucht im Laufe der Menschheitsgeschichte in unterschiedlichsten Werken immer wieder auf. Karl Rogers nannte zum Beispiel die Motivation, die von innen kommt und unser Handeln bestimmt, „Selbstaktualisierungstendenz". Für mich ist diese Tendenz das gelebte „ICH bin es", die Ausrichtung auf das schöpferische Potential, auf die Essenz, die wir sind. Wie immer du diese Kraft in dir auch nennst, wichtig ist, dass du sie wahrnehmen kannst und dass du ihr vertraust. Auch dieses „in dir" ist keine präzise Ortsbestimmung. Genau genommen konzentrieren wir uns dabei sowohl auf den Körper als auch auf das Darüber-hinaus, auf die Verbundenheit mit dem großen Ganzen. Das bewusste Atmen unterstützt uns dabei. Fühlst du dich wohl, sind deine Gedanken und deine Wünsche, als Ausdruck dieser Kraft, im Einklang. Fühlst du dich unwohl, weichen deine Gedanken von DIR ab. Meist hat es damit zu tun, dass du jemandem oder etwas außerhalb von dir mehr Gewicht gibst als der Instanz in dir.

In dir ist nicht nur eine Tendenz, die klar auf dein Wohlsein und die Verwirklichung deines Potentials ausgerichtet ist, in dir ist auch ein freier Wille. Weil du einen freien Willen besitzt, bist du in der Lage, zu wählen. Entscheidest du dich dafür, dass sich deine Wünsche auf direktem Weg materialisieren dürfen, dann wird es auch so sein, weil du mit der Kraft deines Willens den Weg dafür freimachst. Du willst es so und du lässt dich nicht davon ablenken. Stell dir ein kleines Mädchen vor, das aus nichts anderem besteht als aus dem Wunsch: „Ich will das rosarote Kleid mit den Rüschen und mit der Masche vorne drauf und die süßen Schühchen mit der rosa Schleife." Die Kraft dieses Wollens ist so stark, dass auch Aufklärungs- und Veränderungsversuche einer emanzipationserfahrenen Mutter an ihr abprallen. Wer schon versucht hat, gegen ein kindliches „ich will" mit Vernunft aufzukommen, kann ein Lied über die Energie kraftvoller Wünsche singen.

Dein Wille belebt deine Wünsche mit der für die Umsetzung notwendigen Energie. „Der Mann weiß, was er will." Welcher Mann taucht bei dieser Aussage vor deinem geistigen Auge auf? Wie ist seine Körperhaltung? Wie sein Blick? Seine Mimik? Seine Gestik? „Die Frau weiß, was sie will." Welche Frau taucht jetzt auf? Wie ist ihre Körperhaltung? Wie ihr Blick? Ihre Mimik? Ihre Gestik?

Verwechsle bitte den freien Willen nicht mit der trotzigen Kampfversion „Ich will aber!!!" So wie die wahren Wünsche direkt aus deinem Herzfeld und nicht aus deinem konditionierten Verstand kommen, so kommt auch der freie Wille aus DIR. Als solcher ist er keine vergangenheitsbelastete Emotion, die zum Ziel hat, dass du endlich zu deinem Recht kommst, endlich geliebt und endlich wahrgenommen wirst. Willst du dir den Unterschied bewusstmachen, dann überprüfe, ob dein Wollen Wohlgefühle wie Freiheit und Freude auslöst.

„Ich werde dir deinen Willen schon noch austreiben." Diese Worte einer ge-
stressten Mutter als Reaktion auf eine willensstarke Kundmachung meiner-
seits klingen heute noch in meinen Ohren. Das Kind, das ich war, hat daraus
Folgendes gelernt: „Ich weiß, was ich will, und das kommt bei den anderen
auch an. Es ist aber offensichtlich nicht erwünscht, dass ich meine Wünsche
so klar zum Ausdruck bringe."

Willst du neue Wege gehen, solltest du bereit sein, (wieder) auf DICH zu vertrauen und dich von Erlerntem zu lösen. Dafür brauchst du die Verbindung
zum „ICH bin es" und neue Erfahrungen, die dich darin bestätigen. Ist dir
das einige Male gelungen, bist du DEINER gewiss. Diese neue alte Sicherheit
kommt aus DIR. Sie ist die einzig wahre Sicherheit, die du erlangen kannst.
Alle anderen entsprechen mehr der Bedeutung von „Absicherung" und „Versicherung" und sind als solche von jemand oder von etwas im Außen abhängig.
Kommt die Sicherheit aus DIR, hat sie die Qualität eines tiefen Vertrauens in
DICH und in das allumfassende Liebesfeld, und du richtest dich mit Freude
aus auf „Ich will, ich kann, ich tue."

Du willst? Du willst. Du kannst? Du kannst. Auch dabei hilft dir ein bewusster Umgang mit deiner Sprache. Nimm zum Beispiel die Aussage „Ich kann
(leider) nicht." Selten meinen wir damit wirklich, dass wir etwas nicht können,
wie zum Beispiel das Herstellen eines fünfgängigen Gourmetmenus in nur
zehn Minuten. Beim genauen Nachspüren bedeutet dieser Satz meist: „Ich
will nicht." Die Voraussetzungen dafür, ein Vorhaben in die Tat umzusetzen,
sind viel häufiger gegeben, als wir es wahrhaben wollen. Wenn zum Beispiel
eine Freundin anruft und dich fragt, ob du mit ihr am Abend ins Kino gehen
willst, und du ihr antwortest: „Tut mir leid, aber ich kann nicht!", dann kann
das vieles bedeuten. Selten bedeutet es jedoch, dass du körperlich und geistig nicht dazu in der Lage bist. Du willst vielleicht lieber mit deinem Mann
fernsehen oder mit deinen Kindern spielen oder ein Buch fertig lesen oder
früher schlafen gehen oder du willst ganz einfach nicht mit deiner Freundin
ausgehen, weil du dich in ihrer Gegenwart langweilst.

Willst du das, was du wirklich willst, erfahren, dann nimm an, dass du es
kannst. Alles. Alles ist erfahrbar, weil die erlebte Qualität des Erwünschten
wesentlich ist und nicht seine materialisierte Gestalt. Nimm zum Beispiel

einen Mann, der beide Beine verloren hat und im Rollstuhl sitzt. Er wünscht sich sehnlichst, zu tanzen. Der Verstand kann in einer ersten Reaktion nichts mit diesem Wunsch anfangen: keine Beine, kein Tanz! Ist dieser Mann jedoch bereit, die Grenzen seines konditionierten Verstandes zu überschreiten, ist sein Wille so stark, dass er alte Gedankenmuster auflöst oder zur Seite schiebt, dann ist es ganz einfach: Er bittet darum, sich tanzend zu erleben. Und schon taucht die erwünschte Musik in ihm auf, beschwingte Töne durchströmen seinen Körper, er schwebt im Rhythmus der Musik durch den Raum, lachende Menschen fliegen an ihm vorbei, Schweiß tritt auf seine Stirn, er ist eingetaucht in den Tanz des Lebens. Dafür, dass er das erlebt, braucht er keinen perfekten Körper. Unser Gehirn ist in der Lage, auf Wunsch alles zu aktivieren, was wir wollen, und es unterscheidet nicht, ob wir es real tun oder ob wir es uns nur vorstellen. Auf diese Art können wir jederzeit und vollkommen unabhängig von unserer Umgebung und den materiellen Bedingungen im Augenblick das erleben, was wir uns wünschen. Wohlgefühle sind nicht abhängig von Materie, den sogenannten „realen" Ereignissen. Du bist frei, zu erleben, was du willst. Hier und jetzt. Dein Körper und dein Verstand stehen dir dafür jederzeit zur Verfügung. Vollkommen unabhängig davon, was sich im Außen tut. Das ist wesentlich und bestimmend. Und noch deutlicher: Das – genussvolle – Erleben vollzieht sich immer in uns. Du kannst zum Beispiel im schönsten Palast am schönsten Ort dieser Erde sitzen, rund um dich nur Menschen, die dir deine Wünsche von den Augen ablesen, und mitten in diesem grenzenlosen Reichtum todunglücklich sein, weil du es in dir nicht erleben kannst.

Ist es nicht unglaublich, dass wir allein durch unsere geistige Vorstellung das gesamte körperliche Erleben bestimmen können? Dass du, wenn du in deiner Vorstellung einen Marathon läufst, fast dieselbe Menge an Energie verbrauchst und Muskeln aufbaust, wie bei einem echten Lauf? Die Kunst dabei ist das Zulassen, das sich Einlassen auf etwas, zu dem dein Verstand sagen könnte „Unmöglich. Nein. Das geht nicht. Es ist so schrecklich, dass ich das real nicht erleben kann." Während meiner therapeutischen Sitzungen war ich oft sehr erstaunt darüber, wie wenig sich Menschen im Geiste vorstellen konnten und wollten. Zum Beispiel die Vorstellung, von einem 10-Meter-Turm in ein – wohlgemerkt mit Wasser gefülltes – Becken zu springen. Kaum jemand, der sich das erlaubte.

Neu zu denken bedeutet, seinen Gedankenspielraum zu öffnen, sich spielerisch und neugierig der eigenen Vorstellungskraft hinzugeben und köstliche Freude über den unendlichen, sich laufend entfaltenden Raum zu erleben. Es bedeutet, mutig auszudrücken, was sich zeigt, und die neue Freiheit lustvoll zu genießen. Wenn du aus deinem Herzfeld heraus schöpfst, ist alles möglich, was du aus Liebe zu dir und zu deiner Umwelt erfahren willst. DU bist ein kreatives und mächtiges Wesen. Willst du jetzt deine Entschiedenheit dazu verankern, dann nimm einen tiefen Atemzug und sag zu dir selbst: „Ich kann – wenn ich will."

Du willst. Du kannst. Und du bist es auch, die und der tut, was zu tun ist. Um deinen Himmel auf die Erde zu bringen, ist es wichtig, dass du handelst und dass du weißt, wann der richtige Augenblick dafür gekommen ist. Du erkennst ihn daran, dass es dir leichtfällt und dass es sich ganz selbstverständlich ergibt. Fällt es dir schwer, lass es einfach sein. Es gibt einen richtigen Augenblick für alles. Schon fünf Minuten nachdem du dir nicht hast vorstellen können, dein Zimmer aufzuräumen, spürst du plötzlich einen Aktivitätsschub in dir und schaust dir staunend zu, wie du mit dem Staubsauger durch das Zimmer fegst.

Vertraue deiner Wahrnehmung. Der „richtige" Moment zeigt sich als Impuls. Plötzlich kommt ein Gedanke aus dir hoch oder du hörst dich selbst etwas sagen oder du greifst ganz einfach zum Telefon und wählst eine Nummer. Manchmal fühlt es sich so an wie ein kleiner Schubs im Sinne von „Jetzt. Jetzt ist es so weit.", ein anderes Mal hast du von einem Moment auf den anderen Lust, etwas Bestimmtes zu tun. Dann wieder fällt dir etwas auf, was du bis dahin immer übersehen hast, oder jemand spricht dich an. Die Kunst, den richtigen Moment zu erkennen, liegt zum einen in der Hingabe an das „es geschieht" und zum anderen darin, offen und wach für entsprechende Impulse zu sein. Das ist gelebte Meisterschaft.

Mit „Tun" bezeichnen wir üblicherweise die Umsetzung eines Vorhabens, eine bestimmte Form der Aktivität. Oft bedeutet Tun aber auch „nichts tun" im Sinne von zulassen, dass etwas geschieht: mit dir selbst Zeit verbringen, das Alleinsein genießen, dich dem inneren Frieden hingeben, Ruhe in deine Gedanken bringen, die Liebe leben. Wieder ein anderes Mal bedeutet „Tun" schlicht und einfach, aus einem Impuls heraus zu handeln: sprechen, singen, lachen, schimpfen, stricken, laufen, schreiben, schreien,... Wenn du genau weißt, dass es Zeit ist, deinen Mantel anzuziehen, auf die Straße zu gehen, die nächste Straßenbahn zu nehmen, in das Geschäft zu fahren, den Spezialschraubenzieher zu kaufen, um die Jalousien in deinem Wohnzimmer zu reparieren, damit die Sonne wieder hineinscheinen kann, dann tue es. Fahr hin, kauf den Schraubenzieher und denke nicht darüber nach.

Ich will. Ich kann. Ich tue. Sehr mächtige Worte. Kraftvolle Energie. Verbunden mit DIR bilden sie den Kern erfolgreicher und freudvoller Kreationen. Sie gehören zusammen. Immer wieder mache ich die Erfahrung, dass Menschen zwar in dem einen und dem anderen sehr präsent sind, eines davon jedoch „schwächelt". Ein Mann ist zum Beispiel sehr erfolgreich mit „ich kann und ich tue", übergeht jedoch immer wieder das „ich will". Trotz erfolgreicher Projekte bleibt er daher unzufrieden, weil es letztlich nicht das ist, was er wirklich will. Eine Frau weiß zum Beispiel sehr genau, was sie will, es kommt jedoch nie zur Umsetzung, weil sie die dafür zuständigen Impulse in dem Glauben, dass sie das nicht kann, laufend wegschiebt.

Sei wach und präsent für das, was du willst, und vertraue darauf, dass alles, was du willst, bereits in dir ist. Richte dich auf das Bewusstsein „Ich will, ich kann, ich tue" aus und achte auf die Impulse, die aus dir kommen. Lebe deine Mächtigkeit und nimm DICH als die einzige Autorität an, die dich durch dieses Leben führen kann.

ICH BIN KREATIV

Entscheidest du dich klar und eindeutig für etwas, bittest du darum und dankst du dafür, bist du wirksam. Wirksam, weil du ganz auf diesen Wunsch ausgerichtet keinen Zweifel (mehr) zulässt und nichts in dir der Materialisation im Wege steht. Nicht einmal du selbst. Deine gesamte Aufmerksamkeit – geistig und körperlich – ist darauf gerichtet und die Energie fließt im Einklang mit diesem Wunsch als Ausdruck von DIR. Indem du so die Richtung für deine Manifestationen vorgibst, geschieht der Rest von alleine. Diesen Vorgang kannst du nicht mit Verstandeswissen allein in Gang setzen, denn er geht weit über das Kontrollierbare hinaus. Hast du einige Male diese Erfahrung gemacht, weißt du, dass es auf vielfältigste Art und Weise geschieht.

Ich selbst bin dafür wohl das beste Beispiel. Von einem hervorragenden Verstand durch viele Jahre meines Lebens geführt, war der Zweifel – eine sehr kritische Ausgabe – mein ständiger Begleiter: „Na gut, ich habe mir etwas gewünscht und es ist so gekommen. Das kann ja auch Zufall gewesen sein oder weil ich so hartnäckig war. Ja schon, diesmal hat es auch wieder funktioniert. Ist ja kein Wunder, war einfach die Zeit danach. Ich habe halt immer wieder Glück." So hätte es wohl noch lange weitergehen können, wäre da nicht die große Sehnsucht nach einem Haus gewesen und ein Kontostand, der diesem tiefen Wunsch wohl nie entsprechen konnte. Ein Seminar, eine Wahl in der Energie von „Bitte und Danke", und ein Wunder folgte dem nächsten. Mein Wunsch materialisierte sich in einem Guss. Das Unvorstellbare geschah. Heute schickt dir dieses Haus lichtvolle Grüße und lässt mich dir ausrichten: „Manch ein Verstand braucht sehr große Wunder, damit er still wird und das Unbegreifliche ganz einfach geschehen lässt."

Mit dem Wort „kreativ" verbinde ich keine bestimmte Vorstellung. Alles, was sich zeigt, wenn du DU bist, kommt aus der schöpferischen Quelle in DIR und ist somit kreativ. DU bist ein schöpferisches Wesen und als solches in der Lage, ein Leben zu führen, das weit über deine derzeitigen Vorstellungen hinausgeht. Je mehr Erfahrungen du in diese Richtung machst, desto mehr wird möglich. Es gibt kein Ende. Dein Wachstum ist unendlich. DU bist hochwirksam. Je freier, desto wirksamer. Die Quelle, aus der du dabei schöpfst, bringt immer wieder Neues hervor. Das geschieht, indem du es ganz einfach zulässt. Dein neuer Verstand unterstützt dich dabei und gießt in Form, was aus DIR kommt. Die kreative Logik folgt dem Herzen und du verbindest dich mit ihr, indem du den Impulsen, die aus deinem Herzfeld kommen, vertraust und dankbar annimmst, was sich auf dieser Bewusstseinsebene zeigt.

Durch dieses schöpferische Sein entsteht eine Wirklichkeit, die DIR eins zu eins entspricht. Aus dir entspringt, was DU bist, und nicht, was du denkst. Dieses Kunststück ist „radikal", weil es die Wurzel, die Quelle deines Seins erfasst. „Alles zu wollen", steht dir daher nicht nur zu, sondern bringt DICH kraftvoll in deine und somit in eine neue Welt. Dabei ist dir die Dankbarkeit eine gute Begleiterin. Mit ihr ziehst du die höchsten lichtvollen Energien an.

Herzenswünsche sind von tiefer Wertschätzung für dich selbst und für die Erde erfüllt. Den höchsten Ausdruck findet diese Haltung in dem Wort „bitte". Durch die Kraft deiner gefühlten Wertschätzung und der authentischen Bitte manifestieren sich deine Anliegen ganz selbstverständlich. Die Bitte verleiht deiner Wahl Flügel: „Bitte, heute einen gemütlichen Tag für mich, an dem ich mich rundherum wohlfühle."

Mach dir an dieser Stelle noch einmal die „Formel" bewusst, die den schöpferischen Ablauf beschreibt: Ich bitte darum, ich danke dafür und es geschieht. Damit bewegst du bewusst Energien. Mit der Bitte wählst du, was du erfahren willst. Mit dem Dank erdest du deine Wahl und bringst sie mit der Materie in Verbindung. Mit „es geschieht" gibst du – im Vertrauen auf deine Mächtigkeit – frei, wann und wie sich deine Bitte manifestiert. Du konzentrierst dich auf die Qualität, die du anziehen willst, wie zum Beispiel Freude oder Freiheit. Hat sich zum Beispiel der von dir erwünschte Wohlfühltag materialisiert, dann ist dein höchster Gewinn das Gefühl unendlicher Freude und tiefes Vertrauen in deine schöpferischen Fähigkeiten.

Sei dir bewusst, dass die Dankbarkeit dein „Kapital" ist. Mit ihr dehnst du dich aus, du erdest dich und du wirst anziehend für die erbetenen Erfahrungen. Dankbarkeit verbindet DICH mit der Materie. Fehlt sie, dann hat das, was du dir erschaffen hast, keinen Wert für dich, weil die Verbindung zu DIR und zum Darüber-hinaus unterbrochen ist. Du kannst DICH und somit auch deine Umwelt nicht tief in dir wahrnehmen. Mit deiner Dankbarkeit öffnest du alle Türen, erlebst dich deutlich spürbar als Meisterin und Meister deines Lebens und bestätigst, dass der Himmel bereits auf Erden ist.

Das „es geschieht" drückt die tiefe Anerkennung dafür aus, dass der Himmel und die Erde dir dienen. Bist du einverstanden damit, gibst du – im tiefen Vertrauen auf DICH und die „universellen Gesetze" – alle Vorstellungen darüber, wie es zu geschehen hat, hin und öffnest dich den Wundern. Sich dieser hochwirksamen Energie zu öffnen ist sehr wichtig, damit die Materialisation stattfinden kann. Wenn du weißt, dass zwischen Wunsch und Wunscherfüllung keine Trennung ist, bringst du auch die Geduld dafür auf, dass ihre Verwirklichung im Alltag oft mehr Zeit braucht als ihre Entstehung in deiner Vorstellung. Das alles ist auch eine Frage der Übung. Je mehr Übung du damit hast, umso weniger Konzentration musst du für die bewusste Gestaltung deines Lebens aufwenden.

Alles, was du dir vorstellen kannst, kann sich auch materialisieren. Alles ist möglich, vorausgesetzt, du gibst den Zeitpunkt und das Wie frei. Eine unglaubliche Aussage! Bist du in deinem Himmel auf Erden angekommen, kannst du sie bestätigen, denn je ausgedehnter und freier deine Vorstellungskraft, desto näher sind deine Visionen an DIR dran. Visionen, die nicht bei mentalen Vorstellungen und bloßen Gedanken bleiben, sondern DICH erfassen und somit aus deinem Herzfeld entstehen. Diese Art von Visionen werden von deinem neuen Verstand geformt, der DIR – vereint mit deinem Herzen – dient.

So gesehen ist dann auch die Angst, dass sich etwas materialisiert, was du nicht willst, unbegründet. Dein neuer Verstand steht nämlich für unerwünschte Vorstellungen und Erfahrungen nicht zur Verfügung. Sollte sich doch noch das eine oder andere Mal ein alter Gedanke einschleichen, dann hat dieser keine Kraft mehr. Wählst du zum Beispiel aus der Freiheit heraus, die du bist, Frieden, und lässt du diesen Wunsch – wie oben beschrieben – los, bist du wirksam. Wünschst du dir Frieden, weil du Angst vor einem Krieg hast oder weil dieser Wunsch intellektuell „sauber" ist, dann funktioniert das nicht, weil du nicht mit DIR und somit nicht mit dem Frieden in dir verbunden bist.

Kraftvoll und wirksam sind deine Visionen nur dann, wenn sie ganz aus DIR kommen. Besteht eine Vision nur aus Gedanken, ist ihre Wirksamkeit begrenzt, weil der Fokus nicht auf dem Herzfeld und seinen unendlich schöpferischen Fähigkeiten liegt, sondern vorrangig auf der mentalen Ebene. Mentale Visionen leben vorrangig von der Wiederholung und von einer – alles andere ausschließenden – hohen Konzentration auf das Ziel.

Sportler nutzen diese Art der Visualisierung oft für einen Wettkampf. Dazu dient sie ihnen hervorragend. Bleibt man konsequent über einen längeren Zeitraum bei einer mentalen Vision, dann steigt auch die Chance, einen entsprechenden Vorfall anzuziehen. Sogenannte „selbsterfüllende Prophezeiungen" sind ein gutes Beispiel dafür. Stellst du dir das eben Geschriebene praktisch vor, dann wird dir vermutlich bewusst, wie viel Aufwand diese Art der Visualisierung braucht. Und wenn du auch die Auswirkungen betrachtest, dann erkennst du möglicherweise, dass diese Art an einer vergänglichen Oberfläche hängen bleibt, vorausgesetzt, sie wird nicht immer wieder erneuert. Sehen wir uns dazu das Beispiel der „selbsterfüllenden Prophezeiung", die sich meist auf ein unerwünschtes Ereignis bezieht, genauer an: Eine Vorstellung, die wir als unangenehm erleben, entspringt angstvollen Gedanken und somit einer mentalen Quelle. Damit sie wirksam werden kann, muss sie von uns immer wieder hervorgeholt und mittels Gedanken bestätigt werden. Wir müssen hart dafür arbeiten, dass sie an uns haften bleibt und unser Leben bestimmt.

Visionen, die dem Herzfeld entspringen, werden von lichtvollen Energien begleitet und kommen als solche leicht und wie von alleine in unser Leben. Lichtvoll Gestalt annehmen kann nur etwas, das sich auch wandeln darf und der tiefen Überzeugung entspringt, dass es das Beste für uns und alle im Augenblick ist, begleitet von einer Ausrichtung im Sinne von „Ich bitte darum, ich danke dafür und es geschieht." Als erwachtes Wesen ist dir dieser

Unterschied bewusst und er beweist dir sehr eindrucksvoll, wie gut du bereits in deiner neuen Welt verankert bist.

Das, was sich so als Vision formt und sinnlich in dir verankert, bezeichne ich als „Manifestation", ein Ausdruck von DIR, dessen Qualität du mit jeder Zelle als genussvolles Erleben erfasst. „Materialisation" beschreibt den Prozess, in dem die Manifestationen durch den bewussten Akt des „ich will, ich kann, ich tue" zur gelebten Wirklichkeit werden. Dies erfolgt selbstverständlich, ohne Wenn und Aber, ohne Rechtfertigung, ohne Zweifel, ohne Beschwerde und ohne alte Gedanken und Emotionen. Bist du frei und in Freude mit DIR verbunden, hast du die Voraussetzungen für erfolgreiches Materialisieren geschaffen.

Findest du dich in einer unerwünschten Situation – wie zum Beispiel Kopfschmerzen – wieder, akzeptierst du diese und richtest dich sogleich auf die wünschenswerte Situation aus, wie „mein Kopf ist frei und leicht". Du machst das mit einer solchen Sicherheit, dass du bereits im Augenblick den erwünschten Zustand erleben kannst. Deine Ausrichtung bekommt durch deine Erfahrungen im Sinne von „alles ist möglich" nach und nach eine derart starke, gerichtete Kraft, dass sich neben dieser Wirklichkeit keine weitere mehr etablieren kann. Oder andersherum: Du beamst dich in deiner Vorstellung in eine Parallelwelt, in der sich dein Körper wunderbar leicht und lebensfroh anfühlt, und schlüpfst in diesen Körper. Ganz selbstverständlich und spielerisch machst du das, weil du dir ganz sicher bist, dass die Materie dem Geist folgt und Materie formbar ist wie ein Kuchen, den du nach deiner Vorstellung backst.

ICH BIN DIE FREUDE

Die Vorstellung „ICH bin die Freude" ist hochwirksam. Bleibst du an ihr dran, erzeugst du ein kraftvolles Feld, das dich dabei unterstützt, die Herausforderungen deines Alltags zu wandeln. Bist du gut in deinem Herzfeld verankert, bleibst du spielerisch und leicht mit ihr – und somit mit lichtvollen Energien – verbunden. Doch wie zeigt sich dieses Bewusstsein konkret und welche Auswirkungen auf dein Leben hat es?

Hast du dich der Qualität der Freude geöffnet, liebst du es, dich von ihr und somit von DIR begleiten zu lassen: lustvoll, lichtvoll und hellwach. Im Kontakt mit anderen Menschen nimmst du klar und emotionslos wahr, was sich im Vordergrund tut und was sich im Hintergrund zeigt. Du blickst hinter den Schein auf das Sein und hast großes Interesse am Wesentlichen, weil du die Kraft und die Energie liebst, die davon ausgeht.

Dich selbst nimmst du auf allen Ebenen bewusst wahr: Deinem Körper bist du zutiefst dankbar dafür, wie gut er seine Arbeit macht und welche ungeahnten Möglichkeiten er dir eröffnet. Mit deinem Verstand bist du eine höchst erfolgreiche Kooperation eingegangen und freust dich unendlich über seine Fähigkeiten. Mit deinem Geist schwingst du in Liebe und Verbundenheit und bist überwältigt von seiner Mächtigkeit. Und während du zeitgleich auf allen Ebenen existierst, ist der Fokus deines Daseins immer im Jetzt, ausgerichtet auf den höchsten Gewinn und auf das große Ganze. Aus dem bewussten Sein im Augenblick kreiert sich dein neues Leben und du bist vollkommen einverstanden damit.

Indem du alles annimmst, was du im Augenblick bist, erschaffst du den Raum, in dem sich alles zeigen darf, was zu DIR gehört. Das ist die Voraussetzung dafür, dass du erkennen kannst, ob das, was ist, auch dem entspricht, was du willst. Damit dir das bewusst werden kann, nimmst du alles, was ist, an und wählst anschließend die Qualität deiner Erfahrungen. Dein Bewusstsein bewegt die Energien, die sich in einem neutralen Zustand befinden und auf deine Wünsche warten. Mit deinen Entscheidungen ziehst du die Energiequalitäten an, von denen du willst, dass sie dein Leben gestalten. DU bist Bewusstsein. DU bist dein Himmel auf Erden.

Lebendig und hellwach genießt du dich und den Augenblick im tiefen Vertrauen darauf, dass alles da ist, weil DU da bist. Aus dir sprudeln – immer wieder neu – Ideen und Impulse. Sie entstehen ganz selbstverständlich und dein neuer Verstand formt daraus Handlungsanweisungen und weiterführende Möglichkeiten. Du bist gewiss, dass sich alles, was du willst, materialisiert. Eins zu eins mit DIR verbunden lebst du DICH. Jeder Augenblick überrascht dich aufs Neue, du bist rundum zufrieden, nichts bleibt offen und unerledigt, nichts gibt es zu bereuen und nichts raubt dir den erholsamen Schlaf. Arbeitet es heftig in dir, ist dir bewusst, dass sich etwas durch dich ausdrücken will. Du analysierst es nicht, sondern gehst ganz einfach deinen Impulsen nach. Dann schreibst du vielleicht auf, was kommt, schaust der Sonne oder dem Mond zu, liest ein inspirierendes Buch. Im Vertrauen darauf, dass das Aussteigen aus alten Gewohnheiten der Schlüssel für deine Wunder ist, nützt du die Zeit. Mit einem liebevollen Abstand zu dem, was du denkst und tust, ertappst du dich möglicherweise bei der einen oder anderen „Ehrenrunde" für ein altes Muster und schaust dir verschmitzt lächelnd dabei zu. Tritt Verwirrung auf, bist du sicher, dass Wandel geschieht, und du lässt alles los. Zeigt sich noch der eine oder andere alte Gedanke, gibst du ihn sogleich wieder hin und bestätigst deinen Wunsch nach Wohlgefühl. Braucht es mehr, dann nimmst du dir die Zeit, das Hindernis aufzulösen, indem du bewusst alles ausatmest, deinen Körper entspannst und die Energie fließen lässt. Dein neuer Verstand erinnert dich immer wieder daran, dass du ein mächtiges Wesen bist, und was du tun kannst, um wieder mit DIR in Kontakt zu kommen.

Dein Bewusstsein im Sinne des „ICH bin es" erfasst dein Wesen in Verbindung mit der Person: DU (die Essenz) BIST (die Präsenz) ES (die schöpferische Kraft). Im Mittelpunkt deines bewussten Seins steht die kreative Gestaltung deines Lebens. Offen für die Liebe und die Dankbarkeit nimmst du DICH und deine Umgebung als Ausdruck unendlich lichtvoller Möglichkeiten wahr, hochwirksam in dem Bewusstsein einer fruchtbaren Teilnahme an der Evolution der Menschheit. Indem du für den Augenblick dankbar bist und dich mit deinem Atem verbindest, hebst du die Energie in dir und in deinem Feld an und „beamst" dich in diese Dimension.

Bist du bei DIR angekommen, macht dir die Vorstellung Freude, dass du dieses Leben und deinen Körper gewählt hast: Dein bewusstes Sein in deinem weiblichen und dein bewusstes Sein in deinem männlichen Körper ist unmittelbar verbunden mit dem „ICH bin es" und geht über die Form weit hinaus. Du willst dich als Frau erfahren und du willst dich als Mann erfahren. Nicht im Sinne einer trennenden Dualität oder eines vergleichenden Unterschiedes, sondern im Sinne eines tiefgründigen, freudig zustimmenden „Ja, ICH bin es". Spielend und lustvoll dich zu erfahren als Mann oder als Frau oder als beides drückt aus, dass du verbunden bist mit deiner Kreation. So verbunden, dass du alles ausschöpfen kannst, was sich daraus ergibt.

Lebst du die Freude, lebst du deine Wahrheit. Deine Wahrheit ist alles, was du aus einem reinen und klaren Motiv heraus im Augenblick vertreten kannst. Indem du deine Wahrheit ausdrückst, bist du wahrhaftig. Deine Wahrhaftigkeit schafft eine „gesunde Ordnung" in dir, sie vereinfacht dein Leben und hält die Verbindung zu DIR aufrecht. Das Bewusstsein darüber macht dich frei. Passt es für dich, dann sprichst du über deine Gefühle und über das, was hinter deinem Verhalten steckt im Wissen darüber, dass du dafür zuständig bist. Aus dieser tiefen Sicherheit in dir öffnest du dich für deine Umwelt und das Darüber-hinaus. Es bereitet dir Freude, wahrgenommen zu werden, und du freust dich über alle, denen das möglich ist, weil du weißt, dass so auch ihnen der höchste Gewinn sicher ist. Begegnungen, die von dieser Qualität getragen werden, inspirieren und beflügeln dich und deine Umwelt.

Als erwachtes Wesen befindest du dich in einem Zustand der Freiheit und der Freude und deine Wünsche treffen wie ein Samen auf fruchtbaren Boden, den du mit allen Wesen teilst. Aus dieser Ebene heraus gestaltet sich dein Leben. Du spielst mit Visionen und liebst das Prickeln in deinem Körper, wenn sich ihre Energiequalitäten ausbreiten. Deine Visionen erfassen dich und sie sind weit über dich hinaus wirksam. So gesehen ist die Freude reinste Himmelsenergie, die durch uns auf die Erde kommt und sich immer weiter ausdehnt, je mehr Menschen sich ihr anschließen.

Lebensfreude ist eine Energie, die aus der Erde kommt. Du nimmst diese an, indem du „ja" sagst zu DIR, zu deinem Leben, zu deiner Lust. Sie macht dir bewusst, dass alles da ist für dich und dass du nichts ablehnen musst. Indem du dies würdigst und dankbar bist dafür, steht dir alles zur Verfügung. Willst du die Energie der Lebensfreude in deinen Körper holen, kannst du zum Beispiel beim Einatmen die Luft aus der Erde und durch die Füße in den Solarplexus einziehen. Beim Ausatmen gibst du sie hinauf wieder ab. So steigen die lichtvollen Energien durch dich auf und dehnen sich aus, während du zugleich fest mit dieser Erde verbunden bleibst. Immer wieder neu. Immer DU.

ICH BIN DAS WUNDER

Nimmst du die Vorstellung „ICH bin das Wunder" ganz in dir auf, öffnest du den Raum für die feierliche Wertschätzung des Bewusstseins „ICH bin es". Du bestätigst damit, dass du vollkommen einverstanden bist damit, dich allem zu öffnen, was sich durch dich – ganz im Sinne deines kreativen Potentials – ausdrücken will. Du weißt und du vertraust darauf, dass du dieses Leben zu dieser Zeit gewählt hast, um DICH der Erde zum Geschenk zu machen: in Leichtigkeit, in Freude und frei.

Gibst du dich ganz DIR und der schöpferischen Quelle in dir hin, gestaltet sich dein Leben aus der Energie der Wunder. Über sie fließt deine Einzigartigkeit in eine neue Welt ein. Erfassen kannst du sie mit deinem Staunen, indem du von ihrer außergewöhnlichen Dynamik überrascht wirst. Wunder laden dich darüber hinaus ein, mit allen Sinnen wahrzunehmen und zu genießen, was sich zeigt: sehen, hören, ertasten, riechen, schmecken und sich köstlichen, namenlosen und nie zuvor erlebten Gefühlsqualitäten hingeben.

So wie jeder Begriff ist auch die Bedeutung des Begriffes „Wunder" vom subjektiven Erleben geprägt. Eine weit verbreitete Vorstellung gibt zum Beispiel den Glauben an die Begrenztheit menschlicher Möglichkeiten wieder, indem „Wunder" nur auserwählten Personen widerfahren können und ganz bestimmten Kriterien entsprechen müssen. Ähnlich auch die Vorstellung, dass nur sogenannte „Glückspilze" in den Genuss von Wundern kommen können, wie zum Beispiel der vielzitierte „Lotto-Sechser". Auf die Frage „Was ist ein Wunder?" antwortete Heinz von FÖRSTER (1999) in einem Interview: „Wenn ich mich richtig erinnere, wurde Sokrates einmal dieselbe Frage gestellt. Auf dem Tisch stand eine brennende Kerze. Sokrates zeigte auf die Kerze und sagte: 'Das ist ein Wunder, sehen Sie, diese brennende Kerze.' Ich bin sehr geneigt, Sokrates zuzustimmen. – Alles ist ein Wunder." (von Foerster, Heinz/ Bernhard Pörksen: Wahrheit ist die Erfindung eines Lügners: Gespräche für Skeptiker, Carl-Auer-Verlag, Bonn 1999, S. 45)

Ist das Denken in den Hintergrund getreten und der innere Dialog, der dich vom Augenblick abgelenkt hat, weg, treten Ruhe und Stille in dir ein. Du bist frei, alles wahrzunehmen, was dir das Jetzt bietet. Jeder Augenblick birgt eine unendliche Fülle an Erfahrungen und du bist in der Lage, aus diesem reichhaltigen Buffet zu wählen. Heute dies, morgen das. Fülle ist der „Normalzustand" der Erde und deiner neuen Welt. Alles ist da. Vor dir, über dir, unter dir, hinter dir. Die Qualität der Wunder steht uns immer zur Verfügung. Alles, was wir zu tun haben, ist, sie wahrzunehmen und anzunehmen. So gesehen sind WIR, bist DU das Wunder. Nimmst du sie an, nimmst du DICH an.

Siehst du deine neue Welt umgeben von einer Atmosphäre der Wunder, tauchst du ein in ein Energiefeld, das sich hinter dem Gedachten auftut. „Ein kleiner Schritt für einen Menschen, ein großer Schritt für die Menschheit", sagte Neil Armstrong, als er im Juli 1969 als erster Mensch den Mond betrat, und brachte damit eines der größten – sichtbaren und messbaren – Abenteuer der Menschheit auf den Punkt. So verhält es sich auch mit dir und deinen Wundern. Mach einen Schritt und dir öffnet sich eine vollkommen neue Welt. Alles, was zu tun ist, ist, dich dafür zu öffnen. Wie eine Tür. Indem du wach und präsent bist im Augenblick, tauchst du ein in die Wunderenergie wie in einen wohltemperierten See und dehnst dich darin aus.

Dieses Buch wäre nie geschrieben worden, wenn es nicht zuallererst mir selbst Freude gemacht hätte. Es wäre nie geschrieben worden, wenn meine Erfahrungen mir nicht selbst eindrücklich und kraftvoll bestätigt hätten, dass es die beste aller Ideen, das spannendste aller Abenteuer und die lustvollste aller Möglichkeiten ist, sich selbst und dieses Leben ganz anzunehmen, aus vollem Herzen zu wünschen und den höchsten Gewinn zu erfahren: tiefe Verbundenheit, Glückseligkeit, Freiheit, Freude, Frieden, Liebe und die Wunder des Augenblicks.

Willst du mit der Wunderenergie spielen und dich darin trainieren, ihre Geschenke anzunehmen, kannst du folgende Übung machen: Stell dir vor, die große Himmelstür öffnet sich und dahinter erwartet dich eine Fülle an Geschenken. Alle für dich und für diese Erde. Du öffnest ein Paket nach dem anderen und lässt dich davon überraschen, was sich darin befindet. Nimm dir Zeit dafür und tauch ganz ein in diese köstliche Vorstellung. Genieße jedes einzelne Geschenk, indem du seinen Inhalt mit einem tiefen Atemzug in dir aufnimmst und es dankbar annimmst. Hier und jetzt. Willkommen in DEINEM Himmel auf Erden.

Verwirkliche dein Potenzial
Uneingeschränkter Erfolg in allen Lebensbereichen
Nick Williams

Paperback, 296 Seiten, ISBN 978-3-936486-30-8

Der führende Unternehmensberater Nick Williams definiert Erfolg in diesem wunderbaren Buch neu, vermittelt erstaunliche Erkenntnisse und gibt wertvolle praktische Ratschläge, wie wir unsere Ziele erreichen können. Er nimmt uns mit auf eine Entdeckungsreise zum uneingeschränkten Erfolg und beleuchtet dabei verschiedene Aspekte unseres Lebens. Er zeigt uns, wie wir durch eine Verschiebung der Perspektive von Mangel zu Fülle, von Langeweile zu Kreativität, von Angst zu Sicherheit, von geringem Selbstbewusstsein zu Kraft, von Isolation zu Verbundenheit gelangen und unser wahres Selbst leben können – zu unserer eigenen Freude und zum Wohl unserer Mitmenschen. Der Autor will seinen Lesern helfen, wieder Zugang zu der Quelle in ihrem Inneren zu bekommen und aus dieser Kraft heraus ihre Träume zu verwirklichen. Inspirierend und praktisch zugleich, ermutigt dieser hilfreiche Ratgeber, Schritt für Schritt die einzigartige Beziehung zum eigenen Wesen wieder herzustellen.

Jede Angst auflösen
Schnell, sicher und für immer
Peter Reiter

Hardcover, 160 Seiten, ISBN 978-3-86616-227-3

In 10 praktischen Schritten können Sie sich durch dieses Buch von all Ihren Ängsten und Sorgen befreien, allein durch die Kraft Ihres Geistes, ohne jede Vorübung und weitere Hilfsmittel. Der Bewusstseinsforscher und Therapeut Dr. Peter Reiter hat schon zahlreiche andere Verfahren entwickelt, Menschen von Leid zu erlösen und ihnen Glück und Erfüllung zu vermitteln. Hier stellt er eine sichere und leicht gangbare Methode vor, Ängste durch Bewusstseinsänderung dauerhaft aufzulösen und das in jeder Angst verborgene Geschenk zu entdecken und zu nutzen. Beispiele zahlreicher Menschen, die diese sensationelle Wirkung bereits erfahren haben und bestätigen, überzeugen.

Wenn alle Menschen Freunde wären ...
Dein Beitrag für eine bessere Welt
Chuck Spezzano

Hardcover, 192 Seiten, ISBN 978-3-86616-168-9

Die Welt von heute krankt daran, dass viele Menschen nur auf ihr eigenes Wohl bedacht sind und für ihre Mitmenschen kaum einen Blick übrig haben. Spezzano macht deutlich, dass wir die Welt verändern können, wenn wir alle Menschen als Freunde betrachten. Er zeigt Wege und Möglichkeiten auf, wie wir unseren Freunden helfen und damit nicht nur ihr Leben, sondern auch unser Leben positiv beeinflussen können. Im ersten Teil wird das Prinzip der „Freunde, die Freunden helfen" anhand zahlreicher Beispiele aus der persönlichen Erfahrung des Verfassers ausführlich erläutert. Der zweite Teil bietet eine ganze Reihe von heilenden Prinzipien und Übungen, die dem Leser zeigen, wie er sich mit anderen Menschen verbinden kann, um ihnen – und damit zugleich sich selbst und der Welt – zu helfen.

Engel in uns
Die Fülle des Lebens liegt in dir selbst
Volker Damian

Hardcover, Geschenkbuch, 144 Seiten, ISBN 978-3-86616-142-9

Der Autor Volker Damian beschreibt in seinem Buch Werte, Einstellungen und Verhaltensweisen, die dem Einzelnen Selbstbewusstsein, Selbstvertrauen und Zuversicht verleihen. Mit ausgewählten praktischen Übungen gibt der Autor Hilfestellung in unterschiedlichen Lebenssituationen und leitet den Leser an, seine „Engel" in sich selbst zu finden und zu nutzen: die eigenen Energien, Stärken, Fähigkeiten und die Selbstheilungskräfte, um langfristig eine stabile Gesundheit, ein ausgeglichenes Seelenleben und mehr Lebensqualität zu erlangen.

Dem Geheimnis der Gedanken auf der Spur
Das Gehirn wächst mit seinen Herausforderungen
Prof. Dr. Gela Weigelt

Paperback, 160 Seiten, 70 farbige Fotos, ISBN 978-3-86616-191-7

Nicht nur die Leber, auch das Gehirn wächst mit seinen Aufgaben und Herausforderungen. Die Neurowissenschaften zeigen uns, wie Gedanken im Gehirn als In-Formationen „entstehen". Die moderne Physik beweist, dass es eine Quantenwelt „hinter" dem Gehirn gibt, in der diese Informationen enthalten sind, und die Spiritualität liefert die zeitlosen Erkenntnisse über die „wahre Natur" der Gedanken. Dieses Buch bietet eine Synthese aus Wissenschaft und Spiritualität. Zahlreiche farbige Bilder erläutern den Text und führen so zu einem tiefen Verständnis des Geheimnisses um die Gedanken, die in unseren Gehirnen auftauchen.

Leben wie neu geboren
Noch einmal • ganz anders anfangen • ganz anders denken • ganz anders handeln
Matt Galan Abend

Hardcover, 128 Seiten, 10 Zeichnungen, ISBN 978-3-86616-088-0

Was würden Sie alles anders machen, wenn Sie Ihr Leben noch einmal von vorne beginnen könnten? Auch Sie können tatsächlich so etwas wie eine zweite Geburt erleben, Ihr Leben noch einmal ganz neu betrachten, ganz neu ordnen, ganz andere Schwerpunkte setzen und damit auch zu einer ganz neuen Beziehung zu sich selbst und zu Ihrem Leben finden. Wie die grundsätzliche Neuorientierung eines Lebens möglich ist, zeigt der Autor am praktischen Beispiel eines Rechtsanwalts, der seine Ängste und einengenden Prägungen überwinden konnte und damit eine ganz neue Qualität in sein Leben brachte. Die flüssige, meist humorvolle, z.T. auch ironische Sprache des Autors und das lebensechte Beispiel garantieren eine spannende Lektüre. Seine direkte Ansprache, Überlegungen und Empfehlungen überzeugen auf Anhieb. Ein Buch, das auch Ihr Leben verändern kann.

Die Aktivierung des Weltinnenraums
Was Sie in sich selbst bewegen, bewegen Sie in der Welt
Mike Kaiser

Paperback, 576 Seiten, ISBN 978-3-86616-229-7

Der versierte Umgang mit dem eigenen Bewusstsein – dem Weltinnenraum - zählt zu den Schlüsselkompetenzen des 21. Jhs. Indem der Mensch seinen Weltinnenraum mit seinen physischen, mentalen, emotionalen, energetischen und seelischen Dimensionen erkundet und gestaltet, verleiht er wesentlichen Bereichen seines Lebens eine völlig neue Qualität und verändert auch erfolgreich die äußere Welt. Dieses Buch beschreibt Aufbau und Funktionsweise des Weltinnenraumes und gibt dem Leser praxiserprobte Techniken an die Hand. Es verbindet das Wissen alter Weisheitstraditionen mit den neuesten Erkenntnissen der Quantenphysik sowie der Gehirn-, Bewusstseinsund Meditationsforschung. Dieses umfangreiche Werk ist ein wertvoller Ratgeber für alle Menschen, die wiederkehrende Probleme lösen und den Grundstein für ganzheitliche Gesundheit und Glück legen wollen.

Wie Kommunikation gelingt
Die verbindende Kraft der Liebe
Barbara von Meibom

Paperback, 224 Seiten, 6 Abbildungen, ISBN 978-3-86616-236-5

Für die Kommunikationwissenschaftlerin Barbara v. Meibom ist die verbindende Kraft der Liebe unverzichtbar, wenn Kommunikation gelingen soll, im privaten Alltag ebenso wie im beruflichen und öffentlichen Leben. In einer von technischen Kommunikationsmedien geprägten Welt wird die erforderliche Hinwendung nach innen immer schwieriger und zugleich immer notwendiger, da die Medien wie Verstärker wirken, im Guten wie im Schlechten. Dieses Buch vermittelt die Kunst der Kommunikation, die es heute mehr denn je zu lernen gilt, weist Wege zu einer Kommunikation mit sich selbst, mit anderen und auch mit der Natur, bei der das Herz sprechen kann und eine liebende Gemeinschaft unterstützt wird, und gibt dazu viele Anregungen und Beispiele.

Heilgebärden
Verbindung mit dem heilenden Feld durch Bewegung und Meditation – Vorwort von Chuck Spezzano
Barbara Schenkbier

Hardcover, 160 Seiten, 42 mehrfarbige Fotos, ISBN 978-3-86616-175-7

Die Heilgebärden sind im Rahmen der Ausbildung für spirituelle Heilung inspirativ von der Autorin Barbara Schenkbier empfangen und ausgestaltet worden. Sie sind für jeden leicht durchzuführen. Achtsame Gebärden und Haltungen öffnen den Übenden für den Strom der Heilenergie aus dem heilenden Feld. Dynamische Bewegungen und Energiemassage aktivieren die Lebensenergie, so dass der Körper und die Feinstoffebenen durchströmt und geheilt werden. In der wachen Vergegenwärtigung der strömenden Heilkraft und in den Meditationen werden auch Geist und Seele angesprochen und wichtige spirituelle Grundhaltungen wie Achtsamkeit, Hingabe und Demut entfaltet.